Das Licht erlischt im Haus – Stromausfall. Im Schutz der Dunkelheit schleicht sich Angela zu ihrem Geliebten, dem Elektriker. Schura stibitzt in der Gemeinschaftsküche die letzte Portion Bœuf Stroganoff. Vergeblich klopft einer beim Elektriker. Kowarski lauscht entspannt der Hammerklaviersonate: Er ist blind. Galina Andrejewna erkennt schlagartig die Tragödie ihres Lebens und zieht eine unwiderrufliche Konsequenz …
Ljudmila Ulitzkaja ist nichts Menschliches fremd. Sie öffnet uns die Augen und lässt uns Dinge sehen, die meist verborgen bleiben, sie stellt uns Menschen vor, die wir vielleicht nie bemerken würden. Ihre neuen Erzählungen zeigen sie einmal mehr als Meisterin auch der kleinen Form.

Ljudmila Ulitzkaja, geboren 1943, wuchs in Moskau auf. Sie schreibt Drehbücher, Hörspiele, Theaterstücke und erzählende Prosa. Ihre Werke wurden bisher in 17 Sprachen übersetzt und mit zahlreichen Auszeichnungen bedacht. 2009 wurde ihr der Alexander-Men-Preis für die interkulturelle Vermittlung zwischen Russland und Deutschland verliehen. Ljudmila Ulitzkaja lebt in Moskau.

Ljudmila Ulitzkaja

Maschas Glück

Aus dem Russischen von
Ganna-Maria Braungardt

Deutscher Taschenbuch Verlag

Von Ljudmila Ulitzkaja
sind im Deutschen Taschenbuch Verlag erschienen:
Die Lügen der Frauen (13372 und 25261)
Ergebenst, euer Schurik (13626)

Oktober 2009
Deutscher Taschenbuch Verlag GmbH & Co. KG,
München
www.dtv.de
© Ljudmila Ulitzkaja 2005
Titel der umfangreicheren russischen Originalausgabe:
›Ljudi našego zarja‹ (Eksmo, Moskau)
Lizenzausgabe mit Genehmigung des Carl Hanser Verlages
© Carl Hanser Verlag München 2007
Umschlagkonzept: Balk & Brumshagen
Umschlagbild: ›Up in the Bleachers‹ (1983)
von Alex Katz/VG Bild-Kunst, Bonn 2008
Satz: Filmsatz Schröter, München
Druck und Bindung: Druckerei C. H. Beck, Nördlingen
Gedruckt auf säurefreiem, chlorfrei gebleichtem Papier
Printed in Germany · ISBN 978-3-423-13809-3

Was gibt es nicht alles für Menschen
im Reich unseres Zaren!

Nikolai Leskow

Kurzschluß

Die Last der Schönheit

Der Wehrkundelehrer Viktor Iwanowitsch mit dem Spitznamen »Pimpotschka« prüfte sorgfältig, ob die Heringe richtig eingeschlagen und die Zelte genügend straff gezogen waren, riß drei von acht wieder ein und ließ sie neu aufbauen.

Kaum war das Lager eingerichtet und eine quadratische Fläche für ein Lagerfeuer gerodet, fing es an zu regnen. Sie kochten Tee in einem großen Kessel und aßen, was sie von zu Hause mitgebracht hatten, doch das geplante Singen am Feuer fiel aus. Sie verschwanden in den Zelten, die innen trocken und außen naß waren. Das Fest war von Anfang an ein Reinfall. Mitten in der Nacht erwachten alle von einem wütenden Schrei.

»A-a-ah!« kreischte eine Frauenstimme. »Alle wollen meinen Körper, niemand will meine Seele!«

Zwischen den Zelten rannte Tanja Newolina, Schülerin der zehnten Klasse, hin und her, schüttelte in jeder Kurve ihr offenes Haar und hielt ein Kissen oder eine zusammengerollte Decke an die Brust gepreßt. Viktor Iwanowitsch lief hinterher, wollte sie stoppen und ins Zelt bugsieren, doch sie ließ sich nicht fangen und schrie weiter hysterisch: »A-a-ah! Alle wollen nur meinen Kö-örper!«

Aber Tanja war nicht hysterisch – dieser Anfall blieb der einzige in ihrem Leben.

Ihr Körper, ihr Gesicht und ihr Haar waren tatsächlich so beschaffen, daß die ganze Straße ihr nachstarrte, wenn sie in ihrer Schulkleidung, die Mappe in der Hand, die Fahrbahn überquerte. Sie war ein stilles, bescheidenes Mädchen, stand nicht gern im Mittelpunkt und hatte bereits mit sechzehn die Blicke der Männer, die Anbändeleien und das Betatschtwerden in der Straßenbahn gründlich satt. Die zarte Mädchenseele der auffälligen Schönen sehnte sich so sehr nach erhabener Liebe, daß sie zu einem subtilen Gegengift griff: Von der fünften Klasse an war sie mit dem unscheinbaren Grinja Bass befreundet, dem Klassenbesten. Ihrer irrigen Logik nach mußte er, da er klug war, ihre Seele zu schätzen wissen, und bis zum Ende der siebten Klasse tat er das auch. Doch im darauffolgenden Sommer erlitt Grinja einen Pubertätsschub, der ihn nicht verschönerte, eher im Gegenteil, und dieser hormonelle Umschwung zerstörte das wunderbar Platonische ihrer Beziehung. Grinja unterliefen Berührungen, die Tanja zunächst als zufällig interpretierte, bis sie begriff, daß der intellektuelle Grinja ungeachtet seiner geistigen Überlegenheit nach körperlicher Nähe trachtete, genau wie ihr Nachbar Wlassow, der Idiot, wie all die Jungen auf dem Hof, in der Schule und auf der Straße, wie sogar manche erwachsenen Männer. Daß Grinja im dunklen Kino ihre Hand knetete, duldete sie noch, aber als er sie beim Nachhausebringen in eine Ecke des Hauseingangs zwängte und mit zusammengekniffenen Augen seine Pfoten auf ihre festen Brüste mit den vorstehenden Knöpfchen legte, heulte sie auf, riß die Arme hoch, hieb ihm die Handtasche ins Gesicht und rannte laut weinend in den zweiten Stock hinauf, ihm ihre unerträgliche Schönheit entziehend.

Grinja, erfüllt von Scham und Leidenschaft, stand noch lange im Hausflur, die Hände vor das brennende Gesicht gepreßt. Dann schlich er mit hängendem Kopf davon, denn er genierte sich vor den Passanten, den Wänden und der ganzen Gotteswelt, obgleich die abendliche Dunkelheit ihn vor fremden Blicken schützte.

Tanja schluchzte indessen in ihr Kissen, das die unsinnigen Mädchentränen weich aufnahm. Am nächsten Tag, einem Montag, blieben beide der Schule fern – aus Furcht davor, einander in die Augen zu sehen. Tanja erklärte ihrer Mutter, sie habe Halsschmerzen, Grinja schwänzte einfach so.

Tanja weinte den ganzen Tag, betrachtete zwischendurch im Spiegel ihr Puppengesicht, schnitt häßliche Grimassen und zog mit den Fingern die Lippen oder die Nase auseinander. Sie wollte anders aussehen – wie genau, wußte sie nicht recht, vielleicht interessant wie die Mnazakanowa mit der langen dünnen Nase, komisch wie die stupsnasige Wilotschkina oder wie die schmaläugige Walijewa mit den schiefen Zähnen, die sogar in ihrer Häßlichkeit anziehend war.

Alle Mädchen sehen normal aus, nur ich bin so eine Vogelscheuche, dachte sie und weinte mit neuer Kraft, erfüllt von der Vorahnung, wie schwer es eine schöne Frau hat, wenn sie nach Anerkennung ihrer Persönlichkeit trachtet.

Mit Grinja Bass entzweite sie sich völlig. Ein Jahr lang ging er noch in dieselbe Schule und sah sie von weitem unentwegt düster an, dann versetzten ihn seine Eltern an eine Mathematik-Spezialschule, doch er verfolgte Tanja weiter mit sehnsüchtigen Augen, lauerte ihr im Torweg oder vor der Schule auf. Er warf einen raschen, kurzsichtigen Blick auf das blendende Weiß ihres Gesichts – das er nicht in seinen Einzelheiten wahrnahm, sondern nur als weißes Leuchten – und verschwand, ohne den leisesten Versuch einer Annäherung; er sagte nie ein Wort, nicht einmal zur Begrüßung. Tanja wandte sich ab und tat, als bemerkte sie ihn nicht. Sie vertraute ihm nicht mehr. Er war genau wie die anderen – er wollte nur ihre Schönheit.

Tanjas Klassenkameradinnen, mit diversen Talenten

gesegnet, strebten nach Schönheit und unternahmen dafür einige Anstrengungen: Sie zupften sich die Brauen aus und malten sie an, legten sich schicke Kleider zu oder ein auffälliges Benehmen, dreist und herausfordernd. Tanja besaß außer ihrer Schönheit keinerlei Fähigkeiten – ihre Leistungen waren mittelmäßig, auch bei größter Anstrengung stand sie höchstens zwischen Zwei und Drei, selbst in zweitrangigen Fächern wie Singen, Zeichnen und Turnen erzielte sie keine Erfolge.

»Durchschnittliche Fähigkeiten«, sagten die Lehrer, doch Tanja selbst urteilte strenger: keinerlei Fähigkeiten.

In der zehnten Klasse lernten alle mit großem Eifer, die meisten strebten ein Hochschulstudium an, Tanja aber entschied sich, ihren Kräften angemessen, für die medizinische Fachschule; sie wollte Krankenschwester werden, am liebsten in einer Kindereinrichtung. Mit kleinen Kindern fühlte sie sich am wohlsten – die wollten nichts von ihrer Schönheit.

Zur Abschlußfeier erschien Tanja nicht im weißen Kleid, wie es die Mode jener Jahre verlangte – obwohl die Mutter ihr eins gekauft hatte. Sie trug Rock und Bluse, nahm ihr mittelmäßiges Zeugnis entgegen, saß in einer Ecke der Aula, während ihre Klassenkameraden tanzten, und ging nicht einmal mit ihnen auf den Roten Platz, wie es Sitte war. Übrigens forderte ohnehin niemand sie zum Tanzen auf. Ihre Schönheit war allzu unerreichbar, ihre Miene allzu verschlossen.

Tanja verließ die Feier ziemlich früh. Als Grinja Bass im Ausgehanzug, mit neuer Brille und Krawatte in seiner alten Schule vorbeischaute, war sie bereits weg. Er trottete zu ihrem Haus, blickte auf das dunkle Fenster und verschwand. Zwei Tage später fand man ihn auf dem Dachboden der Schule. Tot. Einen Abschiedsbrief hatte er nicht hinterlassen. In seiner Tasche steckte ein alter Wollhandschuh. Niemand wußte, daß er Tanja gehörte.

Als Tanja von dieser schrecklichen Geschichte erfuhr, zuckte sie zusammen. Sie wußte sofort, daß das mit ihr zu tun hatte, obwohl niemand dergleichen sagte. Der Beerdigung blieb sie fern, sie hatte Angst, ihr Gesicht und ihren Körper den Blicken auszusetzen.

Tanja bestand die Aufnahmeprüfungen für die medizinische Fachschule mit guten und befriedigenden Noten, und wieder war sie das schönste Mädchen in ihrem Studienjahr, in dem es nur einen einzigen Jungen gab, den humpelnden Serjosha Tichonow mit dem Kindergesichtchen. Er hatte als Kind Knochentuberkulose gehabt und war mit großen Bedenken aufgenommen worden – Tuberkulosekranke durften eigentlich nicht an medizinischen Einrichtungen arbeiten. Mit ihm freundete sich Tanja an. Die anderen Mädchen lachten darüber. Wie einst Grinja Bass, bot Serjosha Tanja ständig seine Hilfe an; das ganze erste Jahr lang brachte er sie Tag für Tag nach Hause, wobei er auf dem linken Bein humpelte. Im Sommer brach seine Krankheit wieder durch, und er wurde in eine Tuberkuloseklinik eingewiesen, wo Tanja ihn oft besuchte.

In der Metro und in der Straßenbahn wurde sie dauernd von jungen und reifen Männern angesprochen, aber sie durchschaute sie alle seit langem: Sie wollten ihr schönes, von dichtem dunkelblondem Haar umrahmtes Gesicht, ihre Beine unter dem unmodernen langen Rock – kurz, ihren Körper, dessen Schönheit trotz ihres Strebens nach Unauffälligkeit durch jede Kleidung hindurchzuschimmern schien.

Serjosha wollte nichts von ihr. Er hatte starke Schmerzen und mochte es nicht einmal besonders, wenn Tanja ihn besuchte.

Im Hochsommer wurde er operiert, und als Tanja ihm

Äpfel auf die Wachstation mitbrachte, warf er damit, sagte, sie solle nicht mehr kommen, drehte sich zur Wand und weinte. Da küßte sie ihn.

Den ganzen Sommer und Herbst besuchte sie ihn im Sanatorium, und am Ende des Winters heirateten sie, sehr zum Ärger ihrer beider Eltern – Tanjas Mutter bekniete ihre Tochter, nicht so früh zu heiraten, noch dazu einen Invaliden; Serjoshas Mutter verabscheute Tanja vom ersten Augenblick an, denn sie war streng gläubig, und Tanjas Schönheit kam ihr verdächtig vor. Außerdem fragte sie sich argwöhnisch, wieso Tanja ausgerechnet ihren humpelnden Sohn genommen hatte: Womöglich hatte sie es auf die Wohnung abgesehen? Doch schließlich erlaubte sie ihrem Sohn die Heirat, unter der Bedingung, daß er Tanja nicht bei ihnen anmeldete, sie also keinen Anspruch auf die Wohnung erheben konnte. Tanjas Mutter, vom unerklärlichen Starrsinn der Tochter besiegt, willigte unter derselben Bedingung ein: daß Tanja ihren Mann nicht ins Haus brachte.

Serjosha mußte nach der erneut ausgebrochenen Tuberkulose die Fachschule verlassen. Er saß zu Hause und lernte für eine weitere Aufnahmeprüfung, er wollte Fernmeldetechniker werden. Als er die Lehre begann, trat Tanja ihre erste Stelle an, im Kreiskrankenhaus. Anfangs arbeitete sie im OP-Trakt, wurde aber nach einem halben Jahr auf die Station versetzt. Mit der Chirurgie kam sie irgendwie nicht zurecht, dafür fehlte es ihr an Geschick und Auffassungsgabe. Im Behandlungsraum dagegen ging ihr alles leicht von der Hand – man übertrug ihr nichts Kompliziertes, aber sie konnte sehr gut Blut abnehmen, bei ihr fürchteten sich nicht einmal Kinder davor, nur bei ihr hielten die kleinen Patienten still und zappelten nicht, wenn sie mit der Nadel in die Vene stach.

Die Ehe mit Serjosha lief nicht besonders. Zu Hause war er still und ruhig, aber sobald sie zusammen ausgingen, war er gereizt, wurde grob und ausfallend. Wenn ihm etwas nicht paßte, drehte er sich sofort um und ging nach Hause, und Tanja folgte ihm mit einigem Abstand, denn sie hatte immer ein wenig Angst um ihn. Auslöser derartiger Anfälle von Serjosha war der Umstand, daß sie von Unbekannten stets angestarrt wurden: Sie fragten sich ebenso wie Serjoshas Mutter, was diese schöne Frau an dem humpelnden, unscheinbaren Jungen gefunden hatte. Diese Blicke machten ihn rasend. Tanjas Schönheit hinderte Serjosha, sie zu lieben, deshalb begann er sie dafür zu hassen.

Am besten gefiel sie ihm, wenn sie weinte. Ihre Augen schwollen rasch an, ihre Nase wurde rot, ihre Mundwinkel fielen herab. Aber auch wenn sie weinte, sah sie aus wie Simone Signoret. In der Berufsschule legte Serjosha sich einen männlichen Freundeskreis zu, in dem er als der Älteste und der einzige Verheiratete bald eine dominierende Rolle spielte. Mit diesen neuen Freunden begann Serjosha zu trinken, und wenn er getrunken hatte, wurde er bösartig und brutal. Zweimal verprügelte er Tanja, und sie zog zu ihrer Mutter, so überstürzt, daß sie sogar ihre Wintersachen in der Wohnung ihres Mannes ließ – Mantel, Mütze und fast neue Stiefel.

Alle außer Serjosha waren sehr zufrieden mit Tanjas Auszug, sowohl Tanjas Mutter als auch ihre Schwiegermutter. Tanja selbst war überzeugt, daß sie niemanden brauchte und besser allein blieb, und trug ihre unnütze Schönheit wie andere einen Buckel.

Zweimal erschien Serjosha zum Feierabend auf Tanjas Arbeitsstelle, um sich mit ihr zu versöhnen. Einmal sah sie ihn vorher und rannte weg, beim zweitenmal aber erwischte er sie, bat sie um Verzeihung und forderte sie auf, nach Hause zu kommen. Aber Tanja schüttelte nur wortlos den Kopf. Serjosha war angetrunken, und am Ende schlug er sie ins Gesicht. Nicht heftig, aber er selbst wäre dabei beinahe gestürzt.

Tanja fühlte sich immer mehr bestätigt darin, daß Schönheit etwas vollkommen Nutzloses sei und niemandem Glück bringe. Im Gegenteil. Inzwischen hatte sie einige Erfahrungen gesammelt: Der Chirurg Shurawski, ein reifer Mann, hatte sich wahnsinnig in sie verliebt, seine Frau war auf die Station gekommen und mit Fäusten auf Tanja losgegangen. Tanja wandte sich an den Chefarzt, und schließlich wurde sie in die Poliklinik versetzt.

Dort lebte sie sich gut ein. Ihre Chefin Jewgenija Nikolajewna, die wegen einer fortgeschrittenen Hüftgelenksarthrose auf beiden Beinen humpelte wie ein Dackel, wählte ihr Personal stets sehr sorgfältig aus. Sie war allen eine Großmutter – mal zu streng, mal zu nachsichtig, als schlüge ihr wunderbarer Charakter mitunter launische Kapriolen. Doch sie war sich dessen bewußt und suchte das ständig auszugleichen. Wie alle begegnete sie Tanja, vielmehr deren blendender Schönheit, zunächst mißtrauisch. Doch bei näherer Beobachtung kam sie rasch hinter Tanjas Geheimnis und empfand Mitgefühl mit ihr.

Die meisten Krankenschwestern waren ältere, ruhige verheiratete Frauen. Sie behandelten Tanja mütterlich, und sie fühlte sich sehr wohl unter ihnen. Besonders, nachdem Jewgenija Nikolajewna sie ins Labor versetzt hatte. Die Laborantin würde demnächst in Rente gehen und sollte ihre Kunst, aus Blutproben auf Objektträgern Leukozyten- und Prothrombingehalt zu bestimmen, an Tanja weitergeben.

Nun saß Tanja in dem kleinen Labor und hatte kaum Kontakt zu Patienten. Nur zweimal in der Woche nahm sie noch Blut ab – darin war sie einfach die Beste.

So verging ein Jahr und noch eins. Tanjas Mutter machte sich Sorgen: Ihre Tochter war schon über fünfundzwanzig, und außer dem unseligen Serjosha gab es in ihrem Leben keinen Mann. Sie mußte ja nicht gleich wieder heiraten, doch sie sollte sich wenigstens einen Mann anschaffen. Aber nein! Der Arbeitstag im Labor endete wegen der gesundheitsschädigenden Chemikalien früh, Tanja kam schon um vier nach Hause, legte sich schlafen, stand gegen sechs auf, machte sauber, kochte sich immer dasselbe Essen, Borschtsch und Buletten, und danach setzte sie sich entweder vor den Fernseher oder ging mit ihrer Freundin Mnazakanowa ins Kino. Ihre Mutter, alleinstehend, aber nie ohne Liebesabenteuer, mißbilligte diese Lebensweise. Sie versuchte sogar, Tanja Bekanntschaften zu vermitteln, mal einen Abteilungsleiter aus ihrem Betrieb, mal einen Mann, den sie im Urlaub im Süden kennengelernt, selbst aber verschmäht hatte. Tanja ärgerte sich darüber und belehrte ihre Mutter hochmütig: »Mama, Kerle, wie du sie mir unterschieben willst, treffe ich massenhaft in jedem Bus, davon könnte ich mir ein Dutzend anschaffen.«

»Na, dann tu's doch«, empfahl die Mutter.

»Wozu denn?« fragte die Tochter kalt. »Die wollen alle nur das eine.«

Die Mutter war beleidigt und wurde wütend.

»Ach, und du bist was Besonderes, ja? Du brauchst das wohl nicht?«

Tanja sah sie mit ihren kornblumenblauen Augen an, senkte die perfekten Lider und schüttelte den Kopf: »Nein, ich brauche das nicht.«

»Na, dann bleib eben bei deiner Katze sitzen«, sprach die Mutter ihr Urteil.

Und das tat Tanja.

Die Katze schert sich nicht um Schönheit, ihr geht es um die Seele, dachte Tanja.

Allmählich wurde Tanja breiter und blasser. Sie reifte vom schlanken jungen Mädchen zur jungen Frau und zog weiterhin die Blicke der Männer auf sich: Ihre Taille war noch immer schlank, Hüften und Brust hatten sich gerundet, Arme und Beine waren kindlich grazil. Ein reifer Kelch, aber leer.

Sie wurde immer dicker, immer blasser, immer behäbiger und langsamer und sah bald aus wie Simone Signoret im Alter.

Die Männer sprachen sie nun nicht mehr jeden Tag an, und das enttäuschte sie sonderbarerweise. Im Grunde ihres Herzens hegte sie nach wie vor noch die vage Hoffnung, eines Tages einen Mann zu treffen, den nicht die Hülle aus Schönheit interessierte, der nicht so schnell wie möglich ihren Körper besitzen wollte, sondern sie um ihrer selbst willen lieben würde.

Tanja, die stets nur mittelmäßig begabt gewesen war, erwarb bei der Arbeit allmählich neue Fähigkeiten. Langsam, aber sicher erschloß sie sich nicht nur die Grundlagen ihres Berufs, sondern auch dessen subtile Geheimnisse. Sie blätterte sogar verstohlen in Biochemie-Büchern. Dafür mußte sie allerdings erst einmal das wenige wiederholen, was an der Fachschule darüber gelehrt worden war. Sie war zweifellos die beste der vier Laborantinnen. Sie arbeitete ohne Hast, sogar langsam, dennoch bewältigte sie alles schneller als die anderen. Im Blutabnehmen war sie überhaupt die anerkannte Spezialistin, man holte sie sogar auf die Stationen, wenn ein Patient besonders schwierige Venen hatte.

Boris kam an einem Montag zur Blutabnahme, es war Tanjas erster Termin am Morgen. Groß und gutaussehend, im Pullover und mit einem Stock in der Hand, kam er herein und blieb an der Tür stehen.

»Guten Tag, ich soll Blut abgeben.«

Er schaute vor sich hin. Tanja begriff nicht gleich, daß

er blind war. Dann plazierte sie ihn auf einen Stuhl und bat ihn, den Ärmel hochzukrempeln. Die Nadel drang mühelos in die Vene ein. Tanja hatte sie auf Anhieb getroffen und hielt eine Ampulle darunter.

»Ja, sehr schön.«

Boris war erstaunt.

»Sie sind ja eine Meisterin! Bei mir trifft sonst keiner beim erstenmal. Es heißt immer, ich hätte schlechte Venen.«

»Wieso? Die Venen sind gut, nur ziemlich dünn.«

Er lachte.

»Genau das sagen alle – sie sind schlecht, weil sie so dünn sind.«

»Ich weiß nicht … Ehrlich gesagt, das ist das einzige, was ich gut kann«, sagte Tanja verlegen.

»Das ist gar nicht so wenig«, sagte er, wandte den Kopf in ihre Richtung und lächelte.

Vielleicht sieht er ja doch ein bißchen, dachte Tanja. Oder hat er etwa einfach so gelächelt, bloß wegen meiner Stimme?

Das bestätigte er sofort.

»Sie haben eine sehr schöne Stimme. Das hat man Ihnen bestimmt schon hundertmal gesagt, nicht?«

Dergleichen hatte ihr noch nie jemand gesagt. Man hatte ihre Augen, ihr Gesicht, ihr Haar, ihre Beine bewundert – aber noch nie ihre Stimme.

»Nein, das hat mir noch niemand gesagt.«

»Es gibt Dinge, die bemerkt man erst, wenn man blind ist«, sagte er und lächelte erneut.

Sein Lächeln war ganz eigen – irgendwie unbestimmt und nicht nach außen gerichtet, sondern nach innen.

Die Ampulle füllte sich, Tanja stellte sie in den Ständer und klebte ein Stück Mull auf die Wunde.

»Das war's.«

»Danke.«

Er stand auf und wandte sich zur Tür. Den Stock trug er in der Linken, die Rechte hielt er angewinkelt vor der Brust, als Hindernismelder.

»Ich bringe Sie zur Treppe.« Tanja nahm seinen Arm. Sie spürte die starken Muskeln unter seinem Pullover. Er machte sich von ihr los und bot ihr seinen Arm. Er führte sie, nicht umgekehrt. Schweigend und langsam gingen sie durch den langen Flur.

»Die Treppe«, sagte Tanja. Er nickte.

Sie stiegen hinunter ins Erdgeschoß.

»Danke, daß Sie mich begleitet haben. Das war sehr nett ... Als Hilfe für einen Invaliden.« Er lachte schief.

»Die Laborergebnisse sind am Donnerstag fertig. Soll ich Sie anrufen und sie Ihnen mitteilen?«

»Nicht nötig. Ich komme selbst vorbei.«

Tanja sah ihm nach: Er trug einen ausländischen Pullover von guter Qualität und die Uniformhose eines Offiziers.

Am Donnerstag erschien er mit Blumen, drei dickstengligen Hyazinthen mit betäubendem Duft.

Um eine Frau zu werben ist für einen Blinden schwierig, aber Boris schaffte es irgendwie. Und Tanja kam, nein, eilte ihm entgegen. Sie wurden rasch miteinander vertraut.

Boris hatte eine wunderbare Mutter; sie war Lehrerin. Als ihr Sohn das Augenlicht verloren hatte und bald darauf auch seine Familie, war Natalja Iwanowna in Rente gegangen und hatte ihrem Sohn geholfen, mit den neuen Gegebenheiten klarzukommen. Nach vier Jahren hatte sich Boris an sein neues Leben angepaßt und eine Arbeit gefunden – als Physiklehrer an der Berufsschule, die einst Tanjas Mann Serjosha besucht hatte.

Natalja Iwanowna liebte Tanja abgöttisch. Wahrscheinlich hatte sie Boris auch erzählt, wie schön Tanja war. Seine Hände besaßen nicht die Sensibilität, die blind Geborenen eigen ist, aber doch genug, um die Schönheit von Tanjas Körper zu erkennen. Ihre Ehe wurde sehr glücklich. Nach einem Jahr kam ihr Sohn Borja zur Welt. Auf der Straße schauten die Leute ihnen nach, so schön waren sie. Nur sehr aufmerksame Menschen bemerkten, daß der breitschultrige Mann blind war. Tanja wurde nach der Entbindung noch dicker, und ihr Körper weckte nicht mehr das Interesse junger Männer. Er gehörte ihrem blinden Mann. Genauso wie ihre ebenmäßige, reine und ausgeglichene Schönheit.

Tanjas Mutter schüttelte nur den Kopf. Natürlich war es gut, daß Tanja wieder geheiratet hatte, aber warum zog es sie immer wieder zu Invaliden? Bei ihrer Schönheit!

Iwan Zarewitsch

Neunzehnhundertfünfundvierzig absolvierte die achtzehnjährige Klawa einen Lehrgang beim Roten Kreuz und ging als Krankenschwester in die Tuberkuloseklinik – dort gab es eine Gehaltszulage. Gleich am ersten Arbeitstag verliebte sie sich in Filipp Kononow, einen Patienten aus Zimmer fünf, und heiratete ihn, sobald man ihn zum Sterben entlassen hatte. Doch entgegen den Prognosen der Ärzte starb er nicht sofort, sondern erst nach zweieinhalb Jahren.

Filipp war sehr groß, klapperdürr und so schön, daß die vierjährige Nachbarstochter Shenja sich ihr Leben lang an ihn erinnern sollte, weil er aussah wie ein Märchenprinz, wie Iwan Zarewitsch. Doch trotz seiner unglaublich blauen, tief in den Höhlen liegenden Augen war er ein wahrer Wolf. Er war zwanzig Jahre alt, die Tuberkulose war bei ihm nach einer Verwundung ausgebrochen, und obgleich sich die Ärzte redlich um seine Heilung bemühten, zerfraßen die Kavernen seine Lungen, und noch schlimmer fraß an ihm die Wut auf die ganze Welt, auf alle, die weiterleben würden, wenn er selbst bereits tot war. Und je weniger von seinen Lungen übrigblieb, um so heftiger tobte sein Zorn, dessen ganze furchtbare Energie sich meist gegen Klawa richtete. Sie tröstete sich mit der infamen Volksweisheit: Er schlägt mich, also liebt er mich.

Das erstemal vermöbelte er seine Braut schon bei der Hochzeitsfeier. Die Freundinnen, die sämtlichen Kuchen restlos verputzt hatten, lästerten beim Verzehr der

letzten Salatreste noch über die unscheinbare Bohnen-
stange von Braut mit der dicken Brille, als sie bereits
die ersten blauen Flecke davongetragen hatte und im
Nebenzimmer an der Schulter von Shenjas Mutter
heulte. Shenja brachte ihr zum Trost Großmutters kost-
bare Luisa, eine mehrfach geklebte französische Puppe.
Shenjas Mutter legte rohe Zwiebel auf den erblühen-
den blauen Fleck – auch diese eigenwillige Methode
stammte vermutlich aus der Schatzkiste der Volksweis-
heiten. Und Klawa schüttelte ihr borstiges dünnes Haar
mit der frischen Dauerwelle und vergoß die ersten Tränen über ihre große Liebe.

Dann klopfte Klawas Mutter Marja Wassiljewna an
die Tür, weinte ebenfalls und klagte: »Das Mädchen
hat sich ins Verderben gestürzt, ins Verderben. Hätte sie
lieber einen Trinker geheiratet als einen solchen Schläger!«

Filipp aber liebte seine Frau Klawa mit der ganzen
Kraft seiner bösen Seele. Die gesamten zweieinhalb
Jahre ihrer Ehe schlug er sie erbarmungslos und heulte
wie ein Tier, wenn er sie durch den langen Flur der Gemeinschaftswohnung jagte. Doch obgleich halb blind,
war sie mit ihren langen Beinen sehr flink und floh über
die Hintertreppe auf die Straße. Er verfolgte sie, und
wenn er sie nicht einholen konnte, warf er ihr einen
eisernen Schuhlöffel oder einen Hammer hinterher.
Dabei schrie er immer die gleichen Worte: »Du Mist-
stück, du wirst weiterleben und vögeln, und ich muß
sterben!«

Er war Schuster, hatte das Handwerk schon als Kind
vom Vater gelernt und verdiente sich damit in ihrem
schmalen Kämmerchen ein bißchen Geld. Das einst
große Zimmer war durch selbstgebastelte Zwischen-
wände in drei Räume aufgeteilt worden, und in jedem
davon lebte eine Familie.

Schuhe waren damals knapp und wurden deshalb häufig repariert. Nachbarn und Fremde kamen zu Filipp und ließen sich von ihm neue Absätze machen, Sohlen flicken und Kappen beschlagen.

Der kleine Waska, im ersten Ehejahr geboren, war der erste Säugling, den Shenja zu Gesicht bekam. Er hatte die Stimme einer knarrenden Tür, die kornblumenblauen Augen seines Vaters und dessen ungünstige Erbanlagen.

Aus dem schmalen Zimmer der Kononows drangen ständig häßliche Laute: bellender Husten, vermischt mit wütenden Flüchen, Klawas Schreie und stetes Kinderweinen. Als Waska etwas älter war, kroch er in den gewundenen Flur hinaus und krabbelte, solange er noch nicht laufen konnte, unermüdlich von ihrem Zimmer bis zur Küche. Später lief er im Flur herum, bis er eines Tages einer Nachbarin vor die Füße geriet, die einen Topf frischgekochter Kohlsuppe in ihr Zimmer trug. Waska erlitt Verbrühungen, und Shenjas Mutter und Marja Wassiljewna brachten ihn ins Filatow-Krankenhaus, denn Klawa hatte an diesem Tag Vierundzwanzigstundendienst.

Der Flur war der spannendste Ort der Wohnung, vollgestellt mit Schränken, Regalen, Holz- und Metallgerümpel; an einer Wand hing sogar ein Pferdehalfter, das sich in der Stadt recht exotisch ausnahm. Doch für Shenja war der Flur verboten, wegen Filipp. Er spuckte den schaumigen grauen Auswurf seiner Lungen lieber in die Gemeinschaftstoilette als in das dafür vorgesehene Glasgefäß. In der Wohnung wimmelte es von Kochschen Tuberkelbazillen, ungeachtet der gemeinsamen Bemühungen von Klawa und Shenjas Mutter, sie mit Chlor zu vernichten.

Einmal hatte Klawa Bauchschmerzen, die eine ganze Woche anhielten, bis sie schließlich von der Arbeit aus mit dem Notarztwagen ins Jekaterina-Krankenhaus eingeliefert wurde. Es war eine akute Blinddarmentzündung – Klawa wurde sofort operiert. Nach einer Woche kam sie wieder, und an diesen Tag erinnerte sich Shenja später genau, denn Filipp verprügelte Klawa, deren Wachsamkeit und Wendigkeit ein wenig nachgelassen hatte, mit einem Stück Brennholz aus Shenjas Stapel im Flur. Der Kachelofen in Shenjas Zimmer wurde als einziger in der Wohnung vom Flur aus geheizt.

An diesem Tag sah Filipp seine Frau zum letzten Mal im Leben: Ihre Nähte platzten auf und eiterten, sie bekam eine Blutvergiftung, und der große Chirurg Alexejew, damals noch kein Akademiemitglied, sondern einfach ein guter junger Arzt, schnitt ihr nahezu sämtliche Innereien heraus. Einen ganzen Monat schwebte sie zwischen Leben und Tod, und als sie aus dem Krankenhaus entlassen wurde, war Filipp schon begraben – er war in ihrer Abwesenheit gestorben.

War Waska der erste Säugling gewesen, den Shenja zu Gesicht bekam, so war Filipp der erste Tote in ihrem Leben. Der Sarg stand in der Küche, dem größten Raum der Wohnung, wo Hochzeiten, Mieterversammlungen und Beerdigungen stattfanden. Niemand weinte, und das Mädchen war verblüfft, weil Filipp gar nicht hustete. Und weil seine blauen Augen nicht zu sehen waren. Doch die langen, nadelspitzen Wimpern warfen einen blauen Schatten auf das Märchenantlitz von Iwan Zarewitsch. Er war dreiundzwanzig Jahre alt.

Nach der Entlassung aus dem Krankenhaus war die Arbeit als Krankenschwester für Klawa zu schwer. Sie bewies Weitsicht und besuchte einen Diätschwesternlehrgang. Nun war sie im Tuberkulosekrankenhaus für die Ernährung zuständig und stahl Butter und Fleisch aus der Küche. Die trug sie in einer kleinen Stofftasche nach Hause, die sie im Sommer unter einer weiten Bluse

und im Winter unterm Mantel verbarg. Ihr tuberkulose-
kranker Waska brauchte kräftigende Nahrung. Auch bei
Shenja wurde in diesem Jahr Tuberkulose festgestellt,
weshalb man sie noch nicht einschulte, obwohl sie schon
sieben war.

In der Gemeinschaftswohnung wußte jeder alles über
jeden. Auch daß Klawa Butter stahl, wußten alle. Shenjas Mutter erklärte ihrer Tochter damals, Klawa dürfe
stehlen, sie beide dagegen nicht. Diese Relativitäts-
theorie leuchtete Shenja sofort ein. Zumal sie sich noch
gut an die Geschichte mit dem Teelöffel erinnerte: Sie
hatte in der Abwaschschüssel der Nachbarin unter dem
schmutzigen Geschirr einen silbernen Teelöffel mit dem
Monogramm ihrer Großmutter entdeckt und ihn trium-
phierend der Mutter gebracht.

»Sieh mal, unser Löffel, der lag in der Schüssel von
Marja Wassiljewna!«

Mama hatte sie kalt angesehen.

»Leg ihn sofort wieder dahin, wo du ihn gefunden
hast.«

Shenja war empört.

»Aber das ist doch unser Löffel!«

»Ja«, bestätigte die Mutter, »aber Marja Wassiljewna
hat sich inzwischen an ihn gewöhnt, und darum legst du
ihn jetzt dahin zurück, wo du ihn gefunden hast!«

Vierzig Jahre später traf Shenja Waska in Minsk wieder.
Er sprach sie an: »Erkennst du mich nicht, Shenja?«

Shenja erkannte ihn mit der Spitze ihres linken
Lungenflügels. Er sah haargenau so aus wie sein Vater,
wenngleich seine Augen nicht von ganz so intensivem
Blau waren. Er war um die Fünfzig, Dozent am Mins-
ker Landwirtschaftsinstitut und hatte seinen Vater um
zwei Menschenalter überlebt. Seine Mutter Klawa hatte
einen Bulgaren geheiratet. Er liebte sie und schlug sie

nicht. Auch Waskas Großmutter Marja Wassiljewna war noch gesund und munter. Und benutzte beim Teetrinken nach wie vor den Löffel mit dem Monogramm von Shenjas Großmutter.

Kurzschluß

Wladimir Petrowitsch schlägt die Fahrstuhltür zu, und prompt erlischt das Licht. Es wird stockfinster, und ihn erfaßt Angst. Er versucht das höllische Gefühl abzuschütteln, aber es läßt nicht nach, und er bewegt sich vorsichtig in Richtung Haustür. Dorthin, wo er sie vermutet. Beide Hände an die Wand gelegt, tastet er sich daran entlang, bis er unterm Fuß eine Stufe spürt. Keuchend bleibt er stehen. Sein Herz bebt und pocht, aber das Nitroglyzerin fällt ihm nicht ein. Er kriecht an der Wand entlang die fünf Stufen hinunter und tastet mit zitternden Händen nach der Türklinke. Er greift danach, stößt gegen die Tür – sie öffnet sich nicht. Erneut überkommt ihn Furcht – unermeßliche, nächtliche Furcht, gegen die der Verstand machtlos ist. Er schlägt mit dem Körper gegen die Tür, bis er merkt, daß die Tür ihn zurückstößt, weil jemand sie von außen öffnen will. Ein Lichtviereck fällt herein – schwache Dezemberdämmerung. Eine Frau huscht an ihm vorbei und knurrt etwas von Stromausfall. Die Tür schlägt hinter ihm zu, und er steht da, an die Tür gelehnt, aber nun bereits draußen, in Freiheit, im Licht.

Es sind die dunkelsten Tage des Jahres, und er durchlebt seine übliche Dezemberdepression. Trotzdem ist er aufgestanden und aus dem Haus gegangen, zu seinem alten Lehrer, dem seit langem erblindeten Iwan Kowarski, der ihn um die Überspielung einer seiner Lieblingsplatten gebeten hatte. Die Kassette lag bereits über einen Monat bei Wladimir Petrowitsch, und er hatte schon ein schlechtes Gewissen, weil er den Besuch bei dem Alten immer wieder verschob.

»Der Streß, der Streß«, klagt Wladimir Petrowitsch, er weiß selbst nicht, wem, und spürt, daß er dringend einen Kognak braucht, um den aus dem Takt geratenen Rhythmus seines Lebens wiederzufinden. Geld hat ihm Kowarski gegeben, wie immer. Kowarski ist blind, aber nicht arm: Sein Sohn lebt in Amerika. Er holt seinen Vater zwar nicht zu sich, zahlt ihm aber Unterhalt.

Nach der Finsternis im Hausflur blendet das trübe Straßenlicht beinahe, doch als die Augen sich daran gewöhnt haben, verschwimmt alles allmählich zu einer undurchdringlichen Brühe; unter Wladimirs Füßen schmatzt ein Matsch aus Wasser und Schnee, und er denkt wehmütig an den langen Heimweg, der ihm bevorsteht.

Die Frau, die Wladimir Petrowitsch aus der ägyptischen Finsternis in die gewöhnliche Finsternis der Moskauer Abenddämmerung entlassen hat, ist die Moldawierin Angela, die seit vier Jahren in der Hauptstadt lebt, zusammen mit ihrem unbedeutenden Ehemann, dem sie das Moskauer Wohnrecht verdankt, und dem anderthalbjährigen Sohn Konstantin, der eine Kinderkrankheit nach der anderen durchmacht. Die Dunkelheit im Hausflur stört sie nicht im geringsten, sie findet rasch ihre Tür und tastet nach der Klingel, aber die funktioniert natürlich nicht. Sie kramt ihren Schlüssel aus der Tasche, doch statt im Dunkeln nach dem Schlüsselloch zu suchen, hämmert sie mit der Faust gegen die Tür. Ihr Mann, der auf den Sohn aufpassen sollte, erwacht aus seinem betrunkenen Schlummer und öffnet. Der Kleine schläft. Er ist ein friedliches Kind, wenn er Fieber hat, weint er nicht, ist nicht launisch, sondern liegt fast durchgehend in heißem Schlaf. Angelas Mann knurrt ein paar unverständliche Worte und legt sich wieder hin. Angela überlegt eine Weile, dann geht sie leise hinaus. Sie hat einen Freund, den Elektriker der Wohnungsverwaltung, den Armenier Rudik. Ebenfalls ein Zugezogener, aus Karabach. Ein guter Mensch. Er haust in einem Wirtschaftsraum im Keller. Sie steigt die halbe Treppe hinunter und klopft. Rudik hat ebenfalls geschlafen. Er öffnet ihr, freut sich. Und umarmt sie zärtlich. Ein netter Kerl, und noch jung. Aber er hat nur ein befristetes Wohnrecht in Moskau.

Als das Licht erlischt, steht Schura gerade in der Küche und überlegt, ob sie Bratkartoffeln machen oder Kohlsuppe kochen soll. Die plötzliche Dunkelheit bringt ihre Gedanken ins Stocken. Sie wartet eine Weile, dann tastet sie an der Wand nach dem Schalter und knipst zweimal. Es kommt kein Licht. Beide Kühlschränke, ihrer und der der Nachbarin, sind verstummt, obwohl deren elektrische Eingeweide normalerweise rund um die Uhr rumoren. Selbst das Radio hinter der Wand, das sonst ständig gurrt, schweigt. Läuft wohl auch mit Strom aus der Steckdose, denkt Schura.

Sie klopft auf dem Tisch herum, greift nach den Streichhölzern. Mit dem zweiten Streichholz zündet sie eine Gasflamme an. Der Herd ist alt, der Gasdruck schwankt, und das bläuliche Flämmchen flackert.

Schura sucht unterm Tisch nach dem Kartoffelnetz. Im Dunkeln kann ich nicht schälen, vielleicht mache ich Pellkartoffeln, überlegt sie. Sie knipst noch einmal am Lichtschalter. Dann tastet sie sich in den Flur und öffnet die Wohnungstür – im Treppenhaus scheint es ein wenig heller. Wär schön, wenn die Milowanowa im Fahrstuhl steckt, denkt sie träumerisch. Die Milowanowa lebt seit zwanzig Jahren mit ihr in dieser Wohnung. Ein ewiger Stachel im Fleisch.

Schura geht zurück in die Küche. Ihr kommt ein interessanter Gedanke. Die Kühlschränke stehen nebeneinander. Beide Marke »Saratow«, im selben Jahr gekauft. Sie öffnet den Kühlschrank der Nachbarin – es riecht nach Essen. Die Milowanowa kocht viel: für sich und ihren Mann, außerdem bringt sie ständig volle Töpfe zu ihrer Tochter Nina. Schura erklärt ihr immer wieder, daß sie eigentlich für drei Leute Gas zahlen müßte. Ihr Kühlschrank ist voller Töpfe und Vorräte: Offenbar hortet sie Konserven für ihren Sohn Dimka, der im Gefängnis sitzt. Schura nimmt einen kleinen Topf heraus. Sie steckt einen Finger hinein; scheint eine Art Brei zu sein. Sie leckt den Finger ab – mm, das schmeckt! Bœuf Stroganoff, genau. Schura stellt die Gasflamme kleiner, setzt den Topf darauf und fischt mit einem Löffel einzelne Brocken heraus, noch bevor alles warm ist. Die Milowanowa kocht gut. Schura leider nicht. Sonst hätte sie nicht ihr Leben lang als Putzfrau gearbeitet, sondern in der Küche.

Schura rührt mit dem Löffel um. Warm schmeckt es noch besser. Sie braucht sich nicht zu beeilen. Solange kein Licht brennt, kommt die Milowanowa nicht nach Hause, sie grault sich im Dunkeln. Ich werde ihr sagen, ich hätte im Finstern die Kühlschränke verwechselt. Ich hab genauso einen Topf. Entschuldige, ich hab aus Versehen deins gegessen.

Sie löffelt dort, wo es wärmer ist. Die Soße ist fett, mit Schmand, das Fleisch ist vom Rind. Aber was tut sie noch rein, daß es so gut schmeckt? Weiß der Teufel!

Schura verzehrt das ganze Bœuf Stroganoff, kratzt sogar den Topf aus. Es ist ein wenig angebrannt, so was stellt man zum Aufwärmen eigentlich auf ein Stahlnetz. Schura räumt den Topf in die Spüle – den wasch ich später ab. Sie geht sich hinlegen. Was soll man im Dunkeln schon tun? Aber sie kann nicht einschlafen. Wieder grübelt sie: Die Milowanowa bittet schon seit langem, Schura solle ein Testament machen und ihr das Zimmer vererben. Aber Schura hat eine Nichte, Lena, der will sie das Zimmer vererben, das hat sie ihr versprochen. Doch sie zögert. Sie zweifelt. Die Milowanowa sagt: Wenn du es mir vermachst, werde ich dich bis zu deinem Tod bekochen. Und versorgen. Das verspricht Lena auch. Aber das Bœuf Stroganoff war wirklich eine Wucht. Schon im Einschlummern denkt Schura: Ich sollte das Zimmer doch der Milowanowa vermachen. Lena kann ja gar nicht richtig kochen, die ißt selber nur Pelmeni aus der Tiefkühltruhe.

Boris Iwanowitsch Mjagischew sitzt ohne Licht in seinem Zimmer und sieht fern. Erst denkt er, der Fernseher sei kaputt. Er steht auf, um das Licht einzuschalten, aber es brennt nicht. Also ist der Fernseher noch ganz, freut er sich. Er wohnt in diesem Haus, seit es gebaut wurde, seit fünfunddreißig Jahren. Es gehört der großen Kosmetikfabrik, und Boris Iwanowitsch hat sein ganzes Leben dort gearbeitet, von seinem sechzehnten Lebensjahr bis zur Rente. Auch als Rentner arbeitet er weiter. Er ist Fließbandmeister. Als er in die Fabrik kam, wurde alles noch per Hand abgefüllt und verpackt, es gab nicht das simpelste Fließband, doch inzwischen ist die gesamte Produktion automatisiert, nichts wird mehr von Hand gemacht, und Boris Iwanowitsch wartet sämtliche Fließbänder, vom ersten bis zum letzten; niemand weiß so gut wie er, wie man die altmodischen Mechanismen in Gang hält und mit den neuen, auch ausländischen, klarkommt.

Boris Iwanowitsch liebt und achtet Fließbänder nicht nur, das wäre zu wenig gesagt, er sieht sie als Muster und Beispiel für ein kluges, stetig voranschreitendes Leben. Sein eigenes Leben war von Kindheit an kaputt: Sein Vater wurde kurz vorm Krieg einberufen, er erinnert sich nicht an ihn; seine Mutter starb, als er acht Jahre alt war, er lebte im Kinderheim, dann ging er in die Berufsschule, und erst als er in die Fabrik kam, gab es eine Ordnung in seinem Leben. Dank der Fließbänder. Er besuchte sogar die Abendschule, um die technische Beschaffenheit des Lebens bis in alle Einzelheiten zu verstehen. Nun glaubt er schon lange, Bescheid zu wissen, wie das Leben funktioniert: Es kommt vor allem darauf an, daß das tragende Element nicht stehenbleibt, sondern gleichmäßig läuft. Auch sein Leben läuft wie ein Fließband: Er steht auf, frühstückt, geht in die Fabrik – es ist nicht weit, fünfzehn Minuten. Wenn Südwind herrscht, riecht es nach nichts, bei Windstille aber folgt er dem Geruch nach grober Seife und Parfümerie-ausdünstungen, von dem das ganze Viertel durchtränkt ist. Wenn er von der Schicht kommt, ißt er und legt sich schlafen. Nachtschichten macht er schon lange nicht mehr, und sein Leben verläuft gleichförmig, wie ein gut funktionierendes Fließband, das seine Fracht im richtigen Takt transportiert.

Der Stromausfall ist eine Unterbrechung des Lebensrhythmus, die nach sofortiger Behebung verlangt, also geht er hinaus auf den Treppenabsatz, um zu überprüfen, ob es einen Kurzschluß im Sicherungskasten gegeben hat. Aber das ganze Haus ist dunkel, es liegt also nicht an der Sicherung auf ihrer Etage. Er wählt im Dunkeln die Nummer der Hausverwaltung, doch da geht niemand ran. Also zieht sich Boris Iwanowitsch entschlossen an und geht los. Zuerst in den Keller, wo der Elektriker Rudik wohnt. Er klopft laut an. Mehrmals. Aber niemand öffnet. Da macht sich Boris Iwanowitsch auf den Weg zur Hausverwaltung.

Punkt fünf hat Galina Andrejewna ihren Mann Viktor, ihre Tochter Anetschka und den Neufundländer Lotta zum täglichen großen Spaziergang verabschiedet. Um halb acht sind sie gewöhnlich wieder zurück, sie hat also von fünf bis sieben Zeit, ihren Bericht zu beenden. Und von sieben bis halb acht, um sich auf die Rückkehr der drei vorzubereiten.

Sie ist am Vortag aus Nowosibirsk zurückgekehrt, wo sie bei einer Firma eine Wirtschaftsprüfung vorgenommen hat. Damit verdient sie viel Geld, und deshalb hat sie, als die Zeiten schwierig wurden, die renommierte Hochschule und ihre unvollendete Habilarbeit sausenlassen, einen zweimonatigen Wirtschaftsprüfer-Lehrgang besucht und drei Fachbücher gelesen, und seitdem ernährt sie die Familie. Inzwischen ist fast vergessen, daß sie eine solide, für eine Frau einfach glänzende Doktorarbeit abgeliefert hat. Viktor hingegen unterrichtet noch immer Mathematik am Institut und betreut Doktoranden; er ist bei der Wissenschaft geblieben und richtet es meist so ein, daß er möglichst viel Zeit zu Hause verbringen kann.

Sie sitzt vorm Computerbildschirm und versucht dahinterzukommen, auf welche Weise dieser griesgrämige Hänfling Trunow Geld unterschlägt. Galina Andrejewna glaubt, alle Varianten dieses Spiels zu kennen, doch dies hier scheint ein neuer Dreh zu sein – er ist bestimmt simpel, aber sie hat ihn noch nicht enträtselt. Sie ist fast fertig mit dem Bericht, kommt dem Betrüger jedoch nicht auf die Schliche. Sie ist immer in Eile, um den strengen Stundenplan ihres Lebens einzuhalten.

Um sieben muß sie die Arbeit weglegen, das Abendessen vorbereiten, Möhren für Anetschka reiben, Saft pressen, Kefir warm machen; um acht, nach dem Abendbrot, bekommt das Kind seine Massage, dann wird es gewaschen und ins Bett gebracht, anschließend muß Galina bügeln, das Frühstück für den nächsten Tag vorbereiten, und um halb elf geht sie schlafen, denn sie stehen um sechs auf, um Anetschka anzuziehen, zu füttern, zur Oma zu bringen und rechtzeitig zur Arbeit zu kommen. Ach ja, sie muß Viktor daran erinnern, daß er im Bad die abgefallenen Fliesen überm Waschbecken wieder anklebt. Morgen holt Viktor Anetschka ab, da muß sie also ohne Auto nach Hause fahren, mit öffentlichen Verkehrsmitteln. Sie müssen sich endlich ein zweites Auto anschaffen, das viele Umsteigen kostet so viel Zeit ... Nicht ablenken lassen.

Aber ob sie es nun eilig hat oder nicht – sie kommt nicht hinter das Geheimnis der kleinen Unregelmäßigkeit in den Papieren. Natürlich kann sie den Bericht auch so abliefern, außer ihr wird ohnehin niemand etwas bemerken, aber es interessiert sie einfach. Galina schaut auf den Computer – halb sieben. Sie nimmt die Brille ab, schließt die Augen, preßt die Finger einen Moment leicht gegen die Lider. Als sie die Augen wieder öffnet, ist es stockdunkel. Der Bildschirm ist erloschen – der Akku ihres Notebooks war schon gestern im Flugzeug leer. Die eingetretene Stille ist nicht wie sonst angefüllt mit den leisen Geräuschen diverser Elektrogeräte. Vollkommene Stille. Stromausfall. Verdammt!

Irgendwo sind Kerzen. Nein, die haben sie in die Datscha gebracht. Sie kann nicht bügeln, nicht waschen, nicht kochen ... Galina ist mitten im Lauf gestoppt worden: Eine untätige Minute, wie es sie in ihrem Leben bisher nicht gab. Nun sitzt sie in erzwungener Muße, in grauer Dunkelheit, in völliger Einsamkeit. Und da stürmt es auf sie ein. Zwanzig Jahre sind vergangen, seit das Unglück geschah: Zwei gutaussehenden, großen, sportlichen, erfolgreichen Menschen widerfuhr etwas, das ihnen niemals hätte passieren dürfen. Sie rechneten mit einem Jungen, der genauso sein würde wie sie, ja, womöglich noch besser – noch begabter als sie, ihnen in jeder Hinsicht überlegen; sie wollten stolz auf ihn sein und mustergültige Eltern werden, von allen beneidet, wie eh und je. Aber es wurde ein Mädchen. Es kam zur Welt wie ein verdorrter Zweig. Im Mutterleib mißgebildet.

»Nicht lebensfähig«, sagten die Ärzte.

»Wir päppeln sie auf«, sagten die Eltern.

Nach einem Monat holten sie ihr Kind aus der Entbindungsklinik, wo es noch immer lebte und nicht starb. Sie begannen es aufzupäppeln, das von angeborenen Krämpfen gekrümmte kleine Geschöpf. Tagelang träufelten sie mit einer Pipette Milch in den zusammengekniffenen Mund, durch einen Gummischlauch, den sie zwischen die blauen Lippen steckten. Saugen konnte das Kind nicht, aber der Schluckreflex funktionierte. Die Eltern nahmen den Schicksalsschlag an, er schweißte sie fest zusammen. Nichts konnte sie auseinanderbringen. Mit eisernem Griff hielten sie das Mädchen im Diesseits fest. Als es im Sterben lag, holten sie es zurück. Sie gingen wissenschaftlich an die neue Aufgabe heran: Sie lasen sämtliche Bücher, erst allgemeinmedizinische Lehrbücher, dann spezielle Fachliteratur. Ihr hoher Intellekt ließ sie nicht im Stich: Sie wurden Ärzte für eine einzige Patientin. Ihre Diagnose deckte sich mit dem Urteil der Professoren, zu denen sie ihr Kind ab dem zweiten Lebensjahr brachten: Schwere Schädigung der Pyramidenbahn von der Großhirnrinde bis zu den Vorderhörnern des Rückenmarks. Prognose: keine. Die Ärzte schwiegen. Die Eltern schienen zu verstehen, doch ihre Augen waren klar und voll wilder Entschlossenheit: Wir stellen unser Kind auf die Beine.

Die Ärzte senkten den Blick. Zehn Jahre. Anetschka lebte, wuchs, kam nicht auf die Beine, die Arme blieben wie gefesselt. Sie spricht nicht, gibt nur knirschende Laute von sich. Schaut mit farblosen, schielenden Augen in die Welt. Massagen, Schlammpackungen, Spritzen.

Die Tabletten kann sie nicht schlucken. Sie machen alles mit eigenen Händen – kein Fremder berührt das Kind. Nur Galinas Mutter Antonina hilft ihnen: Zu ihr bringen sie Anetschka für drei, manchmal auch für sechs Stunden. Weitere zehn Jahre. Sie schaut sich Bilder an. Sieht fern. Weint. Ihre Augen zeigen Kummer. Krämpfe schütteln sie. Unser kleines verdorrtes Zweiglein.

Die Eltern vergaßen, wofür sie eigentlich kämpften. Es ging nicht mehr darum, das Kind auf die Beine zu stellen – nur noch darum, das schwache Leben zu erhalten. Wozu? Keine Antwort ... Weil sie notorische Sieger sind.

Den ersten Rollstuhl entwarfen sie selbst und ließen ihn in einem Militärbetrieb bauen. Inzwischen kann Anetschka mit den Ellbogen die beiden großen Tasten bedienen. Sie freut sich. Fährt im Flur von einem Ende zum anderen. Dann hebt ihr Vater den Rollstuhl hoch – zum Wenden reicht der Platz nicht –, dreht ihn um, und sie fährt zurück.

In der Wohnung ist es still und dunkel; nicht schwarz – grau. Die Fenster schimmern wie Asphalt. Ja, wie Asphalt. Was für ein Bericht? Wozu? Wozu das Abendbrot? Wozu der Möhrensaft? Ein einziger Krampf: Bewegung, Tätigkeit. Kein Leben – ein Veitstanz. Der Strom ist ausgefallen, das Licht erloschen, Galina hält inne, und ihr wird klar: Ihr Leben ist Finsternis. Eine große Düsternis. Weglaufen! Wohin? Sie geht zum Fenster – ein Gesicht auf dem schwarzen Glas. Ihr eigenes Gesicht. Doppelt. Ein optischer Effekt – es ist ein Doppelfenster. Dritter Stock. Nein, nicht hoch genug. Die Finsternis bedrängt sie, kommt näher. Weg! Weg! Die Dunkelheit in der Wohnung ist lebendig, durchzuckt von Schattenfetzen und -klumpen. Doch die Finsternis bleibt undurchdringlich. Galina stößt mit der Hand an eine Sessellehne. Setzt sich. Von der Straße fällt ein Lichtschein auf den Bildschirm. Huscht vorüber, verschwindet. Die Finsternis ist schlimmer als der Tod. Sie dringt mit der Atemluft in die Lungen. Galina steht auf, gleitet mit der Hand an der Wand entlang, tastet nach dem Lichtschalter. Geh an! Es knackt – trocken, tot. Finsternis. Wohin davor fliehen? Sie geht in den Flur. Öffnet den Wandschrank. Darin ist es dunkel, aber nicht finster. Einfach nur dunkel. Eine Kleiderstange, Bügel. Sie steigt über das Schuhfach, zwängt sich in den Schrank, schiebt mit dem Kopf die Kleider auseinander. Die Tür schließen, sich vor dem schwarzen Grauen draußen schützen. Sie zieht die Tür an, ist nun fast eingeschlossen. Sie reißt einen Gürtel aus einer Hose. Schließt ihn. Wirft die Schlinge über die Stange, zurrt sie fest. Steckt den Kopf in den ledernen Ring. Schneller, schneller. Sie sackt in die Knie.

Bei der Hausverwaltung macht lange niemand auf. Doch im Fenster brennt Licht, und Boris Iwanowitsch klopft so lange, bis sich drinnen etwas regt. Langsam wird die Tür geöffnet, ein zerzauster Kopf schaut heraus.

»Kirill! Schämst du dich nicht? Ich klopfe und klopfe! Im Aufgang zwei ist kein Strom! Im ganzen Aufgang nicht! Ruf den Notdienst an!«

»Boris Iwanowitsch! Wieso kommst du da zu mir? Warum rufst du nicht selber an?« Kirill ist so erstaunt, als hätte man ihn aufgefordert, im Ballett zu tanzen.

»Du hast schließlich Dienst! Wie soll ich denn im Stockfinstern anrufen? Ich hab nicht mal die Nummer vom Notdienst.«

»Geh doch zu Rudik, der müßte dasein«, rät Kirill.

Da explodiert der friedliche Boris Iwanowitsch.

»Ihr Nichtstuer, sitzt hier rum und rührt keinen Finger, könnt nichts als Wodka saufen! Los, geh Rudik suchen oder ruf den Notdienst! Der ganze Aufgang ist ohne Strom, und du kratzt dir die Eier!«

»Schon gut, Boris Iwanowitsch, schrei nicht gleich rum, ich ruf ja schon den Notdienst, versteht sich doch.« Der Zottelkopf verschwindet, und Boris Iwanowitsch steht vor der verschlossenen Tür und überlegt, ob er nicht selbst anrufen soll: Er traut diesem Kretin nicht.

Iwan Kowarski schließt die Tür ab und geht zurück in das größere der beiden Zimmer. Als einziger im Aufgang bewohnt er ganz allein eine Zweizimmerwohnung. Im vierten Stock. Vor achtzehn Jahren ist sein Sohn emigriert, vor fünfzehn Jahren seine Frau gestorben, vor zehn Jahren ist er endgültig erblindet. Er ist daran gewöhnt, ohne Licht zu leben, nur mit Musik. Nun hat er es eilig, den Rekorder einzuschalten, um die Musik zu hören, die er neunzehnhundertneunundfünfzig im Konzertsaal und anschließend unzählige Male von einer Schallplatte gehört hat, bis die Platte ganz abgenutzt war, so daß man sie kaum noch hören konnte. Obwohl er jede einzelne Phrase genau kennt, jede Intonation, jeden Gedanken, den die gedrungene, ungekämmte Greisin in dem schon ganz fadenscheinigen Kleid, der durchschimmernden blauen Unterhose und den Gummischuhen mit den offenen Schnürsenkeln intoniert, verlangsamt er absichtlich seine Schritte, bremst sich, um die Vorfreude auf die Wiederbegegnung zu verlängern.

Er gießt sich aus einer Karaffe Wasser ein, wobei deren Hals das trübe Glas berührt − seine Zugehfrau Anna ist selbst schon alt und bewältigt die Hausarbeit kaum noch, sie sieht schlecht und putzt miserabel, deshalb ist das Glas schmutzig, aber das bemerkt niemand. Kowarski trinkt einen Schluck und stellt das Glas wieder genau an seinen Platz. Er ist sehr präzise in seinen Bewegungen, er achtet auf sich, um sich die ärgerliche Suche nach verlegten Gegenständen zu ersparen. Er setzt sich in einen Sessel. Links von ihm steht ein kleiner Tisch mit dem Rekorder. Die neue Kassette, die Wladimir ihm gebracht hat, liegt daneben. Wladimir wollte sie nicht gemeinsam mit ihm anhören, er hat es immer eilig, wieder nach Hause zu kommen, er mag die Dunkelheit nicht. Der Arme, er ist noch so jung, gerade mal fünfzig, und sein Nervenkostüm ist schon völlig zerrüttet. Aber so ist es nun mal — Melomanen sind eben hochsensibel.

Kowarski legt die Kassette ein. Drückt nach kurzem Zögern auf »Start«. Mit Netzstrom geht der Rekorder nicht an, also schaltet Kowarski auf Batteriebetrieb. Es ist Beethovens Sonate Nummer neunundzwanzig, sein unübertroffenes Meisterwerk, in der Interpretation einer ebenfalls unübertroffenen großen Meisterin — Maria Judina. Eine Zwiesprache wortloser Seelen mit Gott.

Das Allegro. Wie Einatmen. Mein Gott. Das Hammerklavier — hundert Jahre haben sie darüber debattiert, die Dummköpfe. Dabei hat Beethoven einfach auf Deutsch ausgedrückt, was alle zu jener Zeit auf Italienisch gesagt haben. Musik für Fortepiano. Ja, natürlich, das war der endgültige Sieg des deutschen Genies über die italienische Eleganz und Leichtigkeit, das göttliche Zwitschern. So hätte es nicht einmal Beethoven selbst spielen können. Zumal die Instrumente damals unvollkommen waren, dumpf und leise. Für Tafelmusik, Begleitmusik zum Essen. Zu Fisch und Kalbsbraten.

Ein großer Zottelkopf auf kurzem Hals. Ja, sie sah Beethoven sogar ähnlich. Sie war gewaltig — eine Heilige, eine Närrin. Wie sie spielt! Wie niemand sonst. Die Neunundzwanzigste wird kaum gespielt, wer bewältigt die schon? Eben, eben!

Kowarski weint immer an denselben Stellen. Hier. Und hier. Er kann sich einfach nicht beherrschen. Für nichts taugen die Augen mehr, nur noch für Tränen, denkt er und wischt sich mit der Hand über die Wange.

Da hat ihm Wladimir eine große Freude gemacht. Er muß ihn nachher noch anrufen und sich bedanken. Als Schüler war er mittelmäßig, die Literatur verstand er nicht, aber im Konservatorium traf Kowarski ihn stets bei guten Konzerten. Wahrscheinlich gingen seine Eltern mit ihm hin. Später freundeten sie sich an, als Wladimir mit der Schule fertig war. Sie trafen sich oft im Konservatorium. Er ist treu geblieben. Der Musik und seinem alten Lehrer.

Ach, das Scherzo, das Scherzo! Welche Deutlichkeit, welche Klarheit des Gedankens, des Gefühls! Der arme Ludwig! Oder hört er dort oben im Himmel, wie Maria Judina ihn vom Himmlischen ins Irdische übersetzt? Himmlisches Licht bricht durch. Nicht Morgen- und nicht Abendlicht. Aber natürlich, das ist gemeint mit dem »überirdischen Licht«! Alles gewinnt an Kraft, weitet sich aus, verstärkt sich im Zentrum und dröhnt und hallt an den Enden wider. Nein, so konnte Richter das nicht. Diese Macht und diese Zärtlichkeit... Wieder wischt er sich eine Träne ab.

Da. Der dritte Satz. Das Adagio. Apassionato e con molto sentimento. Das läßt sich einfach nicht übertragen. Was bedeuten schon die menschlichen Tragödien? Alles löst sich auf, wird erleuchtet, gereinigt. Nur noch Licht. Nur Licht. Ein Spiel des Lichts. Ein Spiel von Engeln. Mein Gott, ich danke dir, daß ich erblindet bin. Ich hätte ja auch taub werden können ... Und ich bin nicht Beethoven, ich hätte lautlose Musik nicht hören können wie er. Die Alte ist großartig. Ja, großartig!

Kowarski war entfernt mit ihr bekannt. Sie und seine Tante Valentina waren am Gymnasium in dieselbe Klasse gegangen. Sie war unerträglich. Als sie noch klein waren, lachten die anderen Mädchen sie aus. Als sie größer wurden, spürten sie ihr großes Talent. Wenn sie auf Gymnasiumsabenden spielte, vergaß sie das Aufhören und mußte beinahe mit Gewalt vom Hocker gerissen werden. Sie war schon immer eine Närrin, von Kindheit an. Eine Heilige …

Jetzt die Fuge. Überirdische Musik. Nein, das ist die Interpretation von neunzehnhundertzweiundfünfzig. Wie kommt er darauf, daß es die von neunundfünfzig ist? Bei Richter zerfiel diese Fuge. Überhaupt beherrschte niemand sie richtig. Als die Judina begraben wurde, spielte Richter bei der Beerdigung im Foyer des Konservatoriums. Aber nicht die Neunundzwanzigste. Das war unmöglich, das kann niemand außer ihr.

Kowarski wischt sich die Tränen nicht mehr ab, sie laufen ihm ungehindert über die stoppeligen Wangen. Er ist ein unsauberer, ungepflegter alter Mann, seine Hausjacke ist bekleckert, sein Mund eingefallen − das künstliche Gebiß ist schon lange zerbrochen, es müßte zur Reparatur in eine entlegene Werkstatt, da kommt er nicht hin; und sich neue Zähne machen zu lassen ist zu aufwendig, wer sollte ihn in die Poliklinik begleiten? Anna kann selbst kaum noch laufen. Was für ein Glück! Was für ein blendendes Licht!

Die Sonate dauert genau achtundzwanzig Minuten. Als sie zu Ende ist, geht das Licht wieder an. Aber das bemerkt Kowarski nicht.

Angela ist gerade von Rudik aufgebrochen. Rudik steckt einen Schraubenzieher in die Schalttafel, und im ganzen Haus geht das Licht wieder an.

Vor dem Hauseingang steht die große, glückliche Lotta, sie ist ausgiebig gelaufen, hat sich im Schnee gewälzt und bewacht nun den Rollstuhl. Ihr Herr bringt Anetschka nach oben, kommt jedoch lange nicht wieder. Aber Neufundländer sind treue Tiere, und Lotta bleibt brav neben dem Rollstuhl stehen. Schneeflocken fallen in ihr dichtes Fell, durch den Schnee wird es irgendwie heller, und im Haus brennt wieder Licht.

Der Weg des Esels

Die Chaussee lief durch einen Tunnel, der vor dem Ersten Weltkrieg in den Berg getrieben worden war, rollte auf ein kleines Städtchen zu, verzweigte sich dort in viele Seitentriebe, schmale Gassen durch die anliegenden Dörfer, und führte weiter nach Grenoble, nach Mailand, nach Rom. Vor der Tunneleinfahrt bogen wir von der Autobahn ab auf eine kleine Straße, die den Bergrücken querte. Marcel freute sich, daß er die Abzweigung diesmal nicht verpaßt hatte – den einzigen Weg auf die alte Römerstraße aus dem ersten Jahrhundert. Die meisten europäischen Autobahnen, mit ihren sechs Fahrspuren luxuriös und modern ausgestattet, liegen über einstigen Römerstraßen. Marcel wollte uns das letzte noch in der ursprünglichen Form erhaltene kleine Stück davon zeigen. Die unscheinbare, ziemlich schmale Straße – nur mit Mühe kommen zwei Autos aneinander vorbei – verwildert seit dem Bau des Tunnels. Vor Zeiten lag am Fuß des Berges eine römische Kurierpoststation, die Briefe von Britannien nach Syrien beförderte. In nur zehn Tagen!

Wir fuhren auf den Paß hinauf und stiegen aus. Das Straßenpflaster, vor zweitausend Jahren in ein Kiesbett gelegt, fiel zu beiden Seiten leicht ab; die einstige bucklige Wölbung hatten Millionen von Füßen und Rädern fast vollständig geglättet. Wir waren zu dritt – Marcel, ein älterer Anwalt, vor fünf Jahren in diese Gegend gezogen, die dicke Agnes, eine Frau mit klangvollem Adelstitel und von offenkundig launischem Wesen, und ich.

Die Straße stieg steil an, und solche Orte bergen immer eine gewisse Unruhe, man verspürt einen Sog zurück – denselben, der die Römer in die entgegengesetzte Richtung geführt hat: nach Norden, nach Westen, ans Ende der Welt, zu kalten Meeren und flachen Tälern, dichten Wäldern und unwegsamen Sümpfen.

»Diese Straßen durchtrennten die Siedlungsgebiete inzwischen längst verschwundener Stämme und schufen das, was später Europa wurde«, sagte Marcel, wobei er mit seinen kleinen Händen anmutig gestikulierte und die grauen Locken schüttelte. Aristokratisch wirkte eher er, der Krämersohn, und nicht Agnes mit ihrer winzigen Nase zwischen den dicken roten Wangen.

»Du meinst, das da« – sie wies mit ihrem kurzen Zeigefinger zu Boden – »ist die Römerstraße?«

»Ja, natürlich, ich kann dir Karten zeigen«, erwiderte Marcel lebhaft.

»Entweder du bringst da was durcheinander, oder du redest Unsinn!« widersprach Agnes. »Ich habe die alten Straßen in Pompeji gesehen, da sind tiefe Spurrinnen, bis zu zwanzig Zentimeter tief haben sich die Räder ins Pflaster gegraben, hier dagegen ist die Straße ganz glatt, keine Spur von Spurrinnen!«

Sie stritten sich – egal, aus welchem Anlaß – schon an die zwanzig Jahre, nicht nur die drei Stunden, die wir im Auto verbracht hatten, aber das wußte ich damals noch nicht. Nun entzündete sich ihr Streit also an den Spurrinnen: Marcel behauptete, die Straßen innerhalb einer Stadt seien ganz anders gebaut worden als außerhalb, die Spurrinnen auf den städtischen Straßen seien extra in den Stein gehauen worden – wie eine Art Gleise – und keineswegs durch die Räder entstanden.

Der Blick vom Paß erinnerte an die Krim, eröffnete aber mehr Raum, und das Meer war weiter entfernt. Doch ein lockender Schleier am Horizont verriet seine

Anwesenheit. Von hier, vom Paß aus, sah man auf Olivenhaine und gefällige Reihen von Weinbergen. Ein schräges Netz von Gitterstäben und künstlich angelegte Terrassen schützten die Hänge vor rutschendem Geröll.

Vertrocknete, brüchige Salbeistengel und buschiger Thymian wuchsen zu unseren Füßen, ein Stück entfernt stand ein ausladender verblühter Kapernstrauch.

Wir gingen zum Auto zurück und fuhren langsam hinunter. Marcel erzählte, was die griechischen Straßen von den römischen unterschied – die Griechen ließen einen Esel durch die Berge laufen und folgten beim Anlegen der Straße seinem Schlängelpfad, die Römer dagegen zogen ihre Straßen schnurgerade, von A nach B, ohne Rücksicht auf natürliche Hindernisse – Hügel wurden gekappt, Seen einfach abgelassen. Agnes widersprach ihm.

Das Dörfchen, in das wir fuhren, kannte ich bereits: Vor einigen Jahren hatte ich dort drei Tage verbracht – als Teilnehmerin eines Festivals in einer nahe gelegenen Stadt war ich gefragt worden, ob ich in einem Hotel in der Stadt wohnen wollte oder in diesem winzigen Dorf. Ich hatte mich für das Quartier in einem alten Bauernhaus entschieden, bei Geneviève. Alles dort hatte mich zutiefst erstaunt und berührt. Geneviève entstammte der achtundsechziger Pariser Studentengeneration, war bei den Linken gewesen, bei den Grünen, bei den Kräuteresoterikern – sie hatte einen Köder nach dem anderen geschluckt, bis sie eines Tages ausbrach. Als ich sie kennenlernte, war sie eine nicht mehr junge Frau von bäuerlichem Äußeren, braungebrannt, mit intensiven blauen Augen, glücklich allein. Anfangs wirkte sie auf mich ein wenig gehemmt, doch dann begriff ich, daß sie in einem Zustand beneidenswerter seelischer Ruhe lebte. Sie wohnte seit zehn Jahren in diesem Haus, das sie eigenhändig renoviert hatte, und es gab hier alles, was Leib und Seele benötigen: heißes Wasser, Dusche, Telefon, wunderschöne menschenleere Berge, lange Sommer und kurze, aber schneereiche Winter.

Die vollkommene Einsamkeit, die Geneviève hier gefunden hatte, büßte mit den Jahren etwas von ihrer Vollkommenheit ein: Als sie diesen Ort entdeckt hatte, gab es vier Häuser, von denen zwei unbewohnbar waren und zwei ortsansässigen Bauern gehörten – der eine Nachbar besaß neben einem Weinberg eine Mechanikerwerkstatt, der zweite eine Schafherde. Geneviève kaufte eins der beiden leerstehenden Häuser. Der Mechaniker und der Schäfer ließen ihr die freiwillige Einsamkeit; wenn sie Geneviève begegneten, nickten sie ihr zu und drängten ihr ihre Freundschaft nicht auf.

Der Mechaniker war mürrisch und wirkte ein wenig primitiv. Der Schäfer war alles andere als primitiv – er war Mönch; nach Jahren in klösterlicher Abgeschiedenheit war er nach Hause zurückgekehrt, als seine alten Eltern gebrechlich wurden.

Die kleine Kapelle zwischen den vier Häusern war verschlossen. Durchs Fenster entdeckte ich an der geweißten Wand hinter dem Altar Rubljows Dreifaltigkeitsikone. Geneviève, Atheistin wie viele französische Intellektuelle, erklärte mir, der Mönch habe einen recht eigenwilligen Glauben, er neige zur Orthodoxie, und die kirchliche Obrigkeit sei ihm nicht gewogen; obwohl es in der Gegend an Geistlichen mangele, werde er nie in die leerstehenden Kirchen der Nachbarschaft geholt; Liturgien feiere er nur sehr selten, ausschließlich in dieser kleinen Spielzeugkapelle – für Gott und seine Mutter. Die Familie des Mechanikers besuche seinen Gottesdienst nicht, sie hielt ihn für »nicht recht«. Es berührte mich eigentümlich, so weit weg von zu Hause auf Probleme zu treffen, die ich für typisch russische hielt. Üb-

46

rigens war ich dem Schäfer damals nicht begegnet, er weidete seine Schafe in den Bergen.

Hin und wieder kamen Genevièves erwachsene Kinder, Sohn und Tochter, zu denen sie kein besonders inniges Verhältnis hatte, oder Bekannte. Sie freute sich über den Besuch, war aber ebenso froh, wenn er wieder abfuhr und sie ihrer Einsamkeit überließ, die ausgefüllt war mit Spaziergängen, Meditationen, Yogaübungen, dem Sammeln von Beeren und Kräutern, der Arbeit im kleinen Garten, Lesen und Musik. Sie war Musiklehrerin gewesen, aber erst jetzt, da sie frei und das Musizieren keine Pflicht, kein Broterwerb mehr war, genoß sie es wirklich.

Den ersten Knacks bekam die Vollkommenheit ihrer gemäßigten Einsamkeit, als ihr erster Mann sie mit seiner neuen Familie besuchte, sich in die Gegend verliebte und beschloß, das letzte leerstehende Haus zu kaufen. Er wandte sich an die Erben, und sie verkauften ihm gern, was von dem verfallenden Gebäude noch übrig war. Das Haus wurde wieder aufgebaut. Die neuen Nachbarn bewohnten es nur in den Ferien, waren taktvoll und bemühten sich, Geneviève so wenig wie möglich zu belästigen.

Der zweite Schlag war empfindlicher: Marcel, ihr treuer, lebenslanger Verehrer, mit dem sie sämtliche Beziehungsphasen durchlaufen hatte. Sie war seine Geliebte gewesen, doch als seine Frau sich von ihm getrennt hatte, lehnte sie es ab, ihn zu heiraten, und verließ ihn wegen irgendeines Jungen, der nach einem Monat vergessen war; dann waren sie jahrelang Freunde, halfen einander in schwierigen Momenten und schrieben sich Briefe, als Marcel in Thailand arbeitete. Sie besuchte ihn dort, und ihr Verhältnis lebte wieder auf, doch dann reiste Geneviève ab und verschwand für viele Jahre aus Marcels Blickfeld. Zurück in Paris, machte Marcel sie ausfindig und war verblüfft, wie sehr sie sich verändert hatte, doch in ihrer neuen Einsiedlergestalt gefiel sie ihm kein bißchen weniger. Er beschloß, sein Leben nach ihrem Vorbild zu ändern, und kaufte ein verlassenes altes Gut, anderthalb Kilometer entfernt von ihrem Haus. Die Steinmauer und die großen Nebengebäude dieses imposantesten Bauwerks der Gegend sah Geneviève vom Fenster im Obergeschoß aus.

Wir kamen etwas später an als gedacht. Kurz vorm Dorfeingang fiel das Licht der Autoscheinwerfer auf ein ziemlich großes Tier, das die Straße überquerte.

Agnes, augenblicklich erwacht, rief: »Seht mal, ein Dachs!«

»Ja, ja, davon gibt's hier viele. Den Burschen kenne ich, der hat seine Höhle dreihundert Meter von hier«, dämpfte Marcel ihre Aufregung.

Es war schon dunkel. Im Haus brannte Licht. Die Tür war offen, der weiße Vorhang bewegte sich, dahinter stand Geneviève.

Wir betraten einen großen Raum unklarer Bestimmung. Die gewölbte Decke war unglaublich asymmetrisch, da und dort stachen Haken heraus – insgesamt sechs, ihre Schatten brachen sich an den Gewölberippen. Wer weiß, was einmal daran gehangen hatte.

Wir wurden erwartet – der Tisch war gedeckt, aber die Gäste saßen im anderen Teil des Raums, vor dem brennenden Kamin. In dem Mann, der aussah wie ein alter Cowboy, erkannte ich sofort Genevièves Exmann, und das magere junge Ding mit dem schweren Kiefer und dem Unterbiß war zweifellos seine zweite Frau. Das etwa zehnjährige Mädchen, ihre Tochter, hatte vom Vater die regelmäßigen Gesichtszüge geerbt und von der Mutter die ein wenig animalische Anmut. In einem mit alten Überwürfen – Schals oder Gobelins – drapierten Sessel saß eine nicht mehr junge Schwarze, in ein Kleid mit riesigen Mohnblumen und Lilien und einen gelben Turban gehüllt. Auf dem offenen Klavier standen Noten – es war wohl eben noch musiziert worden. Das Feuer im Kamin bewegte die Schatten an den Wänden und an der gewölbten Decke, und ich fragte mich, ob ich nicht unversehens aus der Realität in einen Traum oder einen Film geglitten war.

Wir machten uns ein wenig frisch. Das Wasser kam aus dem Hahn, doch auf einem Tischchen daneben standen eine Porzellanschüssel und ein Krug. Ein Bambuswandschirm ersetzte den Vorhang vor der Duschkabine. Ein fadenscheiniges, sorgfältig geflicktes Handtuch hing an einem Blechhaken. Alle diese Dinge, die vom Dachboden, vom Trödler oder womöglich vom Müll stammten, verrieten Genevièves geschickte Hände. Die gesamte Einrichtung des Hauses war offenkundig zu einem zweiten Leben wiedererstanden.

Nachdem wir uns den Staub der Reise abgewaschen hatten, tauschten wir zweifache europäische Luftküsse, und Geneviève bat uns zu Tisch. Den großen Tisch bedeckte ein orangerotes Tuch, in einer ovalen Schüssel schimmerte rotgoldenes Kürbispüree, in einem Schmortopf lag ein gebräuntes Kaninchen, eine Jagdbeute von Marcel, und zwischen die groben Steingutteller waren Ringelblumen verteilt, die bitteren Herbstblüten. In einem Brotkorb lagen unter einer Serviette dünne, ungesäuerte Fladen, von Geneviève, die niemals Brot kaufte, im kleinen gußeisernen Ofen gebacken. Den Wein zum Essen hatte ihr Exmann Jean-Pierre, ein großer Weinkenner und -liebhaber, aus eigenen Vorräten mitgebracht. Er füllte die ungleichen Gläser, die schwarze Aileen brach vorsichtig einen Fladen – ihre unglaublich langen, dunkelrot lackierten Fingernägel ringelten sich zu Spiralen – und verteilte ihn an die Gäste. Marcel breitete die Arme aus und sagte: »Wie schön!«

Geneviève teilte die orangeroten Speisen aus und lächelte ihr buddhistisches Lächeln, das eher nach innen als nach außen gerichtet war. Das typisch französische Tischgeplauder blieb aus, alle sprachen leise, als fürchteten sie, die heimliche Feierlichkeit des Augenblicks zu stören.

Jean-Pierres zweite Frau Marie ging hinaus und brachte kurz darauf ein Kind ins Zimmer, von dem ich noch nichts wußte. Es war verschlafen, kniff die Augen gegen die Helligkeit zusammen und drehte das kleine Gesicht weg. Es mochte drei Jahre alt sein. Ärmchen und Beinchen hingen herab wie bei einer Stoffpuppe. Marie hielt ihm eine Nuckelflasche an den Mund. Danach greifen konnte das Kind nicht, aber es saugte daran – langsam und widerstrebend.

Die zehnjährige Yvette ging zur Mutter und bat sie flüsternd um etwas. Die Mutter nickte und übergab ihr das Kind. Yvette empfing es wie ein heiliges Gefäß.

Jean-Pierre sah den Kleinen zärtlich an und wirkte nun gar nicht mehr wie ein alter Cowboy.

Geneviève sagte zu mir: »Das ist Charles, unser Engel.«

Er sah keineswegs aus wie ein Cherub, schon gar nicht wie ein Cupido. Er hatte ein mageres, spitzes Gesicht und helle, unverständige Augen. Engel stellte ich mir anders vor.

Ich erhob mein Glas und sagte: »Ich freue mich sehr, wieder hier zu sein« – ich wollte sagen »Freunde«, stockte aber. Außer Geneviève sah ich sie alle zum erstenmal. Einschließlich Marcel und Agnes, die mich heute früh aus Aix-en-Provence abgeholt hatten. Doch in dieser besonderen Atmosphäre waren sie mir plötzlich näher als Freunde und Verwandte, irgendwie war zwischen uns auf Anhieb eine starke Verbindung entstanden, die ich bis heute nicht erklären kann.

Wir aßen und tranken und unterhielten uns leise über das Wetter und die Natur, über den Kürbis, der in Genevièves Garten gewachsen war, über den Dachs, der ganz in der Nähe wohnte, und über die Amseln, die die reifen Beeren abpickten. Dann servierte Geneviève Käse und Salat, und ich schloß daraus, daß sie extra auf dem Markt in der Stadt gewesen war – sie klagte immer, daß in ihrem sehr sonnig gelegenen Garten kein Salat wuchs. Ich wußte, daß Geneviève von einer winzigen Rente lebte und normalerweise nur Mehl, Reis und Olivenöl kaufte; alles andere stammte aus dem Garten oder aus dem Wald.

Der kleine Junge schlief auf dem Arm seines Vaters, dann nahm ihn Aileen, und er wachte nicht auf. Yvette trat zu Geneviève, umarmte sie, flüsterte ihr etwas ins Ohr, und Geneviève nickte.

Alle setzten sich wieder an den Kamin, und Geneviève sagte, Yvette werde jetzt ein wenig von dem Programm spielen, das sie für Weihnachten vorbereiteten. Das Mädchen setzte sich auf den Stuhl, und Geneviève schob ihr zwei dicke Bücher unter, die sie vom Regal genommen hatte. Das Mädchen rutschte eine Weile auf den Büchern hin und her, bis Geneviève ihr ein dünnes Samtkissen mit Fransen unterlegte. Geneviève schlug die Noten auf, flüsterte Yvette etwas zu, die strich ihr braunes Haar hinter die Ohren, bändigte ihren Pony mit einem roten Haarreif, legte die Hände auf die Tasten, holte tief Luft und begann zu spielen.

Unter den Kinderhänden entstanden Töne, vereinten sich zu einer naiven Melodie, und Geneviève sang mit überraschend hoher Mädchenstimme etwa folgende Worte: »Nimm deine Harmonika, nimm deine Flöte, heute nacht wird Christus geboren ...« Auf Französisch klang das wundervoll.

Charles erwachte, Aileen legte ihn sich auf den Schoß

und streichelte ihm den Rücken; Arme, Beine und Kopf baumelten schlaff herunter. Der Kleine konnte den Kopf nicht halten. Marie schaute besorgt zu ihrem Kind, Aileen begriff, legte dem Jungen die Hand unters Kinn, und er lächelte schwach und zerstreut. Oder war es nur ein Reflex der Gesichtsmuskeln auf Aileens Berührung? Auch Aileen lächelte – in diesem Augenblick kam mir ihr Gesicht vage bekannt vor.

Sie sangen im Duett, Geneviève und Yvette, öffneten eifrig synchron den Mund und wiegten dabei im Takt der schlichten Musik den Kopf. Am Schluß geriet ihr Gesang durcheinander: Sie hatten plötzlich mehr Text als Melodie. Genevièves Stimme hing einsam im Halbdunkel des Zimmers, Yvette eilte ihr nach, verhedderte sich aber – und alle lachten und klatschten. Verlegen wollte Yvette aufstehen und rutschte auf dem Kissen hin und her, die roten Fransen gerieten in Bewegung, so daß ich die Titel der beiden dicken Bücher erkennen konnte: »Die Geschichte der Napoleonischen Kriege« und die Bibel. Ich war schon lange wie gebannt: Die kleinen Details – der Tisch in Orangetönen, Aileens dunkelrote Fingernägel, die goldenen Buchstaben – waren derart lebhaft und plastisch, daß ich mir keine Krume davon entgehen lassen wollte.

Geneviève blätterte die Noten um, und Yvette spielte ein Bach-Arrangement für Kinder – so sorgfältig und streng, so sauber und mit so viel Gefühl, daß Bach zufrieden gewesen wäre. Aileen streichelte den Rücken des kleinen Jungen und schaukelte ihn auf ihrem Knie. Die Männer tranken Calvados und zollten einander, der Musik und dem Getränk ihre Sympathie. Marie freute sich still an den bescheidenen Erfolgen ihrer Tochter, doch am meisten freute sich Geneviève.

»Wir üben erst seit dem letzten Sommer, nur ganz sporadisch, und sie ist schon so weit!«

»Wirklich erstaunlich, Geneviève!«

Dann setzte sich Geneviève ans Klavier, und Yvette stellte sich hinter sie und blätterte die Noten um. Sie spielte etwas Melancholisches, ich glaube, von Schubert.

Marcel hatte indessen ein Futteral von einem der zahlreichen kleinen Tische genommen und eine Klarinette ausgepackt.

»Nein, nein, wir haben so lange nicht gespielt«, sträubte sich Geneviève, aber Yvette bestürmte sie: »Bitte, bitte …«

Geneviève fügte sich dem zärtlichen Drängen. Da begriff ich, daß die beiden, das Mädchen und die unabhängige Geneviève, die sich von den Menschen absondern wollte, einander abgöttisch liebten.

Ein Notenständer wurde hinter einem Tischchen hervorgezogen. Marcel wischte mit einem Tuch die Klarinette ab und blies sie frei, wobei er ein paar schiefe Töne erzeugte. Yvette kramte bereits zielstrebig in den Noten auf dem Regal. Sie zog ein paar gelbe Blätter hervor.

»Bitte, ja?«

Agnes, die auf der ganzen Fahrt von Aix-en-Provence geplappert hatte, schwieg, seit wir das Haus betreten hatten. Als Marcel nach dem Instrument griff, sagte sie die ersten Worte an diesem Abend: »Ich dachte, du dilettierst nicht mehr auf der Klarinette.«

»Nur noch selten! Ganz selten!« erwiderte er, als wolle er sich rechtfertigen.

»Doch, Agnes, es ändert sich nichts, so gern wir das auch möchten. Marcel spielt noch immer Klarinette«, bemerkte Geneviève vielsagend.

Aileen hielt den Kleinen jetzt mit dem Rücken an ihre Brust gedrückt, sein Kopf ruhte in ihrem seidenen Ausschnitt.

Sie begannen zu spielen, kamen sofort aus dem Takt

und fingen noch einmal an. Es war alte Musik, eine Pastorale aus dem achtzehnten Jahrhundert. Die Klarinette klang unsicher und wurde anfangs vom Klavier übertönt, doch allmählich gewann ihre Stimme an Kraft, und das Finale des Stückes erreichten die beiden gemeinsam und harmonisch. Es war das Spiel von Amateuren, aber es war lebendig und hatte etwas an sich, das bei Profis nie vorkommt: jene naive Spiellust, die man stets wahrnimmt, wenn man durch den Flur einer Musikschule geht, und niemals, wenn man im Samtsessel eines Konservatoriums sitzt.

Marie wollte Aileen das Kind abnehmen, doch die schüttelte den Kopf. Dann stand sie plötzlich auf und begann zu singen, den kleinen Charles an sich gepreßt. Nun erkannte ich sie: Sie war eine berühmte Gospel-Sängerin aus Amerika. Sie nahm ebenfalls an dem Festival teil, zu dem ich bereits zum zweiten Mal angereist war; ihr Foto war im Programmheft abgedruckt. Ihre enorme urwüchsige, nuancenreiche tiefe Stimme strahlte Intimität und Vertrautheit aus, so daß der Geist von Hausmusik gewahrt blieb. Das Deckengewölbe dieses Raumes, der in seinem früheren Leben eine andere, geheimnisvolle Bestimmung gehabt haben mochte, nahm ihre Stimme auf und gab sie noch kräftiger und voller zurück. Ihr mächtiger, von Seide umflossener Leib war in wiegender Bewegung, es wogten die riesigen Blumen, die Hände mit den unglaublichen Fingernägeln, die roten Lippen, die tiefe rosa Mundhöhle mit den schneeweißen Zähnen, und Charles, den sie an ihre Brust gepreßt hielt, wogte mit. Er wachte auf und sah glücklich aus auf seinem aufregenden schwarzen Schiff mit roten Mohnblumen und weißen Lilien.

Sie sang »Amazing grace«, und diese Gnade senkte sich auf uns alle, selbst die Kerzen brannten heller. Jean-Pierre legte den Arm um Marie, und nun sah man deutlich, daß sie jung war und er alt. Aileen wiegte sich, und auch die schlaffen Arme und Beine des Jungen schlenkerten hin und her, doch sein Kopf ruhte bequem zwischen ihren gewaltigen Brüsten. Yvette, die auf Genevièves Schoß saß, wippte im Takt mit ihren dünnen Beinen, und Agnes, die in Aileens Gegenwart auf ganz normale Maße geschrumpft war, hatte ihre Hängebäckchen in die Hände gestützt und vergoß atheistische Tränen zu dem altmodischen amerikanischen Psalm. Als Aileen geendet hatte, schwenkte sie den Kleinen im Kreis, und alle sahen, daß er lächelte. Dann sang sie erneut – »When the Saints go marching in«, und die Heiligen hätten stocktaub sein müssen, wären sie nicht sofort herbeigeeilt – so laut war ihr Ruf.

Alles in allem erlebten wir trotz der unpassenden Jahreszeit eine Heilige Nacht, eingeleitet durch Yvettes kindlichen Gesang. Aileen verstummte, und wir vernahmen ein Klopfen an der Tür, das wir zuvor wegen des lauten Gesangs nicht hatten hören können.

»Herein.«

Man denkt, so etwas gibt es nur im Märchen. Aber ich weiß genau: So etwas geschieht nicht im Märchen, sondern nur im Leben. Auf der Schwelle stand der Nachbar. Er trug eine graue Tuchjacke, aus dem karierten Hemd ragte ein braungebrannter, faltiger Hals, und in der Hand hielt er ein Lamm, allerdings kein neugeborenes, sondern ein bereits recht großes.

»Oh, l'agneau!« sagte Yvette. »L'agneau!«

Der Schäfer blinzelte gegen das grelle Licht.

»Verzeihen Sie, daß ich störe, Madame Bernard. Sie haben Gäste ... Ich habe dieses Lamm zwei Tage lang gesucht, es ist gestürzt, als ich die Herde am Bach weidete. Es hat sich ein Bein gebrochen, und ich habe es eben erst gefunden. Eine Schiene habe ich ihm schon angelegt, aber es hat eine Lungenentzündung, es atmet kaum noch, und ich wollte fragen, ob Sie vielleicht Antibiotika haben.«

Das Lamm war weiß und beinahe plüschig, aber vollkommen echt. An ein Bein war ein Holzscheit gebunden, das Schnäuzchen und das Innere der Ohren waren rosa, und die Augen schimmerten wie grüner Wein.

»Oh, l'agneau!« wiederholte Yvette; sie stand nun neben dem Schäfer und sah ihn bittend an – sie wollte das Lamm berühren.

»Mein Gott!« sagte Geneviève bedauernd. »Ich nehme keine Antibiotika. Ich habe keine da.«

»Aber ich! Ich habe welche!« Marie sprang auf und lief ins Nachbarhaus. Ihr Mann folgte ihr. Yvette trat auf Zehenspitzen von einem Fuß auf den anderen und streichelte die lockige Wolle. Der Schäfer stand da wie ein Ölgötze und rührte sich nicht von der Stelle.

»Setzen Sie sich doch, Bruder Marc«, forderte Geneviève ihn auf, aber er schüttelte nur den Kopf.

Aileen trug Charles zu dem Lamm und sprach Yvette nach: »L'agneau! L'agneau!«

»L'agneau«, sagte der Kleine.

Geneviève preßte die Hand vor den Mund.

»L'agneau«, sagte der Kleine noch einmal, und seine Schwester hörte es, erstarrte und schrie dann: »Geneviève! Mama! Geneviève! Er hat ›Lamm‹ gesagt!«

Marie kam herein, eine Schachtel in der Hand.

»Mama! Charles hat ›Lamm‹ gesagt!«

»L'agneau!« wiederholte der Kleine.

»Er spricht! Der Kleine hat sein erstes Wort gesagt!« verkündete Marcel feierlich. Agnes weinte neue Tränen, noch ehe die von der Musik ausgelösten getrocknet waren.

Aileen übergab den Kleinen seiner Mutter.

Ich öffnete leise die Tür und ging hinaus. Ich erwartete, daß draußen alles weiß sein, kalte Luft mir das

Gesicht versengen und Schnee unter meinen Füßen knirschen würde. Aber nichts dergleichen. Eine Herbstnacht in den Bergen, ein hoher, südlicher Himmel. Kräftige Kräuterdüfte. Warmer Wind mit einem Hauch von Meer. Überdimensionale Sterne.

Und plötzlich zog ein Stern, so groß wie ein Apfel, eine leuchtende Spur über den ganzen Himmel, von einem Ende zum anderen, und verschwand hinter dem Horizont.

Es war eine Heilige Nacht – daran zweifelte ich keinen Augenblick. Ein wenig seltsam und verschoben, in Bruchstücken, aber alles Notwendige war da: ein Kind, Maria und ihr alter Gatte, eine schwarze Königin mit den Fingernägeln einer Voodoo-Priesterin und einer göttlichen Stimme, ein Lamm; und ein Stern hatte ein Zeichen gegeben.

Am frühen Morgen fuhr Marcel Aileen zu ihrem Konzert. Agnes, eine alte Freundin von Geneviève, schlief im oberen Zimmer, und Geneviève und ich tranken Lindenblütentee mit Honig. Die Lindenblüten hatte Geneviève im Juni gesammelt, der Gebirgskräuterhonig war ebenfalls selbstgemacht. Wir sprachen über den vorigen Abend. Ich versuchte ihr zu erklären, daß wir eine Heilige Nacht erlebt hatten, daß der Abend alle notwendigen Attribute enthalten habe, bis auf den Esel.

»Ja, ja.« Geneviève nickte. »Du hast völlig recht, Shenja. Und ein Esel war auch da. Weißt du, in diesem Haus lebte einmal eine alte Frau. Eine heroische Alte, sie lebte allein, humpelte und fuhr Motorrad. An Vieh besaß sie nur einen Esel. Dann starb die Alte, ihr Sohn kam aus Paris, verbrachte seinen Urlaub hier, und vor seiner Abreise wollte er den Esel zu Bruder Marc bringen, doch der Esel sträubte sich grimmig. Ein störrisches Tier, wie es sich für einen Esel gehört. Sie verabredeten, daß Bruder Marc ihm Heu und Wasser bringen würde.

So lebte der Esel einen Winter lang allein. Im Sommer kam der Sohn der Alten, wieder wollte der Esel nicht zu Bruder Marc und verbrachte einen weiteren Winter allein. Drei Jahre lebte der Esel noch. Dann starb er an Altersschwäche. Sein Stall steht noch immer. Die Ortsansässigen nannten dieses Haus lange ›das Haus des Esels‹.«

Im Grunde war kein Wunder geschehen. Charles fing tatsächlich an zu sprechen. Spät, erst mit drei Jahren, als keiner mehr damit rechnete. Er lernte noch eine ganze Menge Wörter. Aber seine Arme und Beine ... Seine Krankheit ist nicht heilbar. Der Kleine hatte keine Chance. Auch das Lamm mit dem gebrochenen Bein überlebte nicht, es starb am nächsten Tag, trotz des Antibiotikums. Nein, kein Wunder, aber irgend etwas war in dieser Herbstnacht geschehen.

Ja, und noch eines: Marcel fuhr Aileen in die Festivalstadt und zeigte ihr die Römerstraße. Doch das beeindruckte sie nicht im geringsten – sie wußte nichts von Römerstraßen. Kein Wunder – zu den Afrikanern, selbst zu den amerikanischen, ist das Christentum auf ganz anderen Wegen gelangt.

Die Leiter

Die Baracke, in der die Loschkarjows wohnten, hieß Haus drei und war teilweise zweigeschossig. Die Hälfte des Obergeschosses und die Treppe waren im Krieg verbrannt, woran allerdings keine Bombe schuld war, sondern der Ofen. Seitdem erreichte man den stehengebliebenen Teil des Obergeschosses nur über eine Leiter. Im Herbst holte Granja ihren Mann Wassili aus dem Lazarett und schleppte ihn auf dem Rücken die Leiter hoch. Dabei klapperten seine Orden, die er sich alle an die Soldatenbluse gesteckt hatte. Die Leiter stand ziemlich wackelig, manchmal warfen Kinder sie zum Spaß um, dann schrien Granja und ihre Tochter Nina, sie sollten sie wieder hinstellen. Wassilis Beine waren fast bis zum Ansatz weggerissen, aber dafür hatte er goldene Hände. Und unheimliche Kraft in den Armen. Wenn er nüchtern war, hievte er seinen Leib allein die Leiter hoch, nur sein Wägelchen und die beiden Holzknüppel zum Abstoßen ließ er unter der Leiter stehen, die holte dann Granja.

Gleich in der Woche, als er angekommen war, hatte er die Leiter an der Wand befestigt; nun konnte niemand sie mehr verrücken. Nina war sechs Jahre alt, als der Vater auftauchte, und erschrak erst, dann aber freute sie sich: Der Vater schnitzte ihr mit dem Messer einen Bären, ein Pferdchen, eine kleine Kanone, die mit Streichhölzern schoß ... Und natürlich jede Menge Löffel: große, kleine, für den Suppenkessel und für das Salzfäßchen – er hieß nicht umsonst Loschkarjow, was von

Loschka, Löffel, kommt. Er bearbeitete das Holzstück erst mit dem Beil, dann kratzte er mit einem krummen, scharfen Löffelmesser das Überflüssige heraus.

Sonntags nahm Granja Nina mit auf den Tischinski-Markt — Löffel verkaufen. Dort herrschte immer Gedränge, und ihre Ware ging schlecht. Die Mutter überließ das Verkaufen Nina, denn Nina war schön, deshalb wurde sie die Löffel leichter los. Granja war auch schön, aber nur von weitem, von nahem sah man ihren Makel: Ihr Gesicht war voller Dellen, wie eine Pfütze bei Regenwetter. Sie hatte tiefe Pockennarben auf Stirn und Wangen, ein paar auch am Hals, am Körper dagegen nicht eine einzige. Keine einzige! Wenn Nina in der Banja den glatten weißen Körper der Mutter betrachtete, dachte sie immer: Besser, sie hätte die Narben unter den Kleidern.

Der Vater war komisch, anders als andere Väter, ein halber Vater nur. Wenn er auf seinem Wägelchen saß, war er so groß wie Nina. Nüchtern war er lieb, aber wenn er getrunken hatte, wurde er laut und verprügelte die Mutter. Wenn er die Mutter schlug, schrie sie, und dann haßte Nina den Vater, obwohl er sie, das muß der Wahrheit halber gesagt werden, nie schlug. Aber die Mutter liebte ihn trotzdem, umsorgte ihn, briet ihm Kartoffeln und gab ihm Wodka zu trinken; dauernd sprang sie um ihn herum, den ganzen Tag und auch nachts, wenn sie sich schlafen legten. Ihr Herumgespringe brachte Nina einen kleinen Bruder ein, Petka. Nina liebte ihn. Sie lernte ihn versorgen, windelte ihn und fütterte ihn mit Brei. In der Milchküche bekamen sie Milch für ihn, und obwohl Nina sie alle zwei Tage abholte, naschte sie nie davon. Nur, wenn er was übrigließ. Als Petka laufen lernte, hatte die Mutter noch ein Brüderchen ersprungen. Da wurde Nina böse. Mit sieben war sie in die Schule gekommen, dann aber wegen Petka nicht mehr hingegangen. Mit acht fing sie noch einmal an. Und nun hatte die Mutter wieder ein Baby! Darum mochte Nina den kleinen Waska nicht, und das sagte sie der Mutter auch: Um Petka kümmere ich mich, aber auf Waska paß selber auf.

Nina hatte keine Angst vor der Mutter und sagte, was sie dachte: Wieso bringst du sie zur Welt, ich brauch sie nicht, diese Brüder. Ihr laßt euch mit Wodka vollaufen und hüpft herum, und ich soll mich dann um sie kümmern!

Mutter und Vater lachten: Sieh an, so ein kluges Mädchen!

Sie war wirklich klug. Sie wußte, daß alles vom Wodka kam. Sie ärgerte sich, wenn sie sah, daß die Mutter sich Wodka eingoß.

»Überlaß den Vater, trink lieber Tee, greif du nicht auch noch zum Wodka, bitte, Mama, bitte«, nörgelte Nina, und der Vater lachte.

»Nina hat recht, Granja, trink du lieber Tee, ja, trink Tee.«

Aber Granja tat es ihrem Mann gleich und trank Wodka und wurde davon schwach, er dagegen wurde, je mehr Wodka er trank, immer stärker und böser. Er schrie: »Ich bring dich um! Ich stech dich ab!«

Und Nina dachte immer: Schreit er das nur so, zum Angstmachen, oder bringt er sie wirklich um? Messer hatte er ja genug: ein rundes, ein langes, ein Jagdmesser und ein deutsches Beutemesser.

Nina war zwar wegen der Brüder böse auf die Mutter, liebte sie aber trotzdem und entschied im stillen, sie würde nicht zulassen, daß der Vater die Mutter umbrachte – wenn er sich auf sie stürzen würde, wollte Nina sie verteidigen, in der Küche lag für alle Fälle ein großes Brotmesser. Es wäre nur gut, wenn sie vorher ein Zimmer kriegten, überlegte Nina; als der Vater aus dem

Krieg kam, hatten sie ihm als Invaliden ein Zimmer im Erdgeschoß versprochen, ohne Leiter, doch inzwischen war der Sieg längst da, aber ein neues Zimmer hatten sie noch immer nicht.

Den ganzen kalten Dezember flocht der Vater aus rot und grün gefärbten breiten Spänen Weihnachtskörbchen mit Röschen am Rand. Und Mutter ging sie verkaufen. Manchmal schickte sie auch Nina, aber die mochte im Winter nicht auf den Markt, es war furchtbar kalt, kein Vergleich zum Sommer. Ende Dezember wurde die Mutter krank. Sie lag im Bett und hustete, konnte Waska nicht mehr stillen, und Nina füllte dünnen Brei in ein Tuch, drehte es zusammen und ließ ihn daran saugen. Aber er schrie laut und wollte nicht essen wie ein Großer. So verging unbemerkt das Neujahrsfest, und Nina war sehr traurig, daß sie wieder nicht in die Schule gehen konnte – dort sollte es für alle Geschenke geben, Bonbons und Kekse, und nun war sie als einzige leer ausgegangen. Der Vater lag wer weiß wie viele Tage mit dem Gesicht zur Wand, erst schwieg er nur, dann schickte er Nina zur Nachbarin Kroticha, Selbstgebrannten holen. Nina wollte nicht, da wurde er wütend, warf einen seiner Abstoßknüppel nach ihr und traf sie am Kopf. Die Mutter lag da, hustete laut, sah alles, sagte aber kein Wort. Nina weinte und holte zwei Flaschen. Eine leerte der Vater sofort und wurde betrunken. Er kroch zur Mutter, wollte sie verprügeln. Sie konnte nicht weglaufen, ja, nicht einmal aufstehen. Er schlug sie, und sie hustete nur und wischte sich das Blut vom Gesicht. Die Brüder schrien. Nina hockte zusammengekrümmt am Boden und drückte Petka fest an sich, Waska ließ sie liegen. Er hatte vor Erschöpfung gerade aufgehört zu schreien.

Umbringen sollte man ihn, dachte Nina. Aber was wird dann aus dem Zimmer? Ohne den beinlosen Teufel kriegen wir doch keins!

Der beinlose Teufel tobte, trank den restlichen Selbstgebrannten aus und schlief ein, direkt vor der Türschwelle, auf dem Läufer. Nina wischte der Mutter mit einem Lappen das Gesicht ab, und die Mutter tat ihr so leid – ach, zum Teufel mit dem blöden Zimmer! Der Vater lag direkt an der Tür, schnarchte durch seine eingedrückte Nase und kratzte im Schlaf mit seinen schwarzen Händen auf dem Fußboden herum, als schnitze er Löffel.

Nina schaute ihn lange an, dann stieß sie gegen die Tür, die sperrangelweit aufsprang. Klare, harte Kälte brach herein, und Nina wußte sofort, was sie tun mußte: Sie packte den Rand des Läufers und zog ihn zu sich, der Vater kippte über die Schwelle, sie riß den Läufer unter ihm weg, der Vater rollte mit den Schultern über die Schwelle und fiel polternd die Leiter hinunter. Nina warf die Tür zu.

Sofort heulten beide Brüder los, also mußte sie Hirsebrei aus dem Topf nehmen, ihn ein bißchen vorkauen und in zwei Stoffsauger füllen, um sie zu beruhigen. Sie nuckelten daran herum und schliefen ein. Der Mutter gab Nina zu trinken.

Nina war für ihr Alter sehr klug. Sie legte sich auf den nun freien Platz des Vaters und bettete Waska dicht neben die Mutter – sollte er sich an Mama wärmen, wo sie doch so heiß war. Flüchtig dachte sie an den Vater: Wenn er sich zu Tode gestürzt hat – gut. Wenn nicht, dann mag er erfrieren wie die Säuferin Schura letztes Jahr auf der Bank im Hof. Ausschimpfen wird mich keiner, ich sag einfach, er ist selber runtergefallen.

Allmählich schlief sie ein; sie fühlte sich wohl im Bett, wo sie so schön weich lag, und dann drang in ihren Schlaf auch noch Glockengeläut, feierlich und anhaltend. Ich träume schon, dachte Nina noch.

Aber es war kein Traum. Es war der sechste Januar,

eben hatte der orthodoxe Weihnachtsgottesdienst in der Pimen-Kirche geendet, und der verrückte Glöckner verkündete trotz strengen Verbots aus Leibeskräften mit der letzten verbliebenen Glocke die frohe Botschaft von der Geburt des Knaben. Zwanzig Minuten später betraten zwei gottesfürchtige Omas, die Schnapsbrennerin Kroticha und ihre Freundin Ipatjewa, den verschneiten Hof, in eine heftige Debatte vertieft: Ob es wohl große Sünde war, in diese Pimen-Kirche zu gehen, eine der erneuerten, parteifreundlichen, oder ob es nicht so schlimm war, sondern verzeihlich, weil es in der Nähe keine andere, rechte Kirche gab. Immerhin war doch Weihnachten, ein hoher Feiertag, und die Engel im Himmel sangen.

Vom Himmel fielen sacht große, weiche Flocken, und der weiße Schnee leuchtete ebensogut wie elektrisches Licht. Der beinlose Wassili war noch nicht völlig eingeschneit, die Alten bemerkten einen dunklen Haufen vor der Treppe. Er hatte sich nicht zu Tode gestürzt. Er war nicht einmal aufgewacht. Und auch noch nicht erfroren.

Die beiden Omas rieben ihn warm und gaben ihm zu trinken. Niemand starb. Granja genas von ihrer Lungenentzündung und pflegte auch den halbverhungerten Waska gesund. Nach einem Jahr bekam sie noch einen Jungen, Saschka. Ein neues Zimmer bezogen sie schließlich auch. Kurz darauf erhängte sich der beinlose Wassili. Auf der Beerdigung ihres Vaters weinte Nina bitterlich. Er tat ihr schrecklich leid. Daß sie ihn die Leiter hinuntergestoßen hatte, wußte sie gar nicht mehr.

In jener Weihnachtsnacht war ja alles gut ausgegangen.

Flurkomplex

Die ersten Fragmente dieses Puzzles entstanden in ihrer frühen Kindheit und blieben ihr lebenslang erhalten, obgleich vieles, sehr vieles sich im Laufe von fünfzig Jahren vollständig auflöste.

Den langen Flur der Gemeinschaftswohnung entlang rennt mit hölzern klappernden Absätzen, eine heiße Pfanne in der Hand, eine junge Frau. Ihre Wangen brennen, die Haare blähen sich vom Küchendunst über der Stirn, ihre Miene ist einmalig, nur ihr eigen – eine Mischung aus kindlicher Ernsthaftigkeit und ebenso kindlicher Fröhlichkeit. Die Zimmertür ist einen Spalt offen, so daß sie sie mit dem Fuß aufstoßen kann, um keine Sekunde zu verlieren bei diesem allabendlichen Wettlauf gegen das Gesetz von der Erhaltung der Energie, das heißt: um nicht zuzulassen, daß die Wärme der Pfanne vorzeitig in die Kälte der Welt entweicht. Am Tisch, einen Gitteruntersetzer vor sich, sitzt ein Mann – Gebratenes ißt er am liebsten direkt aus der Pfanne. Sein Gesicht ist ernst, bar jeder Fröhlichkeit – der neuerlichen Enttäuschung gewiß, die das Leben ihm bescheren wird.

Er nimmt den Deckel ab – ein Atompilz aus Duft und Dampf steigt aus der Pfanne auf. Er angelt mit der Gabel ein Stück Fleisch heraus, steckt es sich in den Mund, kaut mit geschlossenen Lippen und schluckt.

»Es ist wieder kalt, Emma«, sagt er bitter, aber auch ein wenig schadenfroh.

»Soll ich es noch einmal aufwärmen?« Emma hebt die pfeilförmigen getuschten Wimpern; sie sieht aus wie eine verkleinerte Ausgabe von Elizabeth Taylor. Doch das ahnt niemand – in unserem Teil der Welt ist Elizabeth Taylor noch unbekannt.

Emma ist bereit, erneut zur Küche und zurück zu rennen, obgleich sie längst weiß, daß sie ihre Bestzeit im Kurzstreckenlauf erreicht hat. Ihr Mann ist launisch, doch sie ist erstens großmütig und zweitens gelassen – Bagatellen sind ihr keinen Streit wert.

»Ach, schon gut.« Er winkt herablassend ab. Und ißt weiter, pustend und sich den Mund verbrennend. Die achtjährige Tochter Shenja liegt mit einem dicken Don-Quichotte-Band auf dem Sofa. Mit einem Auge liest sie, mit einem Ohr hört sie zu – ihr werden Bildung und Erziehung zuteil, ohne daß sie sich aus den Kissen erheben muß. Gleichzeitig ist sie erfüllt von einem vagen Gefühl, das sich mit der Zeit zu einem konkreten Gedanken formen wird: Warum ist der Vater, der im Umgang mit Fremden so nett, fröhlich und freundlich ist, Mama gegenüber so gereizt und knurrig? So entsteht die erste Seite der Anklageschrift.

Sieben Jahre später sagt die Tochter zur Mutter: »Laß dich scheiden. So kann man nicht leben. Du liebst doch einen anderen.«

Die Mutter hebt erschrocken die Brauen und fragt: »Mich scheiden lassen? Und das Kind?«

»Das Kind? Meinst du mich? Bring mich nicht zum Lachen.«

Weitere drei Jahre später, zu Besuch bei der neuen Familie des Vaters, sitzt die herangewachsene Tochter in der Einzimmerwohnung neben seiner neuen Frau, bestaunt den ihren Bauch straff umspannenden bunten Kittel, die behaarten Beine, die zerfledderte Zeitschrift »Nowy mir« in den perlmuttern lackierten Krallen und die tief aus dem Bauch kommende Stimme: »Mischanja, brat uns doch ein paar Steaks.«

Der Vater tätschelt die üppige Schulter seiner jungen Frau und geht in die Küche, klopft Fleisch und klappert mit der Pfanne.

Unglaublich, unglaublich – die Tochter ist verblüfft. Hätte Mama ihm damals auch nur einmal die Pfanne, nein, nur den Pfannendeckel über den Kopf gehauen, hätten sie sich vielleicht nie scheiden lassen. Wirklich spannend.

Aber Simone de Beauvoir ist damals noch nicht übersetzt, und Feminismus ist damals in ihrem Land noch ein Fremdwort. Und bei Cervantes gilt die Geschirrwäscherin Dulcinea als Schöne Dame. Mama aber leitet zu der Zeit ein Labor und ist glücklich, wenn sie ihrem ab und zu vorbeikommenden Sergej Iwanowitsch seine Lieblingspiroggen mit Kartoffeln backen darf. Zehn Jahre unvollkommenes Glück: Jeden Morgen um acht treffen sie sich in der Fleischerei auf der Puschkinskaja, absolvieren im Eiltempo einen vierzigminütigen Spaziergang über den Boulevardring bis zu dem Haus mit den Karyatiden, die so tragisch die Hände recken – zu Emmas Arbeitsplatz –, und treffen sich allabendlich in der Metro, wo erst sie mit ihm bis zur Oktjabrskaja fährt, dann er mit ihr bis zur Nowoslobodskaja. Manchmal drehen sie ein paar Runden auf dem Metroring, weil sie die Hände nicht voneinander lösen können.

»Warum verläßt er seine Frau nicht, wenn er dich so liebt?« fragt Shenja ihre Mutter gereizt.

Sie sehen sich dreihundertfünfundsechzig Tage im Jahr – ausgenommen die Abende des einunddreißigsten Dezember, des ersten Mai und des siebten November.

»Also, warum?«

»Weil er ein guter Mensch ist, ein guter Vater und Ehemann.«

»Mama, man kann nicht zugleich ein guter Ehemann und ein guter Geliebter sein«, bemerkt Shenja giftig.

»Wenn ich es wollte, würde er seine Familie verlassen. Aber dann wäre er sehr unglücklich«, erklärt die Mutter.

»Na klar, und so ist er sehr glücklich«, stichelt die Tochter. Sie ärgert sich.

»Ja!« bestätigt die Mutter herausfordernd. »Wir sind glücklich, geb's Gott, daß du je ein solches Glück erlebst!«

»Für so ein Glück danke ich schön«, faucht die Tochter.

Zehn Jahre später sitzt die Tochter, von einem Siebenmonatsbauch beschwert, mitten in der Nacht neben ihrer Mutter, im einzigen Einzelzimmer der Klinik, das aus dem Paradesaal der Villa mit den Karyatiden abgeteilt wurde; vor der Sperrholzwand zum Nebenraum steht ein Bleischirm, der das Kind in ihrem Bauch vor den starken radioaktiven Strahlen im Körper der Sterbenden jenseits der Wand schützen soll.

Das Koma dauert bereits den zweiten Tag, und man kann nichts mehr machen. Shenja war dabei, als Mamas Laborantin ihrer Chefin vor zwei Tagen eine Blutprobe abnahm und angesichts des blassen, durchsichtigen Tropfens erschrak. Mama hatte kaum noch Blut.

Emma ist hier zu Hause, sie ist eine Kollegin, ja, sogar noch immer die Leiterin des Labors – ihr Krebs verlief so rasch, daß sie kaum krankgeschrieben war, geschweige denn in Invalidenrente gehen konnte. Auf dem Nachtschränkchen neben ihrem Bett liegt eine holzgeschnitzte Ikone aus Sergijew Possad, ein Sergius von Radonesh, den Shenja einmal geschenkt bekommen hat. Aus irgendeinem Grund wollte die Mutter sie hier haben. Na ja, warum wohl – Sergej Iwanowitsch stammt aus dieser Gegend.

Lautlos kommt der diensthabende Arzt Tolbijew herein und berührt die Hand der Mutter. Sie hat ein Gutachten zu seiner Doktorarbeit geschrieben. Die Atmung ist flach – nur schwaches Ausatmen, kein Einatmen.

»Sergej Iwanowitsch hat gebeten, ihn anzurufen, wenn ...«, sagt Shenja ausdruckslos.

»Ruf ihn an, Shenja. Er soll herkommen.«

Shenja geht den langen Flur entlang und eine halbe Treppe tiefer, zum Telefon. Sie nimmt eine Münze aus der Tasche ihres weißen Kittels, wirft sie ein und wählt seine Nummer.

Seit zwei Monaten sitzen sie abwechselnd am Krankenbett. Sergej Iwanowitsch hat Urlaub genommen, er kommt vormittags. Shenja löst ihn abends ab und verbringt die Nacht im Krankenzimmer. Man hat ein zweites Bett für sie aufgestellt, aber sie schläft schon seit einigen Nächten nicht mehr, aus Angst, den Augenblick zu verpassen ... Aus irgendeinem Grund scheint ihr das wichtig.

Sie ruft ihn also an. Er hebt sofort ab.

»Kommen Sie her!«

Er ist noch immer verheiratet, und für seine schweigsame Frau hat sich das Leben stark verdüstert. Shenja hat auch früher manchmal gedacht: Warum machen sie das alle mit, dieses Schweigen und Dulden?

Egal, bald hat sie ihn ganz für sich, denkt Shenja böse und schämt sich sofort. Es ist egal, was seine Frau jetzt sagt und was er darauf antwortet.

Shenja steigt eine halbe Treppe hoch, öffnet mit einer Anstrengung, die sie im Bauch spürt, die schwere Tür – und rennt plötzlich wie angestochen den Flur entlang, sich den hüpfenden Bauch haltend. Der Flur ist lang, das Zimmer liegt ganz am Ende, und Shenja hat das Gefühl, eine Ewigkeit zu laufen. In der nächtlichen Krankenhausstille klingt das Schlappen der Filzlatschen wie Pferdegetrappel.

Die Tür ist offen. Im Zimmer sind ein Arzt und eine Schwester.

Die Schwester sagt zum Arzt: »Ich hab von Anfang an gewußt, daß Emmotschka in meiner Schicht ... Wirklich, bei Gott, ich hab's gewußt.«

Das ganze Institut nannte sie Emmotschka. Weil sie immer so fröhlich war, so warmherzig und mitfühlend.

»Ich bin zu spät«, sagt Shenja. »Mein Gott, zu spät.«

Vierzig Minuten später kommt Sergej Iwanowitsch. Er rennt ebenfalls den Flur entlang, zieht sich im Laufen den nassen Mantel aus. Und auch er sagt: »Ich bin zu spät ...«

Aber niemand weint. Shenja läuft seit Beginn ihrer Schwangerschaft herum wie hinter Milchglas, undurchdringlich, fühllos, wie unter Narkose, nur auf eines konzentriert: den Jungen nicht zu verlieren. Und Sergej Iwanowitsch hat schon einiges durchgemacht – Front, Gefangenschaft, Strafbataillon und Lager. Er betrachtet das Leben längst als ein Geschenk, besonders die letzten Jahre mit Emma. Er sagt noch: »Warum nicht ich ...«

Die Flurträume beginnen noch vor der Geburt des Sohnes. Shenja rennt in einem steifen weißen Kittel einen endlosen Flur entlang, zu beiden Seiten liegen dicht an dicht Türen, sie sucht eine bestimmte Tür, sie darf sich keinesfalls irren, schneller, schneller ... Sie weiß nicht, welche Tür die richtige ist, aber sie darf sich nicht irren, ein Irrtum wäre tödlich ... Alles ist tödlich ... Und Shenja läuft und läuft, bis ihr das Herz in den Ohren und im ganzen Körper hämmert.

Der Junge kommt termingerecht zur Welt, gesund und normal, ohne jede Komplikation. Der Flurtraum aber bleibt fürs ganze Leben, doch Shenja träumt ihn selten. Fast von Kindheit an vertraut mit den Schriften des großen Psycho-Schamanen, blättert sie noch einmal in seinem berühmten Werk zur Traumdeutung, findet allerdings keine direkte Antwort. In diesem frühen Werk interessierte er sich mehr für Eros als für Thanatos. Psychoanalytikercouchs, die Shenja verlockend erscheinen, gibt es damals noch nicht, außerdem hat sie ohnehin anderes zu tun.

Dann geschieht alles mögliche – Heirat, Scheidung, Wohnungstausch, Umzug, Kinder werden geboren, bei Sergej Iwanowitsch Enkel, ihr Vater bekommt noch eine Tochter, läßt sich scheiden, heiratet erneut und läßt sich wieder scheiden. Als Shenjas Kinder fast erwachsen sind, ziehen sie zum Vater, der inzwischen in Amerika lebt; nichts deutet darauf hin, daß sie einmal zurückkommen werden, und Shenjas Leben besteht aus Bruchstücken, die sich zu keinem Ganzen fügen.

Schließlich kommt das traurige Jahr, in dem bei Shenjas Vater eine schleichende tödliche Krankheit ausbricht, die in den ersten Jahren nur auf Röntgenbildern zu sehen ist und sich sonst in keiner Weise bemerkbar macht. Die Ärzte geben ihm noch fünf Jahre, egal, ob die Krankheit behandelt wird oder nicht. Von einer Operation raten sie wegen seines vorgerückten Alters ab. Der Beginn der Krankheit fällt zusammen mit seiner Pensionierung und der Perestroika des Landes, ihre Mitte mit der persönlichen Perestroika in seinem Leben; er wird vom erfolgreichen, agilen und ein wenig prahlerischen Professor zum mürrischen Schweiger, reagiert verdrossen auf die plötzliche Kargheit der Mahlzeiten und lebt nur beim Anblick von gutem Essen auf oder angesichts diverser Belege für Shenjas erfolgreiche Karriere, die er als Ausgleich für seine eigenen Verluste betrachtet.

Als der Vater sich schließlich nicht mehr allein versorgen kann, nimmt Shenja ihn zu sich – samt Fernseher und Schachspiel, das er schon lange nicht mehr benutzt. Er ist bald achtzig, das Ende kommt näher, und seine letzten Lebensmonate, bitter und leer, sind zudem von Hunger getrübt: Die Speiseröhre läßt keine Nahrung mehr durch. Er ist ständig hungrig, aber nach drei Löffeln muß er erbrechen. Anschließend bittet er Shenja um ein Schinkenbrot. Der Organismus, der mit Müh und Not drei Löffel Brei annimmt, sperrt sich gegen Schinkenbrot.

»Davon mußt du nur brechen, ich bring dir lieber Brühe und ein weichgekochtes Ei«, schlägt Shenja vor.

Er wird wütend und schreit Shenja an, hinterher küßt er ihr die Hände und weint.

Shenja vergeht vor Mitleid und Ekel. Sie küßt ihn auf den Kopf – der Geruch seines Haars ist ihr eigener, und den mochte sie nie; sie wäscht sich ihr Leben lang täglich die Haare und spült ständig ihre Wollmützen und Kopftücher aus, damit er gar nicht erst aufkommt, der Geruch ihres Vaters. Sie erinnert sich, wie sie ein Jahr nach dem Tod der Mutter ihren Schrank öffnete und ein schwarzes Kleid mit kleinen blauen Vergißmeinnicht herausnahm, es sich ans Gesicht hielt und den Geruch der verstorbenen Emma einatmete: blumiger, honigduftender Achselschweiß, der süßeste Geruch auf Erden. Shenja trug das Kleid, bis es ganz fadenscheinig geworden war, dann zerschnitt sie es und stopfte damit ein kleines Schlummerkissen.

Shenja streichelt den Greisenkopf ihres Vaters, seine glänzenden grauen Locken, und denkt, daß sie, wenn sie so alt werden sollte, auch einmal so schönes graues Haar haben wird, ebensolche klaren braunen Augen wie der Vater und ebensolche kleinen Hände mit kurzen Nägeln. Ihr Leben lang hat sie ihm übelgenommen, daß sie ihm ähnlich sieht und nicht der Mutter. Ihr Herz krampft sich zusammen vor Sehnsucht nach der Mutter, die schon so lange tot ist.

Dann geht es ihm sehr schlecht. Mutters Freundin kommt, die Onkologin Anna Semjonowna, die den Vater seit Jahren behandelt. Er hustet viel, ißt kaum und spricht unentwegt vom Essen. Die Ärztin meint, man dürfe einem Patienten nie die Hoffnung nehmen, und erklärt dem Kranken lange, sie werde ihm jetzt ein neues Medikament gegen die schreckliche Übelkeit verschreiben, und dann könne er essen, was sein Herz begehrt.

»Und sagen Sie meiner Tochter, daß ich Schweinekotelett essen kann, wenn es nur gut durchgeklopft ist«, fordert er. Aber seine Forderung klingt kraftlos, heiser.

Lieber Gott, laß mich lieber von einem Auto überfahren als mich in so etwas zu verwandeln, tu irgend etwas, das ganz schnell geht, bitte, barmt Shenja vor lauter Seelenqual.

Anna gibt ihm eine Spritze zur Nacht – zum Schlafen und gegen den Schmerz. Die letzten zwei Wochen bekommt er vier Spritzen am Tag. Die Nadel dringt so leicht ins zerstochene Gesäß ein, daß der Vater es nicht einmal merkt. Shenja ist neidisch – sie dachte immer, sie könne gut spritzen, aber eine solche Meisterschaft erreicht sie nicht.

»Nun schlaf, Papa«, sagt Shenja und schaltet das Deckenlicht aus.

»Anna Semjonowna, sagen Sie ihr, daß sie mir morgen ein Schweinekotelett braten soll.«

»Ja, ja, vielleicht noch nicht morgen, aber in ein paar Tagen, wenn Sie das neue Medikament eine Weile genommen haben. Gute Nacht.«

Dann sitzen sie in der Küche und trinken Tee.

»Gestern ging es ihm so schlecht, er war ohne Bewußtsein, hat nicht reagiert – ich dachte, es wäre zu Ende. Aber heute geht es ihm besser.«

»Ja, man weiß nie … Es ist auf jeden Fall nur noch eine Frage von Tagen.«

Sie ist eine alte Kollegin von Emma, aus demselben Institut, das inzwischen längst aus dem Haus mit den

Karyatiden in einen entlegenen neuen Stadtbezirk umgezogen ist.

Shenja schließt die Tür hinter ihr ab. Löscht das Licht im Flur. Ein schwacher Schimmer dringt vom anderen Ende her, aus der Küche. Aus dem Zimmer des Vaters ertönt es ziemlich laut: »Lassen Sie über diese Frage abstimmen! Lassen Sie darüber abstimmen!«

Er phantasiert wieder. Wahrscheinlich im Schlaf, denkt Shenja.

Sie spült die Tassen. Trocknet sie mit einem sauberen Geschirrtuch ab. Setzt sich an den Tisch, stützt die Ellbogen auf, legt das Kinn auf die verschränkten Hände. Das ist seine Geste, seine Haltung. Ihr Leben lang hat sie vermieden, was sie von ihm geerbt hat. Seinen Anteil in sich unterdrückt. Trotzdem ähnelt sie ihm und mitnichten Elizabeth Taylor.

»Mama!« hört Shenja ihn rufen. Er phantasiert wieder. Der Arme …

Dann wieder, diesmal lauter, ein deutliches Rufen: »Mama! Mama!«

Sie geht hinaus in den Flur. Bleibt vor seiner Tür stehen. Soll sie reingehen? Oder nicht?

Ich gehe nicht rein, sagt sie sich. Und läuft im Flur auf und ab.

»Mama! Mama!« dringt es aus dem Zimmer.

Der Flur ist nicht so lang wie der Flur in ihrer alten Gemeinschaftswohnung. Und auch nicht so lang wie der im Krankenhaus. Und schon gar nicht so lang wie der in ihren Träumen. Außerdem gibt es hier nur drei Türen, nicht unzählige. Aber Shenja läuft zwischen Wohnungstür und Toilettentür hin und her und wiederholt wie eine Beschwörung: »Er phantasiert! Er phantasiert!«

Dann verstummt er, und Shenja bleibt stehen.

Du bist verrückt, sagt sie sich, hysterische Ziege!

Aber sie geht nicht ins Zimmer des Vaters. Sie legt

sich angezogen ins Bett und erwacht um zwei Uhr nachts, als es Zeit ist für die nächste Spritze.

Leise, um ihn nicht zu wecken, öffnet sie die Tür. Im Licht der Nachttischlampe liegt er da, tot, den Mund geöffnet im letzten Schrei, auf den niemand reagiert hat.

Shenja läßt sich auf dem Bettrand neben dem toten Vater nieder. Sie berührt seine Hand – sie hat die grausige Temperatur des Todes.

Schrecklich ... Ich bin nicht zu ihm gegangen ... Dieser Flur ...

Das Bild ist komplett, sämtliche bizarren Teile passen zusammen. Nun weiß sie, daß sie diesen Traum bis an ihr Lebensende immer wieder träumen wird, und wenn sie stirbt, wird sie endgültig dort ankommen, sie wird diesen Flur entlanglaufen, voller Angst, Verzweiflung, voller Abscheu gegen den Vater, gegen sich selbst, und in einer glücklichen Atempause in diesem endlosen Alptraum wird ihr die liebe Emma entgegenkommen, eine dampfende Pfanne in der Hand, ernst und lächelnd, begleitet vom hölzernen Geklapper ihrer Absätze, das ein wenig hinter ihrem energischen Lauf zurückbleibt.

Der große Lehrer

Zu einer Zeit, als die Warwarka noch Rasinstraße hieß und die Bibliothek für Ausländische Literatur noch nicht von dort in das neue Gebäude in Kotelniki umgezogen war, begann Gennadi Tutschkin ernsthaft, autodidaktisch Deutsch zu lernen, kam mehrmals in der Woche her und blieb, bis die Bibliothek schloß. Natürlich wäre ein richtiger Deutschkurs besser gewesen, doch er arbeitete im Schichtsystem, Sprachkurse aber hatten einen festen Stundenplan: Montag, Mittwoch, Freitag. Schwer zu sagen, warum er, ein junger Mann aus einer einfachen Familie, Justierer im Zweiten Uhrenwerk, auf einmal den seltsamen Wunsch verspürte, Deutsch zu lernen. Auch seine gleichaltrigen Arbeitskollegen verlangte es hin und wieder nach etwas Besonderem, Erhabenem, doch sie kauften sich in solchen Fällen Bier oder Wodka und tranken miteinander, bis das Geld oder die Zeit zur Neige gingen.

Aber fürs Trinken hatte Gennadi nichts übrig. Sein Vater war am Alkohol zugrunde gegangen, und obgleich es schon damals hieß, Alkoholismus sei ein erbliches Laster, verabscheute Gena das Trinken, weshalb er sich auch mit niemandem anfreundete – er langweilte sich unter Männern. Übrigens gab es im Betrieb mehr Frauen, sie arbeiteten in der Montage und erschienen Gena ebenso gleichförmig wie die Pobeda-Uhren, die in endloser Reihe das Fließband verließen.

Einsam war er auch deshalb, weil die Mutter Genas hinfällige Großmutter zu sich genommen und ihn nach der Rückkehr vom Armeedienst in deren schönes Zimmer in einer Gemeinschaftswohnung in der Orushejnaja-Gasse umquartiert hatte.

In den sieben Zimmern der Wohnung, die so lang war wie ein Eisenbahnwaggon, lebten vier große Familien und drei Alleinstehende: Gennadi, die alte Jungfer Polina Iwanowna, eine reinlichkeitsbesessene Hamsterin mit weißen Jungmädchenkragen, und ein gewisser Kupelis, ein Greis mit einem übergroßen Kopf auf einem spinnendünnen Körper, der sich als Lette bezeichnete, von dem die Nachbarn jedoch argwöhnten, er sei Jude, womit sie irrten, denn in Wirklichkeit war er Deutscher, was er aber verheimlichte.

Die übrigen waren die Familie des Milizionärs Lewtschenko, der schlau und geschäftstüchtig war, aber ein heimlicher Trinker; die Familie Korotkow, eine Mutter mit zwei erwachsenen Töchtern und ein halb gelähmter Vater, den nie jemand zu Gesicht bekam; die Familie des Zahnarztes Laputin, der zu Hause heimlich Patienten behandelte und dabei stets ein und dieselbe Schallplatte mit dröhnender Musik abspielte, um den Lärm des Bohrers zu übertönen. Das vierte, von der Wohnungstür am weitesten entfernte Zimmer bewohnten die Kumankows mit dem beinlosen Schuster Kostja an der Spitze. Die Zahl der Kumankows schwankte, lag aber nie unter acht. Ständig starb bei ihnen jemand, wurde ein Kind geboren, oder es kam jemand ins Gefängnis.

Gennadi sah Schmutz, Armut und Grobheit, beobachtete die Feiern der Nachbarn, die in Prügeleien endeten, und die Prügeleien, die in Besäufnissen endeten, und empfand gegen alle ohne Ausnahme heftigen Abscheu – gegen den Psychopathen Kumankow, der nach seiner Frau und seinen minderjährigen Kindern mit allem warf, was ihm gerade in die Hände fiel; gegen die habgierige Polina Iwanowna, die vom Spülbecken in der

Küche Seifenreste stahl; gegen den stillen Spinnenmann Kupelis, der sich nachts mit seinem Kaffeekocher in die Küche schlich.

Am widerwärtigsten war ihm Kupelis – ihre Zimmer hatten eine gemeinsame, keineswegs schalldichte Wand, und Gennadi mußte sich von abends bis morgens dumpfe Seufzer anhören, Husten, Ächzen, die saugenden Geräusche des Klistiers, das Kupelis benutzte, und die matten Auspuffgeräusche seines kranken Darms. Der Nachbar benutzte nie die Gemeinschaftstoilette, er besaß einen Nachttopf, den er nachts leerte, bevor er sich Kaffee kochte. Gena hörte ungewollt mit an, wie er hinter der Wand mit der Schüssel klapperte, sich den ekelhaften Hintern wusch und Kaffee trank. Zweimal im Monat, meist sonnabends, bekam er Besuch, meist Männer, und sie führten lebhafte Gespräche.

Trotz Genas ganz passablen Aussehens, seines heiratsfähigen Alters und des Umstandes, daß in seinem Kollektiv auf einen Quadratmeter zehnmal so viele Frauen wie Männer kamen, was besonders zur Mittagszeit in der Kantine auffiel, hatte er keine Freundin, obwohl die Mädchen und Frauen ihn massiv und unverhüllt belagerten – was es ihm vergällte, sie zu beachten. Außerdem litt er unter einem in der Jugend erlittenen Trauma: Vor dem Armeedienst war er mit einem Mädchen zusammengewesen, das trotz des Versprechens, auf ihn zu warten, in Genas zweitem Dienstjahr einen anderen geheiratet hatte.

Er war so etwas wie eine alte Jungfer. Nicht, daß das weibliche Geschlecht ihn überhaupt nicht interessierte, aber die Angst vor den Tücken der Frauen war stärker als deren Anziehungskraft. Hin und wieder lud das eine oder andere Mädchen aus dem Betrieb ihn sogar ins Kino oder zum Tanz ein. Anfangs genierte er sich schrecklich, dachte sich immer neue Vorwände aus, um sich zu drücken, bis er schließlich für derartige Fälle eine Standardausrede parat hatte: Gerade heute kann ich nicht, ich habe meiner Mutter versprochen, sie zu besuchen. Aus törichter Ehrlichkeit besuchte er an solchen Tagen manchmal tatsächlich seine Mutter, meist aber verbrachte er die Zeit in der Bibliothek.

Auch seine seltenen neuen Bekanntschaften knüpfte er in der Bibliothek, und diese Menschen waren ganz anders als alle, die er von der Schule, von der Armee oder vom Betrieb her kannte. Am bemerkenswertesten war Leonid Sergejewitsch, ein nicht mehr junger langhaariger, dicklicher Mann von vornehmem, wenngleich schon etwas schäbigem Äußeren. Sie beäugten einander lange, registrierten gegenseitig, welche Bücher der andere von der Ausleihe holte, bis Leonid Sergejewitsch schließlich Gena ansprach und sagte, es gebe weit bessere Deutschlehrbücher als die, die er gerade in der Hand halte, und ihm sogleich im Katalog einige zeigte. Von da an unterhielten sie sich jedesmal, wenn sie sich im Lesesaal oder im Flur trafen, anfangs vor allem über die deutsche Sprache, von der Genas neuer Bekannter sprach wie von einem geliebten lebendigen Wesen, indem er deren große Vorzüge rühmte.

»Ein lexikalischer Reichtum, fast wie im Russischen!« Er hob die Arme himmelwärts, allerdings nur bis in Schulterhöhe. »Aber die grammatikalischen Formen sind wesentlich vielfältiger! Eine ausnehmend hochorganisierte Sprache! Geeignet für den Ausdruck äußerst subtiler zeitlicher Bezüge!«

Leonid Sergejewitsch sprach vorzüglich Deutsch, übersetzte allerdings meist aus anderen Sprachen – aus dem Mongolischen, dem Hindi und Urdu, dem Persischen und Turkmenischen. Kurz – aus jedem beliebigen Idiom. Er übertrug Gedichte nach Interlinearübersetzungen, und das allein hob ihn bedeutend ab von der gesamten übrigen Menschheit. Doch die große Herzenssache dieses gelehrten Herrn waren Übertragungen aus dem Deutschen, und zwar eines einzigen Autors.

Es vergingen viele Monate, in denen Gena Leonid Sergejewitsch nach Hause begleitete, sich mit ihm in Regen und Schnee über viele erstaunliche Dinge unterhielt, bis Gena der Name des großen Lehrers offenbart wurde, dessen Bücher Leonid Sergejewitsch neu ins Russische übersetzte.

»Sehen Sie, Gena, im Leben eines Menschen ist absolut nichts zufällig, selbst unser heutiges Gespräch war von der Erschaffung der Welt an im Plan des Schöpfers vorgesehen.«

Gena verspürte einen Schauder vom Hals bis zum Steiß, ganz durchdrungen von der Größe des Augenblicks. Leonid Sergejewitsch war ein erstaunlicher Mann – worüber er auch sprach, alles war bedeutend und geheimnisvoll und von dem, worüber andere Menschen aus Genas Bekanntenkreis redeten, so verschieden wie eine Ananas von einem Rettich.

Genas Großmutter war gläubig, doch die stupide Einfalt ihres Glaubens hatte Gena nie gereizt. Leonid Sergejewitsch dagegen sprach vom Schöpfer und der Schöpfung, von Willen, Erkenntnis, Mysterium und Weg in derart fesselnden Worten, daß Gena ihn nicht nur von der Rasinstraße bis zur Soljanka-Gasse – eine relativ kurze Strecke – begleitet hätte, sondern bis ans Ende der Welt. Auf diese Weise gedieh die Beziehung zwischen Gena und Leonid Sergejewitsch Kilometer um Kilometer, Monat um Monat so weit, daß ihm der Name des großen Lehrers offenbart wurde: Doktor Rudolf Steiner.

Bald darauf lud Leonid Sergejewitsch Gena zu sich nach Hause ein, in seine Wohnung voller Bücherschränke, mit Bildern an den Wänden und sogar zwei Skulpturen, von denen eine aus reinem Marmor zu sein schien.

Leonid Sergejewitschs schöne, ja, unglaublich schöne Frau, in einen echten Kimono gehüllt, servierte Tee und verließ das Zimmer – auf ihrem lila Rücken wogten weiße Chrysanthemen. Leonid Sergejewitsch zog feierlich einen Vorhang im Sekretär auf und enthüllte Gena das Antlitz des Lehrers. Der Mann auf dem Foto, gutaussehend wie ein amerikanischer Filmschauspieler, hatte das Haar zurückgekämmt und trug eine seidene Fliege und einen leicht zerknitterten Gehrock.

Das Foto schien Hitze auszustrahlen. Zumindest kam es Gena so vor; vielleicht ging die unerklärliche Hitze auch von Leonid Sergejewitsch selbst aus; wie auch immer – dieser Augenblick war ein besonderer, eine solche Erschütterung hatte Gena noch nie erlebt – höchstens bei dem Unfall während seiner Armeezeit, als der LKW, auf dem die Soldaten saßen, einen Abhang hinunterstürzte, in Tadschikistan, wo sowohl die Abhänge als auch die Straßen tödlich waren. Während der Laster, sich überschlagend, dem steinernen Grund immer näher kam, hatte Gena gebetet oder nach seiner Großmutter gerufen. Nur zwei Soldaten überlebten den Unfall, Dolgan Isetow, der sich sämtliche Knochen brach, und er, Gena Tutschkin, mit einer großen Beule mitten auf der Stirn.

An diesem Tag bekam Gena – unter vielen Ermahnungen, Hinweisen und Belehrungen – das erste Buch anvertraut, nicht vom Lehrer selbst geschrieben, aber von einem seiner Adepten, einem gewissen Eduard Schure.

»Jedes echte Wissen birgt Gefahr in sich«, sagte Leonid Sergejewitsch zum Abschied, »und diese Gefahr ist sowohl eine geistige – denn je höher die Seele auf der Leiter der Erkenntnis steigt, um so größere Verantwortung übernimmt sie – als auch eine ganz unmittelbare: Die Lehre Steiners ist seit langem verboten, dieses Wissen muß also vorerst geheimgehalten werden, doch die Zeit naht, da all dies an die Öffentlichkeit gelangen und die Welt radikal verändern wird, denn die Welt ist nur durch die Erkenntnis der Weisheit zu retten.«

Erneut lief Gena ein Schauder der Erregung über den Rücken; er steckte die in Papier eingeschlagene Kostbarkeit in die ihm zu diesem Zweck geschenkte Aktentasche und ging zu Fuß nach Hause, wo er erst tief in der Nacht ankam; er mochte sich nicht in die volle Metro zwängen, er fürchtete, dort das süße Rieseln im Rücken zu verlieren.

Genas Leben veränderte sich radikal. Sein früheres Dasein betrachtete er als bloßes Dahinvegetieren, das jetzige, neue dagegen war sinnerfüllt, erhaben, lebendig und so voll namenloser Schönheit, daß er nun mit großem Bedauern die einfachen Menschen betrachtete, die lebten, aßen, tranken und nichts, absolut nichts verstanden. Er erlangte ein grandioses Wissen über die Welt, den Kosmos, über gewaltige Energien, über die herrliche Treppe für all jene, deren Vernunft zu Güte und Liebe erweckt ist.

Alles war mit einem neuen Sinn erfüllt, selbst seine mechanische Arbeit als Justierer war jetzt eine heilige Handlung zur Korrektur winzigster Fehler in groben, menschengemachten Maschinen. Er lernte, die mechanischen Verknüpfungen minderwertigen Metalls als Gottes Schöpfung zu bewundern, denn er betrachtete die vernünftige Tätigkeit des Menschen nun als Widerschein der Höheren Vernunft.

Er las Steiners endlose Vorlesungen und lernte über sie die indische Philosophie kennen, Goethes Weltanschauung sowie einige kabbalistische Ideen. Das Bild von der Kuh, die in einer Astralwolke auf der Wiese liegt und wiederkäut und dabei eine Form von Energie in eine andere verwandelt und das göttliche Getränk Milch erzeugt, veränderte sogar seinen Geschmack: Milch, die er früher nicht gemocht hatte, trank er nun mit Genuß, außerdem aß er jetzt Honig, der ebenfalls als göttlich galt. Überhaupt war die ganze Welt, wenn man sie richtig betrachtete, nicht mehr grob und schmutzig, sondern schön und erhaben. Am wundervollsten erschien Gennadi die Idee der geistigen Hierarchien, der großen Leiter, die alles Seiende hinaufsteigt, wobei es an Sinn und Geist gewinnt, und der erhabenste Kern bestand darin, daß die höchsten Hierarchien beständig etwas opferten im Namen der niederen, um sie aus dem Chaos der Sinnleere zu befreien.

Leonid Sergejewitsch war stolz auf seinen begabten Schüler, erläuterte ihm manche nicht auf Anhieb verständliche Feinheiten und mahnte Gena, nicht zu hastig in der Erkenntnis voranzuschreiten, denn ein zu schneller Aufstieg könne sich auf die physische Gesundheit auswirken. Da er Genas Zuneigung spürte, warnte er ihn davor, diese zu übertreiben; er erklärte ihm, wie sehr Menschen unter dem Tod ihrer geliebten Haustiere litten, weil ihre Anhänglichkeit an sie oft so stark sei, daß sich ein gemeinsamer Astralleib bilde, und wenn das Tier sterbe, empfinde sein Besitzer starke Bauchschmerzen, denn das Verschmelzen von Astralleibern geschehe im Bereich des Sonnengeflechts; man müsse also lernen, seine Zuneigung zu kontrollieren, selbst die zu seinem Lehrer. Womöglich besonders die zu seinem Lehrer.

Mehrmals erwähnte er wie beiläufig seinen eigenen unmittelbaren Lehrer, einen großen Kenner der Theosophie und Anthroposophie, der in seiner Jugend mit Steiner persönlich bekannt gewesen sei, so daß er die Lehre nicht nur aus Büchern empfangen habe, sondern auch aus erster Hand.

Zwei Jahre lang gewann Gena Erkenntnis um Erkenntnis. Die deutsche Sprache, die er aus einer unerklärlichen Laune heraus zu lernen begonnen hatte, war nun sein täglich Brot. Leonid Sergejewitsch besorgte ihm Steiners Werke im Original. Die in den zwanziger Jahren in Riga erschienenen Ausgaben wirkten ärmlich, waren dafür aber voller handschriftlicher Randnotizen in Deutsch und Russisch. Keine leichte Lektüre, aber mit Leonid Sergejewitschs Hilfe kämpfte Gena sich tapfer durch das metaphysische Dickicht. Die Besuche bei Leonid Sergejewitsch waren ein besonderes Vergnügen – es gab Tee und winziges Baisergebäck, serviert in einem Arbeitszimmer voller Bücher und Bilder von der schönen Frau im lila Kimono. Nach dem Quellenstudium las Leonid Sergejewitsch ihm manchmal aus seinen Übersetzungen asiatischer Lyrik vor.

Nach einiger Zeit weihte Leonid Sergejewitsch Gena in etwas streng Geheimes ein: Irgendwo in Moskau gebe es Seminare zu Steiners Hauptwerk mit dem Titel – hier senkte er die Stimme zum Flüstern ab: »Das fünfte Evangelium«. Notgedrungen bekannte Gena, daß er die vier vorhergehenden nicht gelesen habe. Leonid Sergejewitsch breitete erstaunt die Arme aus.

»Na, sagen Sie mal!«

Sofort holte er ein kleines schwarzes Buch aus dem Regal. Gena nahm es ehrfürchtig entgegen und staunte gewaltig.

»Genau so eins hat meine Großmutter auch! Ihr Leben lang liest sie darin!«

Nach endlosen Vorankündigungen, Verzögerungen und zusätzlichen Befragungen informierte ihn Leonid Sergejewitsch vom baldigen Beginn des Seminars. Es würde von seinem Lehrer geleitet und sei eigentlich nur für aufgeklärte Personen gedacht, die seit Jahrzehnten praktizierten, doch ausnahmsweise dürfe auch der Neuling Gena daran teilnehmen.

Gena erstarrte vor Ehrfurcht – mittlerweile vergötterte auch er Leonid Sergejewitschs Lehrer, dessen Weisheit, sein gewaltiges Wissen auf allen Gebieten, einschließlich der Medizin, und seine enorme Lebenserfahrung.

»Er ist einer der wenigen Mitgestalter von Steiners erstem Tempel in Dornach, der Anfang der zwanziger Jahre abbrannte.« Leonid Sergejewitsch hob die blauen, vom vielen Lesen rotgeäderten Augen zum Himmel. »Dazu gehörten auch Andrej Bely, Maximilian Woloschin, Margarita Sabaschnikowa ...« Dann senkte er die Stimme zum fast unhörbaren Flüstern und bekannte schließlich: »Auch mein seliger Vater hat dort einen Sommer verbracht. Aber darüber darf man nicht sprechen, niemals.« Er verstummte, als habe er schon zuviel gesagt.

Endlich kam der ersehnte Tag. Leonid Sergejewitsch führte Gena zu seinem Lehrer. Gena, frisch gewaschen und gebügelt, in einer neuen Hose, traf sich mit Leonid Sergejewitsch vor dem Majakowski-Denkmal, und sie liefen in feinem Frühlingsnieselregen in eine Gena wohlvertraute Richtung – als wollten sie zu ihm nach Hause. Nach einem großen Bogen gelangten sie tatsächlich zu Genas Haus, allerdings vom blauweiß gekachelten alten Milchladen her. Sie gingen zum Hauseingang. In seiner Aufregung erkannte Gena seinen eigenen Hausflur nicht, erst unmittelbar vor der Tür begriff er, daß er vor seiner eigenen Wohnung stand.

Leonid Sergejewitsch drückte auf einen Klingelknopf mit abgewetzten Buchstaben. Kupelis.

Nach einigen Minuten vernahm Gena das ihm wohlbekannte Pantoffelschlurfen. Kupelis öffnete. Leonid Sergejewitsch lächelte strahlend. Kupelis mimte eine Art Begrüßung. Gena verspürte ein Hämmern in den Schläfen, wurde puterrot, ließ den verwirrten Leonid

Sergejewitsch stehen und rannte ans Ende des Flurs, den Schlüssel zu seinem Zimmer krampfhaft umklammert.

Noch im Mantel, warf er sich bäuchlings aufs Bett und weinte. Wie grausam! Anstelle von Doktor Steiner mit dem schönen südländischen Gesicht, mit der seidenen Fliege und dem leicht zerknitterten Gehrock diese Kaulquappe mit den Nachttöpfen, Klistieren und Schüsseln, dem heimlichen nächtlichen Kaffeetrinken und den scheußlich verkniffenen Lippen, der widerlichste seiner Nachbarn, diese Mißgeburt, diese Spinne!

Jemand klopfte an die Tür, aber Gena öffnete nicht. Er weinte, schlief ein, weinte erneut. Dann stand er auf, zog den Mantel aus und warf die Schuhe ab. Das Murmeln hinter der Wand war längst verstummt. Bald würde er das Klistier hören, dann das Klappern der Schüssel... Doch statt dessen klingelte im Flur das Telefon. Es war Genas Mutter. Weinend sagte sie, seine Großmutter sei gestorben und er solle kommen.

Gena nahm ein Taxi und fuhr zur Choroschewskoje-Chaussee, wo in einer Zweizimmerwohnung in einem großen Fabrikarbeiterhaus seine Mutter wohnte, zusammen mit ihrer Schwester, deren Tochter Lena und der gelähmten Großmutter, die nun gestorben war.

Alle Räume waren erleuchtet, im Zimmer der Mutter brannten außerdem Kerzen, und eine alte Frau in Schwarz las aus dem schwarz eingebundenen Neuen Testament vor, das Gena inzwischen gelesen hatte. Am nächsten Tag wurde von irgendwem ein schwarzes Gewand gebracht – ein Umhang und eine Kappe – und der Toten angezogen. Schwarzgekleidete Greise und Greisinnen erschienen und lasen Unverständliches in Kirchenslawisch, und Gena wunderte sich über die erhabene Geschäftigkeit um den Tod seiner Großmutter, einer stillen, fast sprachlosen Frau, die fünf Jahre gelähmt gewesen war, nur dagelegen und auf den Tod gewartet hatte.

Zur Beerdigung fuhren sie nach Chotkowo, auf einen alten Klosterfriedhof, doch zuvor wurde in der Klosterkapelle die Totenmesse gefeiert. Großmutters Gesicht war mit einem weißen Tuch verhüllt. Plötzlich erfuhr Gena ein aufregendes Geheimnis: Seine stille Großmutter war jemand Wichtiges, Bedeutendes gewesen, und er hatte nichts davon geahnt. Der alte Priester, ein Einheimischer, erzählte, seine Großmutter Alexandra Iwanowna, Schwester Angelina, sei eines der letzten geistigen Kinder des Patriarchen von Optino gewesen; sie sei in die Welt gegangen, als das Kloster geschlossen wurde, habe als Putzfrau gearbeitet, in den Hungerjahren zwei Waisenkinder zu sich genommen – Genas Mutter und ein weiteres Mädchen, das seine Tante wurde – und sie großgezogen. Sie sei eine erhabene Seele gewesen, sanft wie eine Taube und weise wie eine Schlange. Und sie habe ihr Leben lang nur in einem einzigen Buch gelesen – in eben jenem Neuen Testament.

Gena nahm Abbummeltage im Betrieb. Er mußte seine Gedanken und Gefühle ordnen und auch das viele Wissen, das er sich in den letzten Jahren angeeignet hatte. Er verbrachte eine Woche bei seiner Mutter an der Choroschewskoje-Chaussee. Es war ein grünes Viertel, er ging viel spazieren und bedauerte, daß er nun nie erfahren würde, was im »Fünften Evangelium« stand. Aber er würde auch nie mehr erfahren, wer seine gelähmte Großmutter wirklich gewesen war. Vielleicht auch ein LEHRER? Er grübelte und grübelte, kam zu keinem Ergebnis, tauschte jedoch kurzerhand mit seiner Cousine: Sie wollte gerade heiraten und brauchte dringend ein separates Zimmer. Und Kupelis – der war ihr gleichgültig.

Tom

Tom lebte schon fünf Jahre bei Mamachen, war aber nach wie vor von sklavischem Wesen: treu, diebisch, ekstatisch und feige. Er hatte Angst vor lauten Stimmen und heftigen Tönen, besonders vor Hardrock, vor allen drei Katzen, die in der Wohnung lebten, vor jedem Ball, der in seine Richtung rollte, und vor dem Türklingeln. Aus Angst verkroch er sich jedesmal unter Mamachens Bett, wobei er eine Urinspur hinterließ. Am meisten aber fürchtete er, beim Spaziergang verlorenzugehen. In den ersten Monaten hatte er das Haus nur mit Mamachen verlassen, sein Geschäft gleich neben dem Hauseingang verrichtet, sich dann an die Tür gedrückt und mit den Pfoten daran gekratzt. Wenn Mamachen ihn an der Leine in Richtung Straße zog, knickte er die Hinterläufe ein, machte einen krummen Rücken, senkte den Kopf zwischen die Vorderpfoten und war nicht von der Stelle zu bewegen.

Die Familie kam zu dem Schluß, daß er wohlbehütet geboren worden, dann verlorengegangen war und während seiner langen Obdachlosigkeit so viel erlitten hatte, daß er, als Mamachen ihn mit nach Hause nahm, sein Glück gar nicht fassen konnte. Damals war er ein ganz junger Rüde, das verrieten seine Zähne dem Tierarzt, den Mamachen sogleich holte – der Hund mußte gesund sein, schließlich waren vier Kinder im Haus. Sie gaben ihm einen Namen und kurierten ihn von den Würmern und den Zecken, die büschelweise an seinem Hals hingen.

»Rassehunde streunen nicht, sie gehen auf der Straße schnell ein«, erklärte der Tierarzt. »Dieser hier ist ein Mischling, die sind zäh.«

Vitjok kam nach Tom ins Haus. Einer von Mamachens Enkeln brachte ihn eines Tages mit, dann besuchte er die Familie immer öfter und wurde bald unersetzlich. Mamachen bemerkte ihn nicht gleich, sie konzentrierte sich ganz auf den musealen Teil der Wohnung, das Vorderzimmer, in dem das Museum ihres Großvaters untergebracht war, eines berühmten russischen Malers, zu dessen Ruhm am Hauseingang eine Gedenktafel hing: »Hier lebte ...« Dank dieser Tafel, von Lunatscharski in frühsowjetischer Zeit installiert, war die Wohnung den Erben ohne Einquartierung erhalten geblieben.

Mamachen betreute das Museum und bezog dafür ein kleines Gehalt; zweimal in der Woche empfing sie im Ausstellungsraum Besucher, in der übrigen Zeit schrieb sie Aufsätze, hielt Vorträge auf Konferenzen, und wenn das Geld knapp wurde, verkaufte sie hin und wieder eine Zeichnung oder einen Bühnenentwurf ihres Großvaters. Sie beweinte jedes Stück, von dem sie sich trennen mußte, registrierte aber dennoch, daß die Preise für Großvaters Arbeiten stetig stiegen, und ärgerte sich darum immer sehr, beim letzten Mal zu billig verkauft zu haben.

Vitjok schätzte das schöne Heim ebenso wie Tom. Mit der Zeit bezog er endgültig Quartier in einem dunklen Zimmer der Wohnung, wühlte sich einen gemütlichen Platz auf der Truhe frei und schlief dort inmitten von Familienkram, der sich im Laufe von hundert Jahren angesammelt hatte. Wo er früher gewohnt hatte, wußte niemand – bei Freunden, sagte er.

Vitjoks Unersetzlichkeit beruhte auf einer seltenen Eigenschaft: Er war ein Morgenmensch, er erwachte bei

Sonnenaufgang, egal, wann er sich schlafen gelegt hatte, und zwar stets froh und heiter gestimmt. Er schnellte hoch wie ein Stehaufmännchen und ging mit Tom hinaus, was dem herzensguten Mamachen den frühen Spaziergang ersparte. Mamachen war alles andere als ein Morgenmensch, hatte sich aber aus Mitleid mit dem geduldigen Tier täglich ächzend erhoben. Ihre Töchter und Enkelinnen waren nämlich ausgesprochene Nachteulen und standen nie vor zwölf auf.

Vitjok lief, sein von Geburt an verkrüppeltes Bein nachziehend, mit dem folgsamen Tom bis zum Laden auf dem Smolenskaja-Platz und kaufte Milch und Zigaretten für Mamachen. Dann war es mit Toms Geduld vorbei, er rannte nach Hause und riß Vitjok an der straff gespannten Leine mit sich. Tom vertraute Vitjok noch mehr als Mamachen – mit ihr entfernte er sich nie so weit von zu Hause. Vermutlich spürte er, daß Vitjok ebenso wie er ein Findelkind war.

Mamachen saß im flauschigen lila Morgenmantel bereits in der Küche, verschlafen und schweigsam. Vitjok kochte Kaffee für sie, Tee für sich und Haferbrei für alle. Die Hälfte davon bekam Tom.

Dann spülte Vitjok seinen Teller unter einem dünnen Wasserstrahl. Er war ein großer Umweltfreund, er ging mit allen Naturressourcen sparsam um und haßte Plastiktüten.

»Ich gehe dann also, Sofja Iwanowna. Sonja bringe ich heute nicht zur Schule, sie ist noch krank. Oder soll ich irgendwas für Sie erledigen?«

»Geh nur, geh.« Mamachen winkte ab. »Mußt du heute arbeiten?«

Die Närrin, sie konnte sich nicht merken, daß Vitjoks Wachdienst im Rhythmus »vierundzwanzig Stunden Dienst, drei Tage frei« organisiert war und normalerweise abends anfing.

»Nataschas Freundin Shenja hat mich gebeten, ihr beim Tapezieren zu helfen, aber ich komme vor der Arbeit noch mal vorbei, Sie müssen nicht mit Tom rausgehen.«

»Ah ja, Shenja.« Mamachen nickte zerstreut, und Vitjok ging.

Mamachen begab sich in ihr Zimmer, wo sie ihr üppiges Haar zu einem komplizierten Knoten drehte, ein weites blaues Kleid mit einer apfelgroßen runden Emaillebrosche anzog und sich mit Parfüm aus einer blauen Flasche einsprühte. Dann nahm sie den Schlüssel und ging in den Ausstellungsraum, der an Schließtagen vor Kindern und Enkeln abgesperrt war. Auch Tom durfte nicht hinein, er blieb in Mamachens Zimmer, verstaute seinen wolfsgrauen Leib unterm Bett, streckte aber hin und wieder seinen klugen Kopf mit den großen Ohren hervor und legte ihn auf die Filzhausschuhe seiner Herrin. Seine Schnauze drückte höchste Zufriedenheit mit dem Leben aus. Die Filzschuhe liebte er womöglich noch mehr als Mamachen selbst.

Viele Stunden schlummerte Tom friedlich unterm Bett. Der Tag verlief angenehm − Mamachen hatte die Tür hinter sich geschlossen, so daß die Katzen nicht herein konnten. Sie schliefen vermutlich in den hinteren Räumen, den Kinderzimmern. Gegen Mittag kam Mamachen herein, nahm etwas vom Tisch, schluckte ein paar aromatische Tropfen, streichelte Tom den Kopf und ging wieder.

Am Abend rief Vitjok vom Flur aus: »He, bringt mir mal jemand Tom, damit ich nicht reinkommen muß!«

Tom kam von allein herbei. Er beugte den Kopf, damit Vitjok ihm die Leine anlegen konnte, und sie liefen die Treppe hinunter. Von unten drang ein immer intensiver werdender schrecklicher Geruch herauf, ein Geruch aus

Toms früherem Leben: eine Mischung aus Blut, Alkohol, vergammeltem Müll und tödlicher Krankheit. Alarm, jawohl, das bedeutete Alarm!

Tom preßte sich an Vitjoks Bein, doch der humpelte unbekümmert weiter – er witterte keine Gefahr. Unten, unter der Treppe, lag die mächtige Quelle des Gestanks. Tom knurrte leise vor Angst, aber Vitjok bemerkte nichts, und sie gingen hinaus auf die Straße. Nachdem Tom sein schnelles Geschäft erledigt hatte, erstarrte er verstört vor der Haustür: Den Weg nach Hause versperrte das Hindernis in Form des furchteinflößenden Geruchs. Vitjok beugte sich zu Tom hinab und tätschelte ihm zärtlich den Hals.

»Was hast du denn? Wovor hast du Angst, du kleiner Dummkopf? Nach Hause, nach Hause!«

Tom sträubte sich, trat auf der Stelle und setzte sich auf die Hinterpfoten.

»Nanu, was soll denn das?« Verwundert blieb Vitjok eine Weile neben dem sich krümmenden Tom stehen, dann streichelte er ihn und nahm ihn auf den Arm. Tom war ein recht großer Hund, er war seit dem Welpenalter nicht mehr hochgenommen worden und zappelte auf Vitjoks Armen. Doch die neue Angst addierte sich zur alten, und er ließ sich von Vitjok ins Haus schleppen, dort aber sprang er herunter und rannte wie ein geölter Blitz hinauf in den zweiten Stock. Vitjok ließ die Leine los und humpelte hinterher, erstaunt über das seltsame Verhalten des Hundes.

Die Nerven, dachte er.

Er selbst hatte es auch mit den Nerven; seine Mutter hatte ihn drei Jahre lang in einer psychiatrischen Heilanstalt abgestellt. Bis zur vierten Klasse.

Am Abend ging Vitjok zu seinem Vierundzwanzigstundendienst, und am Morgen entdeckte Mamachen, daß Tom im Flur eine Pfütze gemacht hatte. Alle tadelten ihn, selbst die Katzen demonstrierten ihre Verachtung. Doch trotz der Schande mußte Tom raus; Mamachen zog ihren Mantel an und griff nach der Leine. Tom lief nicht wie sonst voran, sondern schleppte sich widerstrebend hinter Mamachen die Treppe hinunter, um zu demonstrieren, daß er überhaupt nicht hinaus mußte. Aber Tom gegenüber hatte Mamachen mitunter erzieherische Anwandlungen – sonst hörte niemand auf sie, Tom hingegen bemühte sich stets, es ihr recht zu machen. Sie erreichten das Erdgeschoß, und der Geruch war noch da, sogar stärker, doch Mamachen bemerkte ihn nicht.

Sie öffnete die Innentür des Hauseingangs. Genau in der Mitte zwischen den beiden schönen alten Türen, die vor kurzem restauriert worden waren, lag ein gewaltiger Haufen, produziert von demjenigen, der unter der Treppe lag und stank.

»O mein Gott!« rief Mamachen, die vor Ekel beinahe strauchelte. Sie riß an der Leine, obwohl Tom keineswegs dorthin strebte.

»Nach Hause! Nach Hause!« kommandierte Mamachen, und sie liefen die wundervolle großzügige Treppe hinauf, die Großvaters Freund entworfen hatte, der Architekt Fjodor Schechtel.

Ich muß sofort bei der Hausverwaltung anrufen und Vitjok sagen, daß er die Tür des Hintereingangs wieder aufmachen soll, entschied Mamachen energisch.

Aber bei der Hausverwaltung ging niemand ans Telefon – entweder war es kaputt, oder sie hatten geschlossen. Mamachen warnte alle erwachenden Kinder und Enkel, damit sie nicht zufällig in den Haufen traten, und war froh, daß heute Schließtag war und kein Museumsbesucher darauf stoßen würde.

Der Schwiegersohn Mischa nahm zum ersten Mal im Leben eine Zange in die Hand, um den Hintereingang zu öffnen. Er war mit Brettern vernagelt, seit vor einigen Jahren am Vordereingang eine Stahltür eingebaut worden war – allerdings erst, nachdem einer der Freunde der Kinder, die stets durch den Hintereingang ins Haus kamen, über die allgemeine Hirnlosigkeit gespottet hatte: Wozu sollte ein Einbrecher die Stahltür aufbrechen, wenn die Hintertür nur mit einem uralten simplen Haken gesichert war?

Am Abend ging es Mamachen nicht gut, sie lag im Bett und litt unter der lauten, häßlichen Musik, die von den Enkeln zu ihr drang, unter ihrer üblen Stimmung und der tödlichen Mattigkeit, die sie empfand bei dem Gedanken, daß der widerwärtige Haufen noch immer im Hauseingang lag. Was für ein wundervolles Haus war dies vor der Revolution gewesen! Man hätte ein ganzes Dutzend Gedenktafeln anbringen können. Historische Persönlichkeiten hatten in diesem Haus geweilt: Tolstoi, Skrjabin, Block, ganz zu schweigen von späteren, weniger berühmten Namen.

Als Vitjok von der Arbeit kam, versuchte gerade ein Obdachloser, krumm und zerknittert wie ein schlecht aufgeblasener Luftballon, mit seinen großen, krummen Fingern den Türcode einzugeben. Vitjok blieb ein Stück entfernt stehen, eigenartig verwirrt: Tief im Innern gehörte er nicht zu den Leuten, die hinter codegeschützten Türen lebten, er war ein überalterter Hippie, ein großer Junge über vierzig, ein Vagabund, ein verkappter Dichter; er hatte auf der Gitarre herumgeklimpert, ein Dutzend Bücher gelesen und in den Tag hinein gelebt, ohne an morgen zu denken, frei wie ein Vogel, und immer hatte er gewußt, daß ihn nur eine Winzigkeit vom endgültigen Abgrund trennte – er war viele Jahre ohne Ausweis gewesen, ohne Zuhause, ohne Familie; seine Heimatstadt lag nun im Ausland, seine Mutter war längst der Trunksucht verfallen, seine Schwester verlorengegangen, einen Vater hatte er nie gehabt... Er stand da und wartete, ob der Bettler die richtigen Zahlen fand, und entschied, ihn nicht hineinzulassen.

Also gehöre ich eher zu denen als zu diesen, sagte sich Vitjok mit einem traurigen Gefühl sozialen Verrats.

Der Obdachlose hatte die Tür geöffnet, und nun ahnte Vitjok, von wem der Haufen zwischen den Türen stammte und die leere Wodkaflasche, die er gestern abend auf dem Weg zur Arbeit weggeräumt hatte.

So ein Vieh, schläft unter der Treppe und kackt gleich daneben, dachte Vitjok empört, verspottete sich jedoch sofort dafür. Er war ein echter, aus dem Arbeiter-und-Bauern-Milieu aufgestiegener Intellektueller, wenngleich vollkommen deklassiert.

Er betrat das Haus gleich nach dem Obdachlosen. Der Haufen, noch immer nicht beseitigt, lag unter mehreren Schichten plattgedrückter Pappkartons. Vitjok stand am Treppenabsatz, die Hand auf dem unteren Geländerknauf, und wartete, was sein Herz entscheiden würde. Das war eine alte Methode von ihm: Wenn du nicht weiterweißt, bleib stehen und warte, bis es sich allein entscheidet. Das geschah auch diesmal – eine Stimme unter der Treppe fragte: »He, wohnst du hier? Haste mal 'n Glas?«

Vitjok schaute in die Nische. Im Halbdunkel lehnte ein Haufen Lumpen an der Wand, von dort kam die Stimme. Es stank auf fünf Schritt Entfernung.

»Ich bring dir eins«, antwortete Vitjok.

»Vielleicht noch ne Decke oder so«, knurrte das stinkende Bündel.

Vitjok brachte ein Glas. Keine Decke. Das Glas stellte er dem Obdachlosen hin.

»Was stehste da rum? Soll ich dir was eingießen?« fragte der.

»Nein, ich trinke nicht. Danke. Ich wollte dich nur

bitten ... Geh zum Kacken bitte raus. Du schläfst doch hier ...«

»Pah, spar dir deine Belehrungen! Leck mich! Draußen ist es arschkalt!«

Sein Gesicht sah grausig aus, aufgedunsen, blau und mit einem schütteren Bart.

Armes Mamachen, sie wäre beinahe in den Haufen getreten, dachte Vitjok und mußte sofort darüber lächeln. Ausgerechnet sie zu bemitleiden!

»Hau ab, hau schon ab. Dauernd diese Belehrungen«, sagte der Bettler dumpf; den Rest hörte Vitjok nicht mehr.

Am nächsten Morgen nahm Vitjok Tom an die Leine und ging mit ihm runter. Von dem geöffneten Hintereingang hatte ihm niemand etwas gesagt. Tom sträubte sich ein wenig, und nun wußte Vitjok, warum: Er hatte Angst vor dem Obdachlosen.

»Komm schon, Tom, komm. Hab keine Angst, du Dummchen.«

Tom witterte Gefahr und hörte den unsichtbar Anwesenden.

Sie gingen hinaus. Tom erledigte sein Geschäft wie eine Hündin auf einen Sitz, ohne Marken zu setzen, wie es die Herren des Lebens taten. Der gelbe Strahl höhlte den jungfräulichen Schnee, der in der Nacht gefallen war. Vitjok zog an der Leine, sie gingen zum Laden auf dem Smolenskaja-Platz und kauften Milch und Zigaretten für Mamachen. Es war eisig kalt, menschenleer und noch nicht richtig hell. Aber es lag viel Schnee, und er glitzerte wie Edelstein.

Es war Sonntag. Silvester. Vitjok wußte, daß ihm ein hektischer Tag bevorstand: Man würde ihn bald nach Mayonnaise schicken, bald nach Salz, was endloses Anstehen bedeutete; dann würde Mamachen todsicher einfallen, daß sie vergessen hatte, einem armen, einsamen

Menschen ein Glückwunschtelegramm zu schicken, und er würde auch noch auf der Post Schlange stehen. Er sagte sich, was für wunderbare Menschen sie alle waren, Sofja Iwanowna, ihre beiden Töchter und die frechen Enkel, besonders die kleine Sonja, und daß es gut wäre, nach Neujahr zu kündigen und wegzufahren, zum Beispiel nach Batumi, wo es warm war und wo Mandarinen wuchsen.

Bremsen quietschten, ein Aufprall, Motorgeheul – ein schwarzes Auto war von der Karmanizki- in die Spassopeskowski-Gasse eingebogen. Sie waren kurz vor ihrem Haus. Plötzlich blieb Tom stehen. Vitjok riß an der Leine. Der Hund sträubte sich mit allen vieren, machte einen Buckel, senkte den Kopf und kniff den Schwanz ein.

»Na, was ist denn, Tom? Nach Hause! Nach Hause, komm!«

Vitjok streichelte den runden Rücken – der Hund zitterte. Er wich zurück, ohne den Kopf zu heben. Vitjok drehte sich um. Aus einer Schneewehe ragten zwei Beine, zwei gräßliche Beine in Turnschuhwracks, die mit schmutzigen Binden umwickelt waren. Vitjok ging um die Schneewehe herum – es war der Obdachlose. In der morgendlichen Stille tuckerte der Motor des Autos, das ihn überfahren hatte. Eine Mütze lag auf der Straße. Der Kopf war so unnatürlich verdreht, daß der Mann unmöglich noch am Leben sein konnte. Vitjok ging neben Tom in die Hocke. Auch er zitterte. Er umarmte den Hund und fühlte sich vollkommen eins mit ihm: Es war das Grauen des Todes, das alle lebendigen Wesen dieser Welt eint.

Der warme Haufen, den der Obdachlose hinterlassen hatte, erkaltete im Haus gegenüber. Einem schlichten Haus ohne Türcode.

Blutsbande

Vaterschaftstest

Da die Wissenschaft nicht stehenbleibt, sondern sich vorwärts entwickelt, womöglich aber auch seitwärts, jedenfalls in rasantem Tempo, verlangten von Mißtrauen gepeinigte Ehemänner vor zwanzig Jahren einen Bluttest, der ihre Vaterschaft bestätigen — oder widerlegen — sollte. Die Wissenschaft war damals schwerfällig, verglichen mit heute geradezu minderbemittelt, und konnte nichts definitiv beweisen; sie vermochte lediglich in einigen Fällen die Vaterschaft auszuschließen. Da kommt so ein mißtrauischer Ehemann, läßt einen Bluttest machen und zwingt auch seine angeblich untreue Frau und das vollkommen unschuldige Kind dazu. Man teilt dem Mann das Ergebnis mit, und es stellt sich heraus, daß er keinesfalls der Vater des Kindes sein kann. Und Schluß. Doch in unzähligen Fällen ließ sich weder das eine noch das andere beweisen ... Das heißt, ob einer nach der Scheidung Alimente zahlen muß oder nicht, kann die Wissenschaft nicht entscheiden, doch der Mann hat absolut keine Lust, fünfundzwanzig Prozent seines schwerverdienten Gehalts an seine untreue Exfrau zu zahlen für ein Kind, dessen Vater er nicht ist.

Heute sieht die Sache ganz anders aus. Genetik! Für sie ist es ein Klacks, diese simple Frage zu klären: Wir nehmen DNS von den Eltern und vom Kind, oder nicht mal von den Eltern, sondern von Großmutter oder Großvater, und schon steht felsenfest: Zahlen! Allerdings gibt die Wissenschaft keine exakte Antwort auf die Frage, ob die Frau ihren Mann betrogen hat, wann und wie oft. Aber auch das wird mit der Zeit bestimmt gelöst – der Fortschritt eilt ja mit Riesenschritten voran. Und so mehrt sich die Zahl der Männer, die keine Alimente zahlen, die Vaterschaft bestreiten oder untertauchen, und den meisten von ihnen geht es nur ums Prinzip: Es tut ihnen nicht leid um das Geld für ein fremdes Kind, nein, nein, einzig ihr Gerechtigkeitssinn veranlaßt sie, sich gegen die Attacken der Weiber zu wehren.

Mitunter, sehr selten, begegnet man allerdings auch Männern ohne Prinzipien. Ein solcher, Ljonja mit Namen, wohnt in meiner Nachbarschaft. Er ist nicht groß, dicklich, hat eine Halbglatze, ein unsicheres Lächeln im Gesicht und eine Brille. Nicht direkt ein Intelligenzler, dazu hat es nicht ganz gereicht: Seine Herkunft ist nicht danach, und das Studium hat er abgebrochen. Immerhin geht er mit einer Aktentasche zur Arbeit. Aber verheiratet ist er mit einer unglaublichen Schönheit: groß, üppige Brust, nicht ganz wie Sophia Loren, aber fast. Sie heißt Inga.

Die beiden haben gleich nach der Schule geheiratet. Sie gingen in eine Klasse, wohnten im selben Hof, waren seit dem fünften Schuljahr befreundet. Mit vierzehn hatte Inga schon richtige Verehrer, erwachsene Männer, sehr zum Ärger der Lehrer. Sie luden dauernd ihre Eltern vor, wegen des ungebührlichen Betragens der frühreifen Tochter. Aber sie betrug sich eigentlich nicht ungebührlich. Nur eben anders. Sie hatte akzeptable Leistungen, interessierte sich nicht für gesellschaftliche Arbeit, ging abends zu Rendezvous, kam aber nie sehr spät nach Hause, sondern immer pünktlich zur vereinbarten Zeit.

Ingas Heirat war für alle ein Schock: Was fand sie nur an Ljonja? Vier Monate nach der Hochzeit kam das erste Kind, was die merkwürdige Ehe in gewisser Weise erklärte. Mutmaßungen, Andeutungen – doch Ljonja schwieg zu allem und lächelte. Ein Volltrottel, entschieden die Leute.

Ljonja fuhr an freien Tagen den kleinen Igor im Kinderwagen herum, spielte mit ihm im Sandkasten, setzte ihn auf die Schaukel. Hauptsächlich aber kümmerte sich Ingas Mutter um das Kind. Dann verschwand Inga plötzlich, aber nicht für lange. Sie kam wieder, ließ sich von Ljonja scheiden und zog zu ihrem neuen Mann. Igor blieb bei ihrer Mutter, und Ljonja zog zurück zu seinen Eltern, kümmerte sich aber weiterhin um seinen Sohn. Oft betreute auch Ljonjas Mutter den Enkel, obwohl sie Inga nicht leiden konnte.

Inga ließ ihren Sohn nicht im Stich, einmal im Monat kam sie für zwei Tage zu Besuch. Sie lebte nun nicht mehr in Moskau, sondern in der Nähe von Kaliningrad, wo ihr Mann bei der Kriegsmarine diente. Eines Tages erschien sie hochschwanger bei ihrer Mutter, blieb zwei Wochen und brachte in einer Moskauer Entbindungsklinik ein Mädchen zur Welt. Ihr Mann hatte die ganze Zeit Dienst, also lief Ljonja dauernd in die Klinik, versorgte Inga und holte sie schließlich ab. Inga blieb noch weitere zwei Wochen bei ihrer Mutter und fuhr dann mit dem Baby nach Kaliningrad.

Zwei Jahre später kehrte Inga mit dem Mädchen endgültig zurück – geschieden von ihrem Marineoffizier. Alle wollten Einzelheiten wissen, aber weder Inga noch ihre Mutter verloren je ein Wort darüber. Ljonja besuchte sie nun jeden Abend, bis er schließlich ganz zu Inga zog. Sie waren eine richtige Bilderbuchfamilie: ein Junge und ein Mädchen, beide ganz goldig. So lebten sie zwei Jahre, und wieder dasselbe Elend: Inga traf ihre wahre Liebe. Diesmal schien alles sehr stabil, ja endgültig. Inga ging mit beiden Kindern weit, weit weg.

Ljonja zog wieder zu seinen Eltern, besuchte aber

häufig seine Exschwiegermutter, die ihn sehr liebte. Sie buk ihm Piroggen und stellte Wodka auf den Tisch, obwohl Ljonja für russische Verhältnisse eher ein Nichttrinker war — er trank höchstens mal ein, zwei Gläschen.

Plötzlich starb Ljonjas Mutter, und das schweißte die ehemaligen Verwandten noch enger zusammen. Die Exschwiegermutter redete ihm zu, er solle heiraten.

Mehrere Jahre blieb Ljonja solo, dann heiratete er seine Kollegin Katja. Sie war nicht mehr jung, nicht sehr schön und ziemlich klein, hatte dünnes Haar, strotzte aber im Gegensatz zu Ljonja vor Energie — kurz, sie paßte zu ihm und zu seiner Brieftasche.

Sie zog zu Ljonja und brachte ein Kind zur Welt. Lenotschka. Ljonja fuhr an freien Tagen den Kinderwagen herum, spielte mit dem Mädchen im Sandkasten, setzte es auf die Schaukel. Hin und wieder besuchte er seine Exschwiegermutter — aus alter Anhänglichkeit und um ein wenig über Inga zu reden. Das heißt, er fragte nie, die Schwiegermutter erzählte von selbst: von Inga, von ihrem neuen Mann, der in Samarkand einen Betrieb leitete. Inga lebte im Wohlstand, ihre Mutter, die sie hin und wieder besuchte, schwärmte von den riesigen Zimmern, den Teppichen und dem übrigen Reichtum von Saïd, Ingas neuem Mann. Und vor allem von dem kleinen Sohn. Ein bildschönes Kind!

Eines aber erzählte die Schwiegermutter nicht: Daß Inga und Saïd nicht offiziell verheiratet waren und Saïd Inga nicht seinen Eltern vorstellte, daß die schöne Inga also faktisch nur seine Geliebte war. Eines Tages — nach vier Jahren! — kam Inga mit den drei Kindern zurück, den beiden alten und dem neuen. Der Jüngste war eine orientalische Schönheit. Gleich am ersten Abend rief Inga Ljonja zu sich, redete lange mit ihm, spät in der Nacht ging er nach Hause zu seiner Frau, redete lange mit ihr, und wieder nahm das Leben eine seltsame Wendung.

Faktisch geschah folgendes: Ljonja ließ sich von seiner Frau scheiden und heiratete erneut Inga. Der orientalische Junge verschwand. In Klammern sei angemerkt: zu Ingas alleinstehender Tante, in die Stadt Bologoje, das heißt, nicht direkt in die Stadt, sondern an deren Rand, in ein kleines Holzhaus auf halbem Weg zwischen Moskau und Leningrad.

Indes dies alles still und verborgen vor der Welt, das heißt vor den Leuten auf dem Hof, geschah, wurde Inga überfallen; bewußtlos geschlagen, Nase, Arm und Rippen gebrochen. Sie mußte eine Weile im Krankenhaus liegen. Den Überfall hatte ihr Exmann Saïd organisiert, der eigentlich gar nicht ihr Mann war, und zwar, weil Inga bei ihrer heimlichen Abreise den Sohn mitgenommen hatte, was sie nach Saïds Auffassung keinesfalls gedurft hätte. Die Schläger kündigten an, jeden Monat wiederzukommen, bis sie den Sohn herausgab. Doch das zweitemal erschienen sie nicht wie versprochen nach einem Monat, sondern erst nach drei Monaten. Aber sie vollstreckten die Strafe gewissenhaft — wieder mußte die arme Inga ins Krankenhaus. Und wieder sagten sie zu ihr: Wir bringen dich nicht um, aber wir werden dich so lange bestrafen, bis du den Sohn rausgibst.

Inzwischen hatte Ljonja Ingas Sohn adoptiert, er hatte sogar einen neuen Namen bekommen — Aljoscha statt Achmat. Auch sein Familienname, der Mädchenname der Mutter, wurde natürlich geändert. Inga schrieb ihrem Exgeliebten, sie habe geheiratet, das Kind sei adoptiert worden, und wenn er sie umbringen wolle, dann solle er das tun, aber den Jungen würde er nie wiedersehen. Die ganze Familie zog zwecks Familienzusammenführung nach Bologoje, zu dem kleinen Aljoscha.

Die orientalischen Schläger kamen wieder, fanden

Inga jedoch nicht und gaben Ruhe. Saïd hatte inzwischen richtig geheiratet, die Nichte eines reichen Usbeken, und die junge Frau gebar ihm sofort einen Jungen, so daß er seinen Erstgeborenen vergaß.

In Bologoje war Ljonja sehr erfolgreich: Er hatte ja Ökonomie studiert — fast bis zum Abschluß —, und zu dieser Zeit formierten sich allerorten kleine Unternehmen, jeder wollte schnell reich werden, und manchen gelang das auch. Die künftigen Unternehmer engagierten Ljonja für die Gründung von Firmen, Mini-Unternehmen und GmbHs, die aus Luft Geld machen sollten — er verstand sich auf einiges, was die Leute dort noch nicht beherrschten, und verdiente bald sehr gut. Den Unterhalt für seine zweite Frau und sein leibliches Kind überwies er pünktlich jeden Monat, zwar nicht volle fünfundzwanzig Prozent seines Einkommens, aber doch eine anständige Summe.

Sie erweiterten das kleine Haus der Tante, bauten noch zwei Zimmer und eine große Veranda an. Ganze drei Jahre lief alles gut. Wenn der Vater von der Arbeit kam, tobten die Kinder mit ihm herum; die Tochter des Marineoffiziers, sie hieß Lenotschka wie Ljonjas leibliches Kind, wollte dauernd auf seinen Füßen geschaukelt werden, obwohl sie schon groß war, also legte Ljonja die Füße zusammen, setzte das Mädchen darauf und schaukelte sie, und sie rollte vor Vergnügen mit den Augen. Aljoscha, der Jüngste, liebte ihn so, daß er nicht schlafen ging, ehe der Vater von der Arbeit kam und ihm einen Gutenachtkuß gab. Wenn Ljonja die Kleinen ins Bett brachte, setzte sich Igor dazu, um mit dem Vater zu reden.

Dann hatte Inga das Zuhausesitzen satt, ließ ihre Mutter kommen, damit sie der Tante im Haushalt half, halste ihr die Kinder auf und ging als Sekretärin in die Stadtverwaltung. Die Frauen haßten sie auf Anhieb, die

Männer starrten sie an, und ihr Chef, ein älterer, etwas einfältiger Mann, ehemaliger Parteifunktionär, wußte nicht recht, was er von ihr halten sollte: Sie war tüchtiger als alle anderen, gescheit wie eine Schlange und wußte zudem immer genau, wen sie zum Chef vorlassen mußte und wen nicht, aber ihr Äußeres irritierte ihn: volle Lippen, große Nase, das Haar unordentlich aufgetürmt. Trotzdem war er von ihr fasziniert. Und wie sie die Beine setzte beim Gehen, ganz eng, daß die Knie aneinanderrieben ...

Der Chef war ein anständiger Kerl, hatte nie Techtelmechtel gehabt, nichts war ihm wichtiger als seine Arbeit. Doch diese Inga – er mußte sie immerzu ansehen und verliebte sich unversehens in sie. Wofür er sich vor sich selbst genierte. Inga aber gefielen seine Verwirrung und seine Unbeholfenheit, sie spielte ein wenig mit dem »sibirischen Filzstiefel«, wie sie ihn Ljonja gegenüber nannte, bis auch sie sich plötzlich heftig zu ihm hingezogen fühlte. Die Sache wurde ernst. Eines Tages brach der Damm von beiden Seiten, und nichts ließ sich mehr aufhalten. Dem Chef widerfuhr etwas, das er noch nie erlebt hatte, nämlich leidenschaftliche Liebe. Sie war so neu, so einzigartig, vielleicht war es sogar seine erste Liebe, denn er konnte sich nicht erinnern, was er früher einmal für seine Frau empfunden hatte. Ob er überhaupt irgend etwas empfunden hatte. Das war inzwischen dreißig Jahre her. Er hatte gleich nach seiner Armeezeit das hübscheste Mädchen im Dorf geheiratet, dann hatten sie zusammen die Parteischule besucht und Karriere gemacht. Dieses gemeinsame Leben war die ganze Liebe gewesen. Sie hatten einen Sohn. Der war bereits erwachsen und lebte in Moskau.

Auch Inga schwebte wie auf Flügeln: So etwas erlebte sie zum erstenmal! Ein großer Mann, in jeder Hinsicht groß, kein Tagedieb. Inga hatte schon eine Menge Männer gehabt, aber sie waren alle mit Makeln behaftet: Der, von dem sie den ersten Sohn hatte, war ein richtiger Mistkerl gewesen, der Marineoffizier sah zwar gut aus, war aber ein tumber Tor, Saïd war zwar ein schöner Mann, aber Orientale, mit anderen Vorstellungen vom Leben, und außerdem hinterhältig.

Ljonja war natürlich ein Goldstück, wirklich, aber sein unscheinbares Äußeres, seine Halbglatze, die weißen Hände mit den kurzen Fingern, und wie er aß, wie er auf jedem Bissen endlos herumkaute und ihn im Mund wälzte – von all dem wurde ihr glattweg übel.

Allerdings barg ihre Beziehung zu Ljonja ein großes Geheimnis: Als Mann war er perfekt, er machte seine Sache gut, gewissenhaft und mit Verstand. Und mit großer Liebe. Aber das Traurige war eben, daß es nur eines bedeutete, wenn sie wieder einmal bei Ljonja landete, nämlich: Wieder eine Liebe gescheitert, wieder eine Enttäuschung, wieder Kummer.

Kurz, die Vorzimmeraffäre erreichte himmlische Höhen, beide bebten vor Glück, wegen der täglichen Nähe, der Hoffnungslosigkeit und der absehbaren Kurzzeitigkeit der Geschichte – denn beiden war klar, daß sie die bestehende Ordnung nicht zerstören durften. Eigentlich hätte jede heimliche Begegnung die letzte sein müssen. Doch dann folgte immer noch eine und noch eine.

Inga wurde schwanger – und kam zur Ruhe, als sei nun das Wichtigste geschehen. Sie kündigte und erzählte Ljonja alles, was er ohnehin bereits geahnt hatte. Wortlos liefen sie durch ihr großes Haus – es war Sommer, auch der nicht heizbare erste Stock wurde nun benutzt – und bemühten sich, nicht aufeinanderzutreffen. Schließlich taten sie es doch, und Inga bat Ljonja: »Geh.«

Ljonja ging. Seine zweite Frau und seine Tochter nahmen ihn auf, und er lebte wieder in seinem alten Haus. Ingas Wohnung im zweiten Aufgang war inzwischen neu vermietet.

Die kleine Lenotschka liebte ihren Vater schüchtern, auf Distanz. Er machte mit ihr Hausaufgaben und ging mit ihr in den Zirkus. Stellte ihr einen Computer hin, zeigte ihr, wie man die Tasten drückt, und kaufte Computerspiele. Das dickliche Mädchen, ihrer Mutter Katja nachgeraten, war mehligweiß und langweilig, nicht zu vergleichen mit den anderen Kindern, denen von Inga – die waren ständig in Bewegung, machten das Leben bunt und fröhlich. Genau wie Inga …

Dank alter Beziehungen und Katjas Einverständnis, ihren Mann bei sich anzumelden, zog er wieder in die elterliche Wohnung und fand eine gute Arbeit. Er war noch immer begehrt, denn auch in Moskau waren seine Kenntnisse in Sachen Unternehmensgründung gefragt, und seine Preise waren nicht unverschämt.

Er schickte Inga Geld. Es kam zurück. Auch beim zweitenmal. Nach einem Jahr stopfte er einen Packen Scheine in seine Aktentasche und fuhr nach Bologoje.

Als er sich dem Haus näherte, hatte er Herzklopfen. Niemand wäre auf die Idee gekommen, daß dieser dickliche, vollkommen unromantisch wirkende Glatzkopf Herzklopfen hatte vor der Begegnung mit einer Frau, die ihn nie geliebt hatte, nicht lieben konnte und niemals und um nichts auf der Welt lieben würde.

Im Vorgarten stand ein Kinderwagen. Daneben die achtjährige Lenotschka. Aljoscha kam mit einem Aufschrei aus dem Haus gerannt, und Lenotschka wedelte mit den Armen: Leise! Doch als sie Ljonja sah, schrie auch sie:»Papa! Papa ist da! Papotschka!«

Die beiden – Aljoscha mit den orientalischen Augen und Lenotschka, beide bildschön, groß und schlank, wie Kinder aus einem italienischen Film – hängten sich an ihn, stießen ihre Köpfe und Knie gegen ihn und schrien wild durcheinander. Nur Igor war nicht zu Hause, er war noch in der Schule.

Inga zog den Vorhang zurück und sah aus dem Küchenfenster. Ljonja war wieder da, der Vater ihrer Kinder, der beste Mensch auf der Welt, der Mann, der sie geliebt hatte, liebte und immer lieben würde. Ihr fehlten die Worte.

Lenotschka, die Tochter des tumben Marineoffiziers, schlug das Verdeck des Kinderwagens zurück und demonstrierte den neuen Säugling, den Ljonja nicht einmal adoptieren mußte – er war ohnehin sein Sohn.

Doch auch die andere Lenotschka, seine leibliche Tochter, mit ihm verwandt durch DNS und Blutgruppe, hatte berechtigten Anspruch auf die bewußten fünfundzwanzig Prozent.

Man kann nicht behaupten, daß Katja den zweiten Weggang ihres Mannes friedlich hingenommen hätte. Sie sagte ihm alles, was ihr auf der Seele lag. Er hörte sie mit gesenktem Kopf an, schwieg eine angemessene Weile und sagte dann: »Katjuscha, ich weiß, ich habe dir sehr weh getan. Aber versteh doch auch mich: Inga ist so zart, so verletzlich. Sie kommt ohne mich nicht zurecht. Du dagegen bist stark, du schaffst alles.«

Der älteste Sohn

Die Jüngste wuchs auf, fast ohne mit den Füßen den Boden zu berühren, denn sie wurde ständig auf den Armen herumgetragen, von den älteren Brüdern oder den nicht mehr jungen Eltern. Sie hatte drei Brüder; zwischen dem jüngsten Bruder und dem kleinen Mädchen lagen fünfzehn Jahre. Ein Nachkömmling, eine Überraschung für die Eltern in einem Alter, in dem man normalerweise schon mit Enkeln rechnet.

Der älteste Bruder, Denis, war dreiundzwanzig. Alle drei Jungen wuchsen heran, ohne jemandem Enttäuschungen zu bereiten. Sie waren schön, gesund, gut in der Schule und dachten nicht daran, im Hausflur zu rauchen oder sich in Torwegen herumzudrücken.

Dennoch hatte die Familie ein Skelett im Schrank. Das ganze Jahr über dachte niemand daran, aber am fünfundzwanzigsten November klapperte es furchteinflößend mit den Knochen und brachte sich in Erinnerung. Die Sache war die, daß Denis ein Jahr älter war als die Ehe der Eltern, darum wurde, wenn sie am fünfundzwanzigsten November ihren Hochzeitstag feierten, nie erwähnt, in welchem Jahr sie eigentlich geheiratet hatten. Das Jahr paßte nicht zum Geburtsjahr des ältesten Sohnes. Und das konnte Fragen aufwerfen. Bislang war es stets gelungen, diesen heiklen Punkt zu umgehen, aber jedes Jahr vor dem Hochzeitstag waren die Eltern nervös, besonders der Vater. Er betrank sich gleich am Morgen, damit ihm am Abend niemand mehr dumme Fragen stellen konnte.

Sie hatten viele Freunde. Einige davon, Freunde aus alten Zeiten, wußten, daß Denis unehelich geboren war, als Frucht einer stürmischen Affäre mit einem verheirateten Mann, der noch vor der Geburt des Jungen von der Bildfläche verschwand. Andere wußten nichts von diesem Geheimnis, und diese Leute, namentlich solche, die sich brennend für den exakten Ablauf vergangener Ereignisse und deren genaue Daten interessierten – Festnahme und Freilassung ihrer Dissidenteneltern, Studienabschlüsse, Scheidungen, Ausreise, Tod –, diese Leute fürchteten sie ein wenig.

Nach der Hochzeit hatte der Ehemann den einjährigen Jungen sofort adoptiert; dann kamen kurz hintereinander die nächsten beiden zur Welt, und sie lebten fröhlich, beengt, in ständigem Geldmangel, aber im Grunde sehr glücklich. Das letzte Kind, die Kleine, fügte ihrem glücklichen Leben eine neue Nuance hinzu: ein außerplanmäßiges Geschenk, ein weißblonder Engel, über alle Maßen verwöhnt.

Der jährliche Hochzeitstag rückte heran, und der Vater war wie immer besorgt. Zu allem Überfluß mußte er eine Woche vor dem Ereignis wegen irgendeiner Erledigung mit dem jüngsten Sohn auch noch zu einer alten Bekannten, einer ehemaligen Arbeitskollegin seiner Frau, die Zeugin ihrer vorehelichen Affäre gewesen war. Sie tranken etwas und waren entspannt. Der Sohn kramte in der Bibliothek, und die Hausherrin rührte aus heiterem Himmel plötzlich an die alte Wunde. Der Vater zischte sie beunruhigt an, doch die Freundin war nicht mehr zu bremsen – sie wurde puterrot, plusterte sich auf und ereiferte sich.

»Seid ihr verrückt! Wie konntet ihr das so viele Jahre verschweigen? Der Junge wird es von Fremden erfahren und erschüttert sein. Das wird doch ein Trauma! Ich verstehe nicht, wovor ihr solche Angst habt!«

»Ja, ich habe Angst, ja! Und nun halte doch bitte um Gottes willen den Mund!« Er blickte hinüber zu seinem Jüngsten, dem Achtzehnjährigen, der womöglich alles gehört hatte. Er stand vor dem offenen Bücherschrank und blätterte in uralten Ausgaben.

»Nein, das tue ich nicht!« entgegnete die alte Freundin und rief den Jungen zu sich. »Goscha! Komm mal her!«

Goscha kam nicht, legte aber das Buch beiseite und hob den Kopf.

»Weißt du, daß Denis von einem anderen Vater stammt und mit einem Jahr adoptiert wurde?«

Goscha blickte erschüttert zu seinem Vater.

»Wie, hat er denn auch eine andere Mutter, Papa?«

»Nein.« Der Vater senkte den Kopf. »Mama und ich haben geheiratet, als Denis ein Jahr alt war. Sie hat ihn davor bekommen ...«

»Das ist ja ein Ding!« staunte Goscha. »Und das weiß keiner?«

»Nein.« Der Vater schüttelte den Kopf.

»Auch Mama nicht?«

Die Freundin rutschte vor Lachen vom Stuhl.

»Nein, ihr seid ja ... Ihr seid eine Familie von Idioten!«

Auch Goscha lachte, als er begriff, daß er eine Dummheit gesagt hatte. Der Vater goß sich ein großes Glas Wodka ein und leerte es. Nun gab es kein Zurück mehr.

Die ganze Woche schlief er schlecht. Er erwachte mitten in der Nacht, konnte nicht wieder einschlafen, wälzte sich herum, weckte seine Frau, wollte mit ihr darüber reden, doch sie winkte ärgerlich ab – sie müsse früh aufstehen, sie habe keine Lust auf nächtliche Gespräche.

Er beschloß, es seinem Sohn am Fünfundzwanzigsten zu sagen; kurz bevor die Gäste kamen, wenn sie alle

Hände voll zu tun hatten in der Küche und mit dem Tischdecken – damit keine Zeit war, lange darauf herumzukauen.

Aber daraus wurde nichts. Denis blieb länger im Institut und erschien erst, als die ersten Gäste bereits saßen.

Der Vater betrank sich schleunigst, und die Mutter schimpfte mit ihm – sanft, zärtlich und lachend. Sie liebten sich nicht nur – sie bewunderten einander. Selbst wenn sie einen hysterischen Anfall hatte, wenn sie heulte und mit Gegenständen warf, selbst dann betrachtete er sie ganz ergriffen: Wie weiblich sie ist! Und wenn er betrunken war, fand sie ihn rührend, schrecklich aufrichtig und schutzbedürftig.

Die drei Jungen überließen die Plätze am Tisch im großen Zimmer den Gästen und setzten sich ganz familiär in die Küche. Zumal sie nicht zu dritt waren, sondern zu fünft, denn die beiden Ältesten hatten bereits Freundinnen. Über den Küchentisch gebeugt, eilten sie dem gemächlichen Gelage der Erwachsenen voraus und machten sich bereits über die von einem Gast mitgebrachte mehrstöckige Torte mit barocken, übersüßen Cremeverzierungen her.

Der Vater schlief ein, bevor alle Gäste weg waren. Am Morgen erwachte er verkatert, zwang sich aufzustehen und ging daran, das Geschirr vom Vortag abzuwaschen. Alle anderen schliefen noch. Als erster kam Denis in die Küche. Darauf hatte der Vater gewartet. Er kippte einen extra für den Morgen aufgesparten großen Schluck Wodka und sagte munter zu seinem Sohn: »Setz dich, wir müssen reden.«

Denis setzte sich. Sie waren alle groß, doch er, der Älteste, war über eins neunzig. Der Vater sah irgendwie elend aus, auch seine Worten klangen ungewöhnlich: feierlich und nicht gut. Der Vater stülpte die leere Flasche um; es rannen nur noch einige Tropfen heraus, er roch daran und seufzte.

Während der Vater die Brille ab- und wieder aufsetzte, die Hände wie ein Schüler vor sich auf den Tisch legte, ächzte und die Stirn runzelte, mutmaßte Denis, worum es in dem bevorstehenden unangenehmen Gespräch gehen würde: vielleicht um seine Freundin Lena. Vater würde ihn vor einer Heirat warnen. Oder um die Aspirantur, die man Denis angeboten hatte, die er aber nicht antreten wollte, weil er eine einträgliche Arbeit in Aussicht hatte.

Nein, es mußte etwas noch Ernsteres sein, der Vater war wirklich sehr nervös. Plötzlich überkam Denis eine schreckliche Ahnung: Die Eltern ließen sich scheiden! Genau! Erst vor kurzem hatte der Vater eines seiner Freunde seine Familie verlassen, und die Mutter hatte sehr darunter gelitten, sogar einen törichten Selbstmordversuch unternommen. Sein Freund hatte gesagt, früher habe man das die 48er Revolution genannt, Männer hätten auf dem Weg zum Alter häufig solche Anwandlungen – ein neues Leben zu beginnen, sich eine neue Familie zuzulegen.

Er musterte seinen Vater wie einen Fremden: Er war noch ganz passabel, das dunkelblonde Haar kaum ergraut, klare Augen, schlank, kein Fettansatz ... Er stellte sich neben ihm eins der zahlreichen jungen Mädchen vor, die oft ins Haus kamen. Ja, das wäre möglich. Durchaus. Er versuchte sich sein Zuhause ohne den Vater vorzustellen, und es durchfuhr ihn heiß.

»Denis, ich wollte dir das schon lange sagen, konnte mich aber nie entschließen, obwohl ich weiß, ich hätte schon früher ...«

Mein Gott, die Kleine ... Das ist unmöglich. Unmöglich, dachte Denis, merkte, daß er gleich losheulen würde, und kniff die Lippen fest zusammen, damit die

Mundwinkel nicht herabsanken wie bei einem beleidigten Kleinkind.

»Unser Hochzeitstag, jedes Jahr zittere ich davor, wenn er herankommt. Du bist nämlich ein Jahr vor unserer Hochzeit geboren ...«

Der Vater verstummte. Der Sohn verstand überhaupt nicht, wovon die Rede war, was der Vater ihm so qualvoll mitzuteilen versuchte.

»Wovon redest du, Papa? Gut, ich bin ein Jahr eher geboren – und?«

»Wir waren damals noch nicht verheiratet.«

»Na und? Was ist dabei?« Der Sohn verstand nicht.

»Mama und ich kannten uns damals noch gar nicht«, rief der Vater verzweifelt; er hatte die Hoffnung aufgegeben, daß dieses blödsinnige Gespräch jemals zu einem Ende käme.

»Was sagst du da? Wirklich?« Denis staunte.

»Ja. So ist das, verstehst du, Denis?«

Denis fiel ein Stein vom Herzen: keine Revolution, keine Scheidung.

»Und das ist alles, was du mir sagen wolltest, Papa?«

Der Vater fuhr mit der Hand über den Tisch. Er schüttelte die Flasche, hielt sie gegen das Licht – sie war endgültig leer.

»Na ja ...«

Blieb noch die Sache mit Lena. Denis kratzte mit den Fingernägeln einen Krümel vom Tisch.

»Ich wollte dich auch was fragen, also ... Wie findest du meine Lena?«

Der Vater überlegte eine Weile. Sie gefiel ihm nicht besonders. Aber das spielte absolut keine Rolle.

»Eigentlich ganz in Ordnung«, heuchelte er.

Denis nickte.

»Na schön. Ich hatte nämlich den Eindruck, du magst sie nicht besonders ...«

»Aber nein, im Gegenteil…« Dies war eine andere Sache, ein erzieherisches Problem, aber nicht übermäßig wichtig.

Da ging die Tür auf, und die vierjährige Kleine kam herein. Auf allen vieren. Sie spielte Hund.

Vater und Sohn stürzten gleichzeitig hin, um sie auf den Arm zu nehmen. Sie stießen mit den Köpfen zusammen. Und lachten beide. Sie lachten lange, so lange, daß die Kleine anfing zu weinen.

»Das macht ihr immer … Immer lacht ihr mich aus! Ihr solltet euch schämen! Das sag ich Mama!«

Maschas Glück

Die Braut war blutjung und zierlich, ihr Kopf war ein wenig zu groß, wie für einen anderen Körper gemacht, aber wenn man genau hinsah – eine richtige Schönheit. Doch ihr Gesicht war so lebhaft und beweglich, sie wechselte so rasch zwischen Lächeln, Lachen und Singen, daß man Mühe hatte, sie eingehend zu betrachten. Gleich nach dem Abschluß der Musikschule trat sie ihre erste Anstellung an, in der Roshdestwenski-Kirche in einem entlegenen Moskauer Vorort, wo sie bereits seit einem Jahr als unbezahlte Praktikantin im linken Chorflügel sang, und heiratete einen Sänger aus dem Kirchenchor.

Bei ihrer Trauung weinten die ortsansässigen Greisinnen vor Rührung: Die beiden waren jung und schön und gehörten zu ihnen, zu ihrer Kirche; sie mit weißem Kleid und Schleier, er im schwarzen Anzug, einen Kopf größer als sie und mit langen Zigeunerlocken, die er wie ein Pope hinten mit einem Gummi zusammenband. Zudem hießen sie Iwan und Marja. Johannes und Maria. Das klingt für russische Ohren wie Musik, wie im Märchen, so gut passen diese Namen zusammen. Gefeiert wurde die Hochzeit ebenfalls in der Kirche, im Popenhaus, einem kleinen Nebengebäude auf dem Kirchengelände. Der große Tisch war reichlich gedeckt mit Wurst und Schinken, Käse und Hering, Gurken und Tomaten. Sogar frische Kräuter gab es, eingeflogen aus dem Kaukasus – als wäre bereits Frühling. Das war es laut Kalender tatsächlich, es war die Osterwoche, doch in diesem Jahr verspätete sich die Wärme, und in der Moskauer Gegend gab es noch keine eigenen frischen Kräuter.

Die Hochzeit wirkte ein wenig streng – schließlich war eine Kirche nicht der Ort für ausgelassene Feiern, doch dafür wurde wundervoll gesungen: Ostergesänge und Volkslieder, russische und ukrainische, die Iwan seiner Mascha beigebracht hatte. Außerdem sang Mascha noch andere Lieder, in einer fremden Sprache, die nicht kirchlich klangen, aber trotzdem sehr schön waren.

Iwan zog zu Mascha nach Perlowka. Eigenen Wohnraum besaß er nicht, er stammte aus Dnepropetrowsk. Nun fuhren sie zur Chorprobe und zum Gottesdienst gemeinsam mit dem Vorortzug, und sie anzuschauen war eine wahre Freude. Jeder kannte sie, jeder mochte sie. Dann gebar Mascha pünktlich, wie es sich gehört, ihren ersten Jungen, nach anderthalb Jahren den zweiten. Dabei blieb sie schlank wie ein junges Mädchen. Die Kinder kamen mit zu den Gottesdiensten, eins im Wagen, eins auf dem Arm von Maschas Mutter. Im Chor stand Iwan eine Stufe höher als Mascha, überragte sie, und sie drehte hin und wieder den Kopf mit dem schlichten Haarknoten unterm Kopftuch, schaute zu ihm auf und lächelte, und alle neben ihr lächelten ebenfalls.

Die Gemeinde liebte diese Familie sehr, denn jeder hatte zu Hause seine Reibereien und Zerwürfnisse, und die Leute begriffen, daß alles Unglück ihnen zu Recht geschah, für ihre Sünden, denn diese beiden waren der anschauliche Beweis: Wenn man sich gut führte, wenn man fromm lebte, war alles gut.

Dann beschloß Iwan, die Geistliche Akademie zu besuchen – fürs Priesterseminar war er schon zu alt. In die Akademie aufgenommen zu werden war nicht leicht, doch er brachte besonders günstige Voraussetzungen mit: eine gute musikalische Ausbildung, viele Jahre im Kirchenchor, und mit den Jahren hatte er auch einige Beziehungen aufgebaut. Man bot ihm seit langem einen Posten als Chorleiter an, doch er wollte nicht mehr im Chor stehen, sondern vor dem Altar.

Iwan gab seinen Hauptberuf als Musiklehrer auf und bereitete sich auf die Aufnahmeprüfung vor. Mascha freute sich, machte sich aber zugleich Sorgen: Die Frau eines Popen zu sein war nicht leicht, das war eine große Bürde, und sie war noch sehr jung und viel zu lebhaft und fröhlich für ein solches Amt. Sie stellte sich vor, eines Tages würde Iwan eine Gemeinde an einem schönen Ort bekommen, in einer kleinen Stadt oder einem großen Dorf mit guten, unverdorbenen Menschen und noch unversehrter Natur – ein Flüßchen in der Nähe, Wald, ein Haus mit Terrasse … Sie malte sich das alles sehr schön aus, doch dann erschrak sie plötzlich: Wenn nun die Kinder krank wurden – im Dorf gab es doch weder Ärzte noch Krankenhaus? Sie fragte ihren Mann nach seinen weiteren Plänen: Wollte er in einer Gemeinde auf dem Land leben oder in der Stadt?

Iwan schimpfte seine Frau kurz angebunden eine dumme Gans, aber sie war nicht gekränkt. Das hatte er ja nur so dahingesagt, sie wußte schließlich von sich, daß sie keine dumme Gans war, und von ihm, daß er einen schwierigen Charakter hatte.

Iwan bestand die Aufnahmeprüfung an der Akademie. Er zog ins Wohnheim, kam nur selten nach Hause und war streng zu Mascha und den Kindern; den Ältesten, den dreijährigen Wanja, schlug er einmal sogar, und Maschas Mutter Vera weinte deswegen, sagte aber nichts. Mascha dagegen war kein bißchen bekümmert, sie zuckte nur die Achseln.

»Er ist ihr Vater, soll er sie ruhig belehren. Er tut es doch mit Liebe, nicht aus Bosheit.«

Doch Vera begriff nicht, wie man ein Kind mit Liebe

schlagen konnte, zudem für eine solche Kleinigkeit: Weil es einen Teller mit Brei umgekippt hatte.

Das Klosterleben veränderte Iwan. Früher war er eitel gewesen, hatte gern gute Anzüge mit Krawatte getragen und bunte Hemden gemocht, nun aber lief er nur noch in Schwarz herum und legte auch zu Hause seine förmliche Kleidung nie ab. Er tadelte Mascha wegen ihrer rosa Blusen und der bunten Halskette, die sie so liebte. Gehorsam nahm sie die Kette und die geflochtenen Perlenarmbänder ab, trug keinen Dutt mit farbigen Haarspangen mehr, sondern flocht sich das Haar zu einem Zopf und wand ihn zu einem langweiligen Altweiberknoten. Nur ihre Augen strahlten nach wie vor, und von früh bis spät stand in ihrem Gesicht ein Lächeln: für ihre Söhne Wanja und Kolja, für ihre Mama Vera, für das Fenster, für einen Baum davor, für Schnee und Regen. Ihr stetes Lächeln ärgerte ihren Mann, er runzelte die Stirn, wenn er sie strahlen sah, fragte, worüber sie sich so freue, und Mascha antwortete treuherzig: »Wie soll ich mich nicht freuen, wenn du hier bist!«

Und strahlte weiter.

Mascha wartete auf den Sommer, auf die Ferien, und hoffte, ihr Mann werde nach Hause kommen und sich mit den Kleinen beschäftigen. Den Kindern war er im letzten Jahr fremd geworden, der Jüngste erschrak und drehte sich weg, wenn er seinen Vater sah. Doch in den Ferien kam Iwan nicht nach Hause und reparierte das Dach, wie er es Vera versprochen hatte. Statt dessen unternahm er eine Pilgerreise in ein entlegenes Kloster. Mascha war enttäuscht, wollte ihrer Mutter aber nicht zeigen, daß sie traurig war, lächelte darum wie immer und erklärte ein wenig töricht: »Um so besser für uns, Mama! Wir vermieten das halbe Haus an Sommergäste, und im Herbst engagieren wir Handwerker und bringen das Dach in Ordnung, da brauchen wir niemanden zu bitten! Wirklich, sonst sagen die Leute noch: Ein schöner Priester – klettert selber aufs Dach!«

»Von wegen Priester, vorerst ist er ein Niemand«, knurrte Vera, verwundert über ihre Tochter: War sie wirklich so einfältig?

Sie vermieteten das halbe Haus an eine Bekannte, die regelmäßig ihre Kirche besuchte – die alte Ärztin Marina Nikolajewna. An den Wochenenden kam ihre Nichte Shenja zu Besuch, ebenfalls eine gebildete Frau. Als Iwan erfuhr, daß sie das Zimmer mit der Veranda vermietet hatten, wurde er furchtbar wütend und brüllte, aber das Haus gehörte schließlich Vera, und das sagte sie ihm auch. Daraufhin packte er seine Sachen und ging türenknallend fort.

Vera weinte und bat Mascha um Verzeihung, doch die schwieg dazu. Sie stand vorm Spiegel, flocht ihren Zopf auf, kämmte sich das Haar und machte sich einen Dutt wie früher, mit Haarspangen.

Und der kleine Wanja ging zur Tür, stellte sich auf Zehenspitzen und legte den Haken vor.

Mascha fuhr zu dem Priester, der sie getraut hatte – er war nun in einer anderen Kirche –, und erzählte ihm, welchen unglücklichen Lauf die Dinge in ihrer Familie nahmen. Er schimpfte sie aus, weil sie das Zimmer vermietet hatte, ohne ihren Mann zu fragen, und befahl ihr, künftig nicht derart eigenmächtig zu handeln. Daß ihr Mann auf eine Pilgerreise gehe, das bringe nur Nutzen und keinen Schaden.

Im Herbst besuchte Iwan Frau und Kinder und brachte Geschenke mit, die allerdings eher spirituell als praktisch waren. Mascha schenkte er eine Ikone, die er eigens hatte anfertigen lassen – Johannes der Soldat und Maria Magdalena. Mascha freute sich. Sie hatte gar nicht mehr gewußt, was sie denken sollte – ob ihr Mann sie noch liebte oder nicht –, doch dieses mit Bedacht gewählte Geschenk – ihre beiden Schutzheiligen – zeigte ihr, daß auch er unter dem Zerwürfnis litt. Am Abend fuhr er nicht nach Sagorsk, sondern blieb da. Das hatte er schon lange nicht mehr getan. Mascha freute sich unsäglich. Sie liebte ihren Mann mit Leib und Seele, und ihr Gefühl wogte in dieser Nacht wie eine Meereswelle, stark und hoch, und sie tat etwas sehr Aufregendes, das in ihrer Ehe nicht üblich war. Iwan stöhnte und schrie, und Mascha hielt ihm den Mund zu, damit die Kinder nicht erwachten.

Am Morgen ließ sich Iwan von Mascha zum Zug bringen, und unterwegs erklärte er, nun habe sie sich endgültig verraten und gezeigt, wie verdorben und lasterhaft sie sei, bislang habe sie sich nur verstellt, die Unschuldige gespielt; doch es sei ein offenes Geheimnis, daß die Kinder nicht von ihm seien, denn beide Jungen seien blond und blauäugig, statt dunkelhaarig und braunäugig wie er.

Mascha sagte nichts, sie weinte nur. Dann kam der Zug, und er fuhr zurück ins Kloster, zu seiner Priesterausbildung. Anderthalb Monate blieb Iwan weg, bis Mascha mit Wanja, ihrem Ältesten, an einem frühen Samstagmorgen ins Kloster fuhr, um vor ihren Mann zu treten und ihn zärtlich zu bitten, wieder nach Hause zu kommen. Sie traf mitten im Gottesdienst ein. Iwan stand im Chor und würdigte sie keines Blickes, obwohl sie sich ganz dicht vor den Chor stellte. Er war sehr schön, aber sein Gesicht wirkte drohend, sein Bart, der früher kurz war, reichte ihm nun bis zur Brust, und er war stark abgemagert.

Als der Gottesdienst zu Ende war, ging sie auf ihn zu, doch er schob sie beiseite, wie man einen Vorhang wegschiebt. Nicht einmal Wanja sah er an. Mascha wurde bange, besonders erschreckten sie seine Augen, die starr geradeaus gerichtet waren und an ihnen vorbeischauten – wie auf der Ikone »Christus das grimme Auge«. Sie spürte, daß ein Unheil hereingebrochen war, das sie sich nicht erklären konnte.

Mascha fuhr nie mehr in die Akademie, und Iwan ließ sich bis zum Frühling nicht zu Hause blicken. Im Frühjahr kam er, blieb vor dem Haus stehen, rief sie heraus und sagte, die Sache sei entschieden: Sie solle die Scheidung einreichen, ihre Ehe sei ungültig, sie müsse annulliert werden.

Mascha verstand nicht.

»Du willst dich von uns scheiden lassen?«

»Nein, das ist keine Scheidung, die Kinder sind nicht von mir, alles war Betrug.«

Mascha lächelte scheu, weinte aber gleich darauf.

»Wanja, ich war doch Jungfrau, als ich dich geheiratet habe, du bist mein erster und einziger ...«

»Du bist eine Magdalena, aber eine ohne Reue. Ich erkenne diese betrügerische Ehe nicht an«, sagte Iwan hart und sah seiner Frau dabei nicht einmal ins Gesicht.

»Aber wir sind doch getraut, Wanja! Vor Gott ...« stammelte Mascha unter Tränen – vergebens.

»Man wird der Scheidung stattgeben. Betrügerische Ehen werden geschieden!« sagte Iwan, als sei bereits alles beschlossen.

»Und die Kinder?« Mascha weigerte sich noch immer hartnäckig, ihr fragwürdiges Glück zu verlieren.

»Die Kinder? Die Kinder sind nicht von mir! Geh, laß einen Test machen, der wird dasselbe sagen – sie sind nicht von mir!«

»Ich mache den Test! Wanja, es sind unsere Kinder, Kolja ist dir doch so ähnlich, nur daß er blond ist, und Wanja, sieh nur, seine Haare sind schon dunkler geworden, wenn er groß ist, werden sie genau wie deine ...« Mascha versuchte noch immer, dem Gespräch eine gute Wendung zu geben, doch es war ein Kampf gegen den

Irrsinn. Er hatte bereits von Iwan Besitz ergriffen, seine Vernunft jedoch noch nicht völlig besiegt, deshalb wurden die wilden Verdächtigungen in eine logische Form gekleidet. Iwan zählte Maschas sämtliche Vergehen auf: Drei Tage nach der Hochzeit habe sie ihre Freundin besucht, ob sie aber dort gewesen sei oder nicht, ließe sich nun nicht mehr nachprüfen, er aber wisse, daß sie nicht dort war; zweimal sei sie mit ihrer Mutter zu einem Konzert gegangen, aber das Programm sei ein ganz anderes gewesen, als sie ihm erzählt habe ... Betrug, ständig Betrug! Und vor allem: Bei seinem letzten Besuch habe sie sich selbst überführt, ihre ganze Verdorbenheit enthüllt. Da habe sie sich ihm gegenüber benommen wie eine Straßenhure ...

Und so weiter und noch vieles mehr, was Mascha in ihrer Verblüffung nicht alles behielt. Er hatte ihr doch früher nie dergleichen vorgeworfen, hatte er das etwa all die Jahre in sich getragen?

Die Ehe wurde geschieden, weltlich und kirchlich, und Iwan erhielt eine Bescheinigung vom Büro des Patriarchen. Vera staunte: Die Ehe war doch ein heiliges Sakrament, wie konnte man das für ungültig erklären? Und die Taufe? Und die Aussegnung? Und die Kommunion? Konnte man die auch aufheben?

Mascha ließ die Kinder auf ihren Mädchennamen umschreiben. Als wären es nur ihre Kinder, ohne Beteiligung eines Vaters geboren. Iwan schloß das Studium ab und wurde zum Mönch geweiht. Damit stand ihm eine große Karriere offen. Das erfuhr Mascha von anderen, nicht von ihm.

Sie war nicht weniger bekümmert als verwundert, das Erstaunen überwog alle übrigen Gefühle. Sie hüllte sich in ein schwarzes Kopftuch, als trage sie Trauer, doch auch dieses schwarze Tuch stand ihr ausnehmend gut. In der Kirche waren alle freundlich zu ihr, aber natürlich wurde auch getratscht. Schließlich hatte sie nun ein interessantes unglückliches Schicksal.

Der Sommer war außergewöhnlich heiß, das schwarze Tuch brannte auf dem Kopf, und Mascha war seiner bald überdrüssig.

Sie hatte nun zwei Arbeitsstellen: in der Kirche und im Volkschor des Kulturhauses. Wanja wurde auf die Einschulung vorbereitet, er war erst sechseinhalb, aber sehr gescheit, hatte selbständig lesen gelernt und wollte unbedingt in die Schule. Doch mit dem Schreiben haperte es noch, also übte Mascha in ihrer gesamten Freizeit mit ihm Häkchen und Stäbchen malen. Auch ihre Sommermieterin Marina Nikolajewna und deren Nichte Shenja übten mit ihm. Eines Tages brachte Shenja den Sohn von Freunden aus Riga mit, den siebzehnjährigen Serjosha, der bei der Aufnahmeprüfung für die Uni durchgefallen war und nach seiner betrüblichen Niederlage eine Weile auf dem Land bleiben wollte. Diesen Serjosha liebten Maschas Kinder bald wie einen nahen Verwandten. Sie hängten sich an ihn, wichen ihm nicht von der Seite; er war sehr lieb zu ihnen, immer fröhlich, und sie spielten wie Gleichaltrige miteinander.

Serjosha hatte ein wenig Ähnlichkeit mit Mascha: Wie sie war er klein und blond, auch sein Kopf war etwas zu groß geraten. Doch er ähnelte nicht der jetzigen Mascha, sondern dem Mädchen, das sie vor ihrer Heirat gewesen war. Auch in ihrer Unschuld glichen sie einander.

Am letzten Abend vor seiner Abreise, als die Kinder im Bett lagen und das ganze Haus schlief, saßen sie auf der Treppe und fühlten sich plötzlich so stark zueinander hingezogen, daß sie sich bei den Händen faßten und sich ein wenig küßten; dann wurden die Küsse auf der Bank im Gartenpavillon heftiger, und wie von selbst, ohne Absicht, leicht und freudig, umarmten sie sich ganz fest. Am Morgen reiste Serjosha ab, und Mascha winkte ihm fröhlich und freundschaftlich nach. Einige Zeit später merkte sie, daß sie schwanger war. Sie suchte nicht nach Serjosha – er trug ihr gegenüber keine Schuld. Überhaupt trug niemand irgendeine Schuld. Mascha grämte sich nicht, sie war nach wie vor lieb und freundlich zu allen und sang im Chor. Betrübt war ihre Mutter, weil Maschas Leben so schwierig wurde, aber sie machte ihr keine Vorwürfe und stellte keine Fragen.

Als der Bauch sichtbar wurde, erklärte ihr die Kirchenälteste, eine strenge, aber gerechte Frau, es wäre wohl besser, wenn sie den Chor von sich aus verließe. Mascha ging zum Priester. Das war nun einmal ihre Gewohnheit – wenn sie etwas entscheiden mußte, holte sie sich dafür priesterlichen Segen. Der Priester war alt und unaufmerksam, aber Mascha erzählte ihm von ihrer Schwangerschaft. Er überlegte kurz, betrachtete ihren fischförmig gewölbten Leib, nickte und sagte: »Einstweilen kannst du ruhig noch kommen.«

Aber Mascha fühlte sich unbehaglich; sie meinte, hinter ihrem Rücken würde getuschelt. Sie betete sogar zur Gottesmutter um Schutz vor fremden Augen. Einmal ärgerte sie sich ganz besonders: Der Ikonostas wurde gerade restauriert, und die beiden fremden Männer standen fast direkt vor ihr und redeten über sie. Da trat sie in einem Anfall von Verwegenheit zu ihnen und sagte: »Alles, was man euch über mich erzählt, ist die Wahrheit. Mein Mann hat mich und die Kinder verlassen und ist jetzt wahrscheinlich Mönch, und nun bin ich auch noch schwanger. So ist das.«

Sie drehte sich um und ging.

Der ältere der beiden Meister starrte sie seitdem ständig an, doch sie wandte sich stets ab. Es war wie eine Art Spiel zwischen ihnen: Er suchte ihren Blick, und sie schaute dicht an ihm vorbei. So sahen sie sich zwei Monate lang an; die Restaurierungsarbeiten gingen allmählich zu Ende, genau wie Maschas Schwangerschaft. Eines Tages, kurz vor Weihnachten, nach einem langen Gottesdienst, trat er zu ihr und sagte: »Sie müssen mir nicht sofort antworten, lassen Sie sich Zeit bis morgen. Ich möchte Sie heiraten. Ich meine es ernst, ich habe mir das gründlich überlegt.«

Mascha mußte plötzlich lachen und antwortete: »Warum soll ich lange darüber nachdenken? Ich heirate Sie.«

Damit ging sie fort, und er stand verblüfft da: Machte sie sich vielleicht lustig über ihn? Oder hatte sie sich tatsächlich so rasch entschieden?

Mascha kam spät nach Hause, aber ihre Mutter lag noch nicht im Bett, sie hatte auf sie gewartet, denn sie machte sich große Sorgen um ihre Tochter. Mascha verkündete schon auf der Schwelle: »Mama, heute hat mir jemand einen Heiratsantrag gemacht.«

»Trinkst du noch einen Tee mit?« fragte die Mutter und überhörte Maschas Worte, die sie für einen albernen Scherz hielt.

»Mama, der Maler, der den Altar restauriert, hat mir einen Heiratsantrag gemacht.«

Vera winkte ab.

»Mama, das ist kein Witz ...«

»Wie heißt er denn?«

»Das hab ich ihn gar nicht gefragt. Mach ich gleich morgen.«

Sie heirateten sehr bald, noch vor der Geburt des Sohnes, den sie Tichon nannten. Alexander erwies sich als der beste Ehemann der Welt. Wenn er zu Hause war, hatte er ständig das Neugeborene auf dem Arm und bewunderte es, und wenn er zur Arbeit mußte, kam er zweimal zurück, um es noch ein letztes Mal zu betrachten. Die älteren Jungen sagten sofort Papa zu ihm und schrieben auf ihre Schulhefte, auf denen ein Vaters-name eigentlich nicht üblich ist: Tischkow Iwan Alex-androwitsch und Tischkow Nikolai Alexandrowitsch. Als Tichon Tischkow in die Schule kam, wurde ein weiterer Sohn geboren. Mascha war ein wenig enttäuscht – sie hätte gern ein Mädchen gehabt.

Von ihrem ersten Mann ging das Gerücht, er habe ein hohes Amt erreicht, sich dann aber erhängt. Als Mascha davon erfuhr, bekreuzigte sie sich und sagte: »Friede seiner Seele, wenn das stimmt.« Und dachte: Wenn er uns nicht auf so grausame Weise verlassen hätte, wäre ich Alexander nie begegnet. Gott sei Dank für alles!

Ein Sohn großzügiger Eltern

Grischa Raisman hatte bereits als Halbwüchsiger ein Auge verloren – durch einen Unfall auf dem Hof und die anschließende mißglückte medizinische Behandlung. Er bekam eine Prothese, ein Glasauge, was jedoch kaum auffiel, denn er trug ohnehin eine Brille – das gesunde Auge war kurzsichtig.

Mehr als alles auf der Welt liebte Grischa die Poesie; auch er selbst dichtete. Diese Liebe blieb nicht gänzlich unerwidert, denn hin und wieder waren seine Gedichte so gut, daß sie in der Zeitung abgedruckt wurden. Den ganzen Krieg hindurch, vom ersten bis zum letzten Tag und noch ein wenig darüber hinaus, war Grischa Kriegsberichterstatter, und zwar nicht bei der Armeezeitung »Krasnaja swesda«, sondern bei einer Regimentszeitung. Eingeweihte kennen den Unterschied: Regimentskorrespondenten waren immer an der vordersten Front.

Am besten waren Grischas Kriegsgedichte, und selbst als der Krieg vorbei war, konnte er sich nicht von diesem Thema lösen und schrieb weiter über die Soldaten, »die in Berlin gefallen noch im Mai, als der Krieg schon fast vorbei«. Nach der Demobilisierung trug er noch lange Uniform und Stiefel, selbst als alle ehemaligen Soldaten diese längst gegen Stiefeletten oder Filzstiefel getauscht hatten. So ging er auch in die Redaktionen – ein magerer kleiner Jude in schneidigem Aufzug, mit runder Brille und einer Papirossa zwischen Zeige- und Mittelfinger der Linken.

Für alle normalen Menschen war der Krieg vorbei, alle strebten so rasch wie möglich in die Zukunft, weit weg von den Leiden des Krieges, er aber hing mit ganzem Herzen an der rauchenden, blutigen Vergangenheit und schrieb über Soldaten und Leutnants, über Flußüberquerungen und die einfachen Helden des Krieges. Und natürlich auch über den großen Führer.

In einer Redaktion lernte er das nette Mädchen Bela kennen. Ihren Spitznamen Bela Langbein verdankte sie nicht nur ihren langen, schlanken Beinen, sondern vor allem ihrem freundlichen Wesen − wäre sie eine Zicke gewesen, hätte man ihr einen anderen Namen verpaßt: Bela Langnase. Grischa verliebte sich und heiratete sie. Bela war ein wenig älter als Grischa. Ihre Familie war in Babi Jar erschossen worden. Außerdem hieß es, sie habe ihren Bräutigam an der Front verloren und Grischa nicht aus großer Liebe geheiratet, sondern aus Sympathie und weil sie gern eine Familie haben wollte, vor allem ein Kind.

Bela besaß ein Zimmer in der Karetny-Gasse, und sie lebten wunderbar zusammen − einträchtig und fröhlich. Nur mit einem Kind klappte es nicht. Ein Jahr verging, ein zweites, und Bela ließ sich von verschiedenen Ärzten untersuchen. Sie stellten fest, daß bei ihr alles in Ordnung war, rieten zu einer Untersuchung ihres Mannes und fanden bei ihm eine seltene Funktionsstörung: Er war zwar handlungs-, aber nicht zeugungsfähig. Bela fühlte sich betrogen, Grischa lief mit hängendem Kopf herum − obwohl unschuldig, stand er vor seiner Frau dennoch da wie ein Betrüger.

Es vergingen ein, zwei weitere Jahre, die Nachkriegserwartungen erfüllten sich nicht, das Leben wurde nicht besser und nicht fröhlicher − abgesehen von der komischen Geschichte mit den Kosmopoliten, die Grischa zutiefst verwirrte. Er war ein einfacher Sowjetmensch,

Patriot und Internationalist, und die Kosmopolitismus-Affäre stürzte ihn als Juden in einen Konflikt zwischen der Generallinie der Partei und der Generallinie seines redlichen Herzens. Er bemühte sich, alles auf einen gemeinsamen Nenner zu bringen, um zu einer einfachen, richtigen Lösung zu gelangen. Aber die Rechnung ging nicht auf, und er litt. Just auf dem Höhepunkt dieser schweren Zeit setzte sich Bela vor Grischa hin, legte die schönen manikürten Hände auf den Tisch und erklärte, sie sei schwanger. Schlagartig waren die Kosmopoliten vergessen. Bela gestand, sie habe eine Liebesaffäre mit einem Wissenschaftler, einem Geheimnisträger, und sie wolle das Kind zur Welt bringen. Sie war schon über dreißig – es war höchste Zeit.

Das war schlimm für Grischa, aber er benahm sich wie ein Mann: Er zeigte nicht, wie sehr ihn die Nachricht traf, im Gegenteil, er sagte zu Bela, sie solle sich, da das Kind nun einmal nicht von ihm sei, vollkommen frei fühlen, er sei bereit, sofort auszuziehen, und wünsche ihr Glück in ihrer neuen Ehe.

»Nein, Grischa. Ich werde diesen Mann niemals heiraten. Erstens ist er verheiratet, und zweitens, selbst wenn er frei wäre, würde er keine Jüdin heiraten. Das darf er als Geheimnisträger nicht«, sagte Bela und strich mit ihren weißen Händen über das blaue Wachstischtuch.

Das erschien Grischa so bitter und kränkend für sie, daß er ihr die Hände küßte.

»Bela, meine Liebe, du weißt, wie sehr ich dich liebe. Wenn du diesen Mann nicht heiraten willst, dann soll es unser Kind sein, wir vergessen diese Geschichte, und Schluß ...«

Bela schwieg eine Weile und sagte, was sie dachte: »Es wird sowieso deins sein.«

Doch Grischas Dankbarkeit hatte auch ihre Grenzen, deshalb setzte er hinzu: »Ja, es wird mein Kind sein. Aber verstehst du, Bela, das Kind soll auch wissen, daß es meins ist. Darum stelle ich eine Bedingung: Daß du diesen Mann nie wiedersiehst, dich nicht mehr mit ihm triffst und daß er möglichst nichts von dem Kind erfährt.«

»Gut, Grischa.«

Bela stand auf, umschlang den Kopf ihres Mannes und küßte ihn auf sein einziges Auge. Damit war alles entschieden.

Der kleine Mischa wurde so sehr Grischas Kind, daß er Grischa teurer war als sein einziges Auge. Der junge Vater, der noch nie etwas anderes in der Hand gehalten hatte als Bleistift und Wodkaglas, wollte das Kind dauernd aus dem Bett zerren, doch Bela sprang stets auf und entriß es ihm.

»Grischa! Du wirst ihn noch fallen lassen!«

Also stellte Grischa sich brav ans Fußende des Bettchens und trug seinem Sohn Gedichte vor – Majakowski, Bagrizki, Tichonow – auf Zuwachs. Bela lachte.

»Lies ihm lieber Tschukowski* vor!«

Doch in diesem zarten Alter war es dem Kleinen völlig gleichgültig, welche Gedichte sein Nuckeln und Pupsen begleiteten.

Mischa wuchs als normales jüdisches Wunderkind auf. Märchen interessierten ihn nicht die Bohne. Seinen literarischen Geschmack entwickelte er mit vier Jahren: Er bevorzugte die Mythen und Sagen der griechischen Antike; mit den berühmten russischen Nacherzählungen von Kun lernte er lesen. Von den Göttern wechselte er rasch zu den Helden. Der Trojanische Krieg fesselte ihn bedeutend mehr als der ihm vorangegangene Streit der Götter. Wie die Götter auf Schlachtfeldern mit den Men-

* Populärer russ. Kinderdichter. Anm. d. Ü.

schen spielten, so spielte Mischa mit Soldaten und fühlte sich dabei als Oberkommandierender der Welt.

Der erste Krieg, den er auf dem großen Eßtisch nachspielte, war der Peloponnesische. Das waren genaugenommen mehrere Kriege, und diese Schlachten zwischen Athen und Sparta stellte er unermüdlich nach. Mit der Zeit verlagerte die Familie die Mahlzeiten an den kleinen Tisch neben der Tür, damit die Truppen nicht jedesmal evakuiert werden mußten. Wenn Bela Mischa aufforderte, die Soldaten vom Eßtisch zu räumen, protestierte Grischa: »Bela! Laß den Jungen in Ruhe!«

Der Vater holte die verstaubte »Weltgeschichte« vom obersten Regal, und Mischa schritt von den Griechen weiter zu Alexander dem Großen sowie zu Pyrrhus, Kyros und anderen Feldherren. Am Ende der Grundschule hatte Mischa sämtliche großen Schlachten der Weltgeschichte durchgespielt, einschließlich der Panzerschlacht am Kursker Bogen.

Grischa war unbändig stolz auf seinen Sohn und fürchtete anderseits sehr, Bela könnte ihn zu sehr verwöhnen, ein Muttersöhnchen aus ihm machen. Deshalb nahm er ihn oft mit, wenn er sich mit Regimentskameraden traf. Der neunte Mai war ihr gemeinsamer Feiertag. Die Männer des letzten Krieges mit Orden und Ordensbändern am Revers, der hinkende Biologe Boris und der einarmige Brückenbauer Onkel Vitja Golubez – sie alle waren für den Jungen Helden, und er war stolz auf seinen einäugigen Vater, der von seinen Freunden so geliebt wurde. Sie trafen sich meist im Kulturpark, gingen in ein billiges Lokal mit klebrigem Wachstuch auf den Tischen, tranken Bier mit Wodka und aßen Krebse dazu, und auch Mischa bekam einen Krug Bier, das er von klein auf für das eigentliche Männergetränk hielt. Er bewunderte seinen Vater, der – klein, mager und einäugig – von seinen Kameraden nicht nur als Gleicher unter Gleichen behandelt, sondern sogar besonders geachtet wurde: In jenen Jahren sang das ganze Land seine zu Liedern vertonten Gedichte. Es waren wirklich schöne Lieder – voll lebendiger Trauer um den nicht heimgekehrten Soldaten; sie besangen bitteres Wermutkraut auf staubiger Erde, den süßen Rauch des Vaterlands ...

Ausgerechnet der sympathischste von Vaters Freunden, der Biologe Boris, zerstörte ihre Familienidylle. An einem gewöhnlichen Wintertag ging er gegen Mittag die Gorkistraße entlang und stieß vorm Hotel »National« mit Bela zusammen. Sie hing am Arm eines vornehm aussehenden Herrn und zwitscherte hell und freudig. Als sie Boris entdeckte, wandte sie sich ab. Aus einem schwarzen Wolga sprang ein Chauffeur und öffnete die Wagentür. Bela schlüpfte auf den Rücksitz. Das roch nach Ehebruch.

Der hinkende Boris schlief die ganze Nacht nicht, hin- und hergerissen zwischen ehrlicher Wahrheit und gemeinem Schweigen. Der Gedanke an ehrliches Schweigen kam ihm nicht in den Sinn. Am nächsten Tag traf er sich mit Grischa im Bierlokal am Belorussischen Bahnhof und schilderte ihm die Lage der Dinge. Die Begegnung der Frontkameraden dauerte genau fünf Minuten. Grischa hörte sich den Bericht an, schob seinen Bierkrug beiseite und sagte lauter, als es den Umständen angemessen war: »Meine Frau ist über jeden Verdacht erhaben, und du, Boris, bist ein Schwätzer und ein Hundesohn.«

Damit ließ er Boris wie bespuckt zurück.

Dann rief Grischa seine Frau an und sagte, er müsse für einige Tage auf eine Dienstreise. Er fuhr nach Smolensk, zu einem anderen Frontkameraden. Dort verbrachte er, mäßig trinkend, drei Tage mit alten Kriegserinnerungen und ohne ein Wort über das Ereignis, das ihn veranlaßt hatte, von zu Hause zu fliehen.

Im Nachtzug nach Hause überlegte er die ganze Zeit, was nun werden sollte. Er hegte keinen Verdacht gegen seine Frau – er war sich sofort sicher: Der geheime Mann, Mischas Vater, existierte noch immer in Belas Leben, und dagegen war nichts zu machen. Er malte sich aus, wie er ihr ihre Untreue vorwerfen würde, wie sie anfinge zu weinen, dann würde Mischa aufwachen, und sie müßten ihm etwas vorlügen ...

Auch Bela hatte drei schwere Tage. Sie stellte sofort eine Verbindung her zwischen der Begegnung mit Boris und der plötzlichen Abreise ihres Mannes, rief in der Redaktion an und erfuhr, daß man dort nichts von einer Dienstreise wußte, wahrscheinlich sei er im Auftrag einer anderen Zeitung unterwegs. Am liebsten hätte sie Boris angerufen und ihn gefragt, was er Grischa erzählt hatte, unterließ es aber. Er konnte nur gesagt haben, was er gesehen hatte, und gesehen hatte er sie mit dem geliebten Mann, mit dem sie sich höchstens einmal im Jahr traf, wenn er aus seinem geheimen Ort nach Moskau kam. Diese Rendezvous waren schwierig zu organisieren – kurze Begegnungen am Vormittag, nachdem Bela Mischa in die Schule gebracht hatte –, und jedesmal fühlte sie sich wie von einem brennenden Blitz getroffen.

Bela liebte ihren Sohn und ihren Mann so sehr, daß sie ihr Leben für sie hingegeben hätte. Doch für jenen, der sie hin und wieder besuchte, hätte sie ihre unsterbliche Seele gegeben.

In den drei Tagen ohne Grischa war sie nervös, ließ Tassen fallen, schrie sogar Mischa an. Und traf eine Entscheidung: Alles sollte so sein, wie Grischa es wollte. Sie hegte keinerlei Zweifel, daß der hinkende Boris sie denunziert hatte.

Grischa kam mit dem Morgenzug. Wie immer brach-te er Geschenke mit – ein großes Leinentischtuch aus Smolensk mit passenden Servietten und für Mischa ein Buch, das aus lauter leeren, weißen Blättern bestand. Un-begreiflich, wo er das aufgetrieben hatte – so etwas gab es in keinem Laden.

Und das war's. Kein Wort. Äußerlich war alles wie im-mer. Innerlich aber – Verletztheit, Bitterkeit und Schuld-gefühle.

An Grischas Geburtstag am neunzehnten April, dem Tag des Durchbruchs auf den Seelower Höhen – den sie beide, er und Boris, überlebt hatten; ein Wunder! –, blieb Boris zum erstenmal in all den Jahren weg. Bela fragte nicht, warum.

Während der Schulzeit war Mischa oft krank. Am dritten Krankheitstag blätterte er meist die Schulbücher durch und eilte dabei weit voraus. Dieses Vorauseilen wurde zur Gewohnheit: Wenn sie am Schuljahresende die Bücher für die nächste Klassenstufe bekamen, las er sie sofort. Nach ein, zwei Tagen hätte er eine Klasse überspringen können. Doch damals gab es noch keine Schulen für hochbegabte Kinder, und Mischa wich aus in ein paralleles Leben in diversen Arbeitsgemeinschaf-ten. Das begann in Koktebel auf der Krim, wo Gri-scha jedes Jahr mit seiner Familie im Schriftstellerheim Urlaub machte. Dort existierte seit Woloschins Zeiten eine Künstler- und Schriftstellerkolonie, und einer dieser Moskauer Sommergäste war der Philosoph und Hobby-astronom Valentin Ferdinandowitsch, der den Kindern gern den Sternenhimmel zeigte, und zwar durch ein richtiges Teleskop. Mischa hatte das Glück, in den aus-erwählten Kreis von Himmelsbeobachtern aufgenom-men zu werden. Der chaotisch mit Sternen übersäte süd-liche Himmel organisierte sich zu Sternbildern, und das sinnlose Gewimmel wurde den Mythen und Sagen der

Antike zugeordnet. Es war eine aufregende Entdeckung für Mischa, daß es einen solchen Zusammenhang gab, einen Zusammenhang, der viel komplizierter war als zu Hause auf dem Eßtisch, wo die feindlichen Regimenter agierten, oder auf dem Schachbrett, wo die Zusammenhänge zuweilen auch sehr kompliziert waren, aber doch nachvollziehbar. Eigentlich war es weniger eine Entdeckung denn deren Vorahnung; so spürt ein Wünschelrutengänger auf unerklärliche Weise eine tief in der Erde sprudelnde Quelle, die man erwecken kann.

Nach Moskau zurückgekehrt, besuchte Mischa nun jeden Sonnabend einen Astronomiezirkel im Planetarium. Bela ließ die Hausarbeit liegen, brachte den Jungen zur Metrostation Sadowo-Triumfalnaja und wartete dann zwei Stunden im Foyer vor der Kasse auf ihn. Zwei Jahre lang schwebte er am Himmel, bis er herausfand, was ihn an dieser Beschäftigung am meisten interessierte: die mathematische Analyse der Heisenbergschen Unschärferelation. So stieß Mischa auf einen Gedanken, den er damals noch nicht formulieren, aber bereits ahnen konnte: Die physikalische Welt liefert den Anlaß für mathematische Konstruktionen, die Mathematik entsteht aus der Physik der Welt.

Mischa fing Feuer für die Mathematik und besuchte nun statt des Planetariums einen Mathematikzirkel an der Universität. Die Mathematik dort unterschied sich grundlegend von der in der Schule: Als hierarchische Wissenschaft paßte sie wunderbar in die Welt zwischen den Mythen und Sagen der griechischen Antike und dem Sternenhimmel. Zuerst entdeckte er die vielfältige, reiche Welt der Zahlen, dann die Mengenlehre mit ihren erstaunlichen Eigenheiten: Eine unendliche Menge konnte verblüffenderweise mehr Punkte enthalten als eine andere, ebenfalls unendliche Menge.

In jenem Jahr belegte Mischa den zweiten Platz bei

der nationalen Mathematikolympiade. Grischa, der wie jeder echte Schöngeist einen furchtsamen Widerwillen gegen die Mathematik hegte, betrachtete die Begabung seines Sohnes mit Respekt. Der rotwangige, infantile zarte Junge verstand etwas von Dingen, von denen Grischa keine Ahnung hatte.

Als Mischa vierzehn geworden war, machte seine Mutter ihn mit einem alten Freund bekannt. Mischa sollte den neuen Pullover anziehen und sich kämmen. Er fuhr sich mit der Bürste durch die unbändigen Locken. Die Mutter zog ein kurzes Seidenkleid an und schminkte sich die Lippen sorgfältig zu einem roten Herzen. Bereits am Vortag war sie beim Friseur gewesen: Ihr Haar war auf der Stirn hochtoupiert und an den Seiten zu Halbmonden frisiert.

»Was für eine alberne Frisur«, bemerkte Mischa. Enttäuscht rannte Bela zum Spiegel und kämmte an ihren Haaren herum.

Ihr alter Freund holte sie in einem Auto mit Chauffeur ab. Sie stammten aus einer anderen Welt, das schwarzglänzende Auto ebenso wie der Freund selbst, der groß war wie ein Basketballspieler, schön wie ein Filmschauspieler und am Revers seines grauen Jacketts den goldenen Stern des Helden der Sozialistischen Arbeit trug. Selbst der Chauffeur machte Eindruck – auch er war groß und hielt sich straff und gerade; seine verstümmelte Hand lag entspannt auf dem mit einer Art Netz bespannten Lenkrad. Er sah aus, als hätte er eine Pistole in der Tasche.

Der alte Freund stieg aus dem Auto, gab der Mutter und Mischa die Hand. »Andrej Iwanowitsch«, stellte er sich vor. Mischa knurrte undeutlich: »Tag«, und der Mann sagte sofort: »Sehr angenehm.«

Andrej Iwanowitsch musterte Mischa mit aufrichtigem Interesse.

Der Chauffeur öffnete den hinteren Wagenschlag, und Mischa bemerkte aus den Augenwinkeln, daß vier seiner Hauptfeinde in der Nähe der Haustür standen. Als seine Feinde betrachtete er sie eigentlich nur aus alter Gewohnheit: Sie hatten ihn einmal verprügelt, als er etwa acht gewesen war, danach hatte sich Mama Papa gegenüber durchgesetzt und Mischa nicht mehr allein hinausgehen lassen, sie war mit ihm nur noch im Eremitage-Garten spazierengegangen. Mischas Laune besserte sich sogleich – seine Feinde würden ihn nun zwar nicht lieben, ihn aber auf jeden Fall mit mehr Respekt betrachten. Sie gingen in die Berufsschule und wußten nicht, was für ein kluger Kerl der bebrillte kleine Jude war. Hätten sie es gewußt, würden sie ihn noch mehr verachtet haben.

Sie fuhren zum Hotel »National«. Die Portiers und Kellner lächelten dem Helden zu wie einem alten Bekannten, rissen die Türen vor ihm auf und verbeugten sich respektvoll und ein wenig devot.

Am Tisch wechselten die Erwachsenen lange Blicke, schwiegen vielsagend und redeten wenig. Doch das Essen blieb Mischa in allen Einzelheiten in Erinnerung: Salat aus weißrosa Krabben, schwarzer Kaviar in weißen Butterröschen, gebratene Hähnchenkeulen, aus denen ihm, als er mit der Gabel hineinstach, die Butter ins Gesicht spritzte, und allerlei Kuchen und Eis in Schälchen, mit kleinen Gabeln dazu anstatt gewöhnlicher Teelöffel.

Mamas alter Bekannter sah, daß Mischa ganz mit der Nahrungsaufnahme beschäftigt war, und lenkte ihn nicht davon ab. Als Mischa alles aufgegessen hatte und sich in seinen Stuhl zurücklehnte, die Wange butterglänzend, fragte ihn Andrej Iwanowitsch, ob er sich noch immer für – Spielzeugsoldaten, hätte er beinahe gesagt, korrigierte sich aber rechtzeitig – für Militärgeschichte interessiere. Mischa war verlegen wegen der Soldaten, er wollte nicht, daß der Held ihn für einen kleinen Jungen hielt, und antwortete ausweichend: »Na ja, es gibt noch viele andere interessante Dinge. Die Astronomie zum Beispiel ...«

Mischa ahnte nicht, daß der Mann mit dem Heldenstern, renommierter Wissenschaftler und einer der Väter des sowjetischen Raketenbaus, ihm gegenüber in einem Zwiespalt war: Er hatte der rührenden, seit vielen Jahren in ihn verliebten Frau sein Wort gegeben, das Kind ihrem Mann zu überlassen und zu vergessen, daß er es gezeugt hatte, und erst jetzt, nach so vielen Jahren, hatte er sie gebeten, den Jungen kennenlernen zu dürfen. Er musterte den bebrillten jüdischen Jungen mit den Butterspuren auf der Wange verstohlen von der Seite. Vor einem Jahr hatte er seinen Sohn verloren – einen gutaussehenden Lümmel und Sportler. Er hatte das Auto seines Vaters aus der Garage geholt und war zwanzig Minuten später auf der nassen Chaussee bei Arsamas verunglückt.

Dieses Zufallskind, gegen dessen Zustandekommen er sich so sehr gesträubt hatte, war nun der einzige Sproß an dem bewußten Baum, den ein Mann pflanzen soll. Abgesehen natürlich von den stählernen Raketen am Himmel und den goldenen Auszeichnungen, die man einst auf einem roten Samtkissen vor seinem Sarg hertragen würde.

Der Chauffeur setzte sie nicht direkt vor ihrem Haus ab, sondern ein Stück davor, auf der Petrowka, was Mischa sehr bedauerte. Bela hielt in einer Hand ihre rote Handtasche, in der anderen Mischas Hand. Sie liefen schweigend. Mischa verdaute seine Eindrücke. Kurz vor ihrem Haus fragte die Mutter: »Sag mal, Mischa, wenn sich herausstellen sollte, daß du einen anderen Vater hast ...«

»Wie meinst du das?« fragte Mischa erstaunt.

»Na ja, eben nicht unseren Papa, sondern einen anderen«, erklärte die Mutter.

»Nur als Annahme?« fragte er ernsthaft.

»Ja, ja, nur als Annahme.« Seine Mutter kicherte dümmlich.

»Ich liebe Vater sehr. Aber wenn ich diese Annahme als gegeben hinnehmen sollte, würde ich ihn noch mehr lieben. Und achten ...«

Sie kamen nie wieder auf dieses Thema zu sprechen.

Bela war verlegen – diese Bemerkung war überflüssig gewesen; bei Mischa mußte man vorsichtig sein. Er war ein seltsamer Junge – manchmal sehr naiv für sein Alter, und manchmal ... Nein, nein ...

Andrej Iwanowitsch rief Mischa nun hin und wieder an. Sie trafen sich gewöhnlich vorm »National«, aßen zusammen und unterhielten sich über die Wissenschaft. Andrej Iwanowitsch war nicht nur Wissenschaftler, er hatte auch seine eigene Philosophie, und die Gespräche mit ihm waren für Mischa hochinteressant. Andrej Iwanowitsch schien kein hundertprozentiger Materialist zu sein – er sprach von der Möglichkeit, ein und dasselbe Phänomen mit verschiedenen Methoden zu beschreiben, und redete sehr spannend über die Quantenphysik. Einmal gab er Mischa Schrödingers »Was ist Leben?« zu lesen. Er sei mit vielem darin nicht einverstanden, aber das Buch sei eine Auseinandersetzung wert.

Als Mischa in die neunte Klasse ging, wurde er in der Petrowka von einem Auto angefahren. Der Krankenwagen brachte ihn in die Sklifossowski-Unfallklinik. Man rief Bela an und teilte ihr mit, ihr Sohn habe ein schweres Schädel-Hirn-Trauma und zahlreiche Knochenbrüche. Bela setzte sich direkt vor dem Telefon auf den Boden – ihre Beine versagten plötzlich. Dann stand sie auf und rief Andrej Iwanowitsch an. Als sie mit Grischa ins Krankenhaus kam, erwartete Andrej Iwanowitsch sie bereits vor dem Operationssaal. Er begrüßte Grischa, der ihn kaum bemerkte, nahm Bela beiseite und sagte: »Sie haben schon mit der Operation angefangen, gleich kommt unser bester Neurochirurg.«

Tatsächlich wurde zehn Minuten später die Tür aufgerissen, und ein dicker Glatzkopf kam herein, begrüßte Andrej Iwanowitsch mit Handschlag und verschwand im OP.

Zweieinhalb Stunden saßen sie schweigend im Flur: Bela, kalkweiß, im Baumwollkittel, das ergraute Haar von einem Gummi zusammengehalten, Grischa, der plötzlich ganz klein und alt wirkte, und Andrej Iwanowitsch, kerzengerade und mit steinernem Gesicht.

Dann kam der Neurochirurg heraus, gefolgt von einer ganzen Schar Weißkittel. Andrej Iwanowitsch stand auf. Bela und Grischa sanken in ihren Stühlen zusammen. Der Neurochirurg drückte Andrej Iwanowitsch noch einmal die Hand und sagte: »Bis jetzt ist alles glücklich verlaufen.«

Bela, die Hände mit dem abgeplatzten Nagellack an die Brust gepreßt, wandte sich flehend an den Chirurgen: »Können wir ... Können wir ihn sehen?«

Der Chirurg musterte sie aufmerksam und düster.

»Die Operation ist noch nicht vorbei, da sind noch zwei Knochenbrüche ... Später, später ...«

Dann gingen sie – zwei Unantastbare, Akademiemitglieder, Helden, wichtige Männer des Landes. Bela und Grischa blieben im Flur sitzen, und nun erst begriff Grischa, wer der hochgewachsene Mann war. Er drückte sich noch tiefer in den Stuhl, so tief er konnte. Nach zehn Minuten kam Andrej Iwanowitsch zurück, setzte sich neben Grischa, zupfte ihn unbeholfen am Ärmel, nahm seine Hand, verzog das Gesicht und sagte: »Mein Sohn ist durch einen Autounfall umgekommen. Er war sofort tot. Ihr Mischa hat Glück gehabt.«

Dann griff er wie ein Gentleman nach Belas Hand, küßte sie respektvoll und ging hinaus. Bela sah ihm lange wehmütig nach.

Mischa überlebte. Grischa war glücklich. Grischa litt und war glücklich. Eine brennende Frage peinigte ihn Tag und Nacht – eine andere als die, die ihn früher gequält hatte: Wußte Mischa über das Geheimnis seiner Geburt Bescheid?

Aber der Junge lebte, und Grischa wagte nicht, dumme Fragen zu stellen. Sie verbrannten zu Asche – mit einem glühenden Kohlekern in der Mitte. Um diesen Kern herum bildete sich eine Kapsel, und damit lebte er nun, ständig spürte er den vertrauten Schmerz, die rauhe Hülle und die glühende Kohle. Aber er gewöhnte sich daran.

Mischa lag ein halbes Jahr flach, erst im Krankenhaus, dann in einem Sanatorium und schließlich zu Hause. Während seiner Krankheit wuchs er zwanzig Zentimeter, er war nun größer als Grischa, hatte einen schwarzen Bart und große Ähnlichkeit mit Belas Vater, der in Babi Jar gestorben war, zusammen mit Tausenden seinesgleichen: Schneidern, Schustern, Anwälten und Ingenieuren, die Schach oder Fußball gespielt, abstrakte Probleme und die Schwarzmarktpreise für Silberlöffel erörtert hatten; glühenden Kommunisten und heimlichen Antikommunisten.

In dieser Zeit verschlang Mischa eine Unmenge Bücher. Lange lesen durfte er nicht, deshalb entwickelte er eine effektive Schnellesemethode: Seine Augen erfaßten gleich mehrere Zeilen auf einmal. Während Mischas Genesung kamen Vater und Sohn sich durch die Literatur näher – Mischa verliebte sich in Hemingway, sein

Vater hatte begonnen, García Lorca zu übersetzen, der gemeinsame Nenner war die spanische Sprache, die sie nun beide lernten.

Kurz vorm Ende des dritten Quartals rasierte Mischa sich den Bart ab und erschien wieder in der Schule, und seine Klassenkameraden, besonders die Mädchen, begrüßten ihn mit großem Jubel, womit die erste Stunde faktisch gelaufen war. Aber auch ihr Klassenlehrer Felix Anatoljewitsch, ein kluger Mann, der gerade Literatur unterrichtete, freute sich so, daß er die Schüler bat, sich ruhig zu verhalten, hinausging und Kuchen vom Bäcker holte.

Die Eltern waren nun beide noch besorgter um den Sohn. Bela, die ihn bis zur fünften Klasse in die Schule gebracht hatte, wollte ihn erneut von Tür zu Tür begleiten. Er sträubte sich, erst sanft, dann entschiedener. Schließlich entwickelte sich folgende Routine: Mischa ging mit seiner Mappe los, gleichzeitig rannte Bela die Hintertreppe vom vierten Stock hinunter und folgte ihm in einigem Abstand, ohne ihn aus den Augen zu lassen. So hielt sie es bis zu seinem Schulabschluß.

Mit Andrej Iwanowitsch erörterte Mischa seine Studienwahl: Er wollte sich an der mathematischen Fakultät des mechanisch-mathematischen Instituts der Universität bewerben. Andrej Iwanowitsch riet zur Mechanik – er selbst war Mechaniker. Mischa aber reizte die reine Wissenschaft, für ihn stand sie in der Hierarchie über der angewandten Mathematik. Andrej Iwanowitsch schmunzelte. Er wußte längst, daß der Junge Köpfchen hatte – Genie oder nicht, jedenfalls war er ein echtes mathematisches Talent.

Mischa mußte durch die Aufnahmeprüfung am mechanisch-mathematischen Institut der Universität, wo man höchst ungern Juden nahm. Grischa versuchte seinen Sohn davon abzubringen, riet ihm, sich etwas

Bescheideneres zu suchen. Doch Mischa bestand die Prüfung, sehr zum Stolz seines Vaters. Er sollte nie erfahren, daß Andrej Iwanowitsch seinetwegen einen Anruf getätigt hatte, der ihn große Überwindung kostete.

Mischa traf sich regelmäßig, aber nicht sehr oft mit Andrej Iwanowitsch. Sie mochten einander: Mischa schätzte den bissigen Humor des Wissenschaftlers, seine Fähigkeit, präzise Fragen zu stellen, und fühlte sich geschmeichelt von der Freundschaft eines so berühmten Mannes. Die Geheimhaltung war inzwischen aufgehoben, Andrej Iwanowitsch war nun im ganzen Land bekannt.

Andrej Iwanowitsch gefiel an Mischa die seltene Kombination aus Talent und Treuherzigkeit, und mit gemischten Gefühlen entdeckte er an dem langnasigen jüdischen Halbwüchsigen Spuren seiner eigenen Erbmasse: das gespaltene Kinn, die tiefliegenden Augen.

Zu Hause machte Mischa aus seinen Begegnungen mit Andrej Iwanowitsch kein Geheimnis, schnitt das Thema aber nie von sich aus an. Und Grischa stellte keine Fragen.

An der Universität lief für Mischa alles gut. Er war nicht mehr der unumstrittene Favorit wie in der Schule, in seinem Studienjahr gab es noch ein paar weitere Wunderkinder, die sich untereinander eifersüchtig beäugten. Im dritten Studienjahr entschied sich Mischa endgültig. Ihn reizte ein relativ neues Gebiet der Funktionsanalysis – algebraische Operatoren und Quantenfunktionen.

Mischas Wissenszuwachs auf dem Gebiet der Mathematik ging mit seinem körperlichen Wachstum einher. Obgleich dieser Prozeß bei Jungen normalerweise mit achtzehn Jahren abgeschlossen ist, wuchs Mischa bis zweiundzwanzig noch jedes Jahr ein paar Zentimeter. Aus dem kleinen Halbwüchsigen wurde ein hochgewachsener, relativ schmächtiger junger Mann. Mit den Jahren erwarb er zudem ein sichereres Auftreten und größeres Selbstvertrauen.

Als Mischa seine Doktorarbeit verteidigte, war auch Andrej Iwanowitsch anwesend. Schweigend verfolgte er die Verteidigung und würdigte die Arbeit, die er in groben Zügen verstand, ohne ihre subtilen und eleganten fachlichen Details zu erfassen. Zum Bankett wollte er zu Mischas Verwunderung nicht kommen. Erst am Tag nach der Verteidigung begriff Mischa, warum: Dieser Triumph gehörte nicht ihm, Andrej Iwanowitsch, sondern den Eltern des Doktoranden. Bela, mit rotem Herzmund und frisch frisiert, und Grischa, im neuen marengofarbenen Jackett mit der bunten Ordensleiste seiner Kriegsauszeichnungen am Revers, feierten den glücklichsten Tag ihres Lebens. Da hatte Andrej Iwanowitsch nichts zu suchen.

Nach der Verteidigung bekam Mischa eine Stelle an der Universität. Er hielt Spezialvorlesungen in seinen exotischen mathematischen Fächern und widmete sich der wissenschaftlichen Arbeit; er formierte akkurate kleine Zeichen zu Zeilen und schrieb in seiner klaren Handschrift dazwischen: Daraus folgt ... Betrachten wir die Spiegelung ... quod erat demonstrandum.

Inzwischen hatte Mischa eine Freundin – Marina, ein stupsnasiges Dickerchen, Ärztin, fröhlich und unkompliziert. Mischa brachte sie treuherzig mit nach Hause und stellte sie den Eltern vor. Als er sie anschließend nach Hause begleitete, bekam Bela einen Herzanfall. Vielleicht war es auch kein wirklicher Herzanfall, aber sie schluchzte und griff sich ans Herz.

»Wenn Mischa heiratet, das überlebe ich nicht«, erklärte sie ihrem Mann.

Grischa erschrak – diese Äußerung seiner Frau erschien ihm irrsinnig, aber in Anbetracht ihrer tatsächlich irrsinnigen Liebe zu ihrem Sohn und der schlimmen Vergangenheit, die sie als junges Mädchen sämtlicher Angehöriger beraubt hatte, beruhigte er sie: Mischa gehöre nicht zu den Männern, die früh heiraten.

Das tröstete Bela ein wenig. Mischa hatte tatsächlich keinerlei Heiratsabsichten, doch da er überdies spürte, daß seine Mutter kein weiteres weibliches Wesen im Haus sehen wollte, arrangierte er sein Intimleben mit Marina fortan außerhalb der elterlichen vier Wände.

Mischas eigentliches Interesse galt den kleinen Zeichen auf Papier und den gewaltigen geistigen Räumen, für die sie standen. Grischas Vater, stolz auf die unauffälligen Leistungen seines Sohnes, war ein ungeeigneter Partner für den Austausch darüber. Aber mit Andrej Iwanowitsch führte Mischa anregende Gespräche, obgleich auch dieser seinen Gedankenspielen nicht mehr bis ins letzte folgen konnte.

Bei einer ihrer Begegnungen hatten sie eine wichtige Unterhaltung. Der seit langem verwitwete Wissenschaftler erklärte, in früheren Jahren sei er eine beträchtliche Gefahr für die Frauen gewesen, nun dagegen seien die Frauen eine Gefahr für ihn: Die Zahl der Anwärterinnen auf seine Hand wüchse ständig, die Freundinnen seiner Frau machten regelrecht Jagd auf ihn, darum werde er eine weitreichende Entscheidung treffen und heiraten. Mischa begrüßte seine Absicht, ebenso wie die einzige ernsthafte Kandidatin: Valentina, eine ehemalige Doktorandin von Andrej Iwanowitsch, mit der er, wie Mischa ahnte, seit undenklichen Zeiten eine Affäre hatte. Seit diesem Gespräch verließ Valentina nicht mehr das Haus, wenn Mischa Andrej Iwanowitsch besuchte. Sie servierte Tee, gekauftes Gebäck und prächtig verpackte Pralinen.

Im Lande herrschte traute Stagnation, man fürchtete

Veränderungen – Hauptsache, es wurde nicht schlechter. Man lebte träge und ängstlich vor sich hin. Ein-, zweimal im Jahr veröffentlichte Mischa seine kurzen Aufsätze in mathematischen Zeitschriften. Immer öfter im Ausland. Er wurde ständig zu internationalen Kongressen und Seminaren eingeladen; er schickte Referate und blieb zu Hause – man ließ ihn nicht reisen. Er schrieb an seiner Habilarbeit. Die liebe Marina existierte am Rande seines Lebens, zuverlässig und ohne Forderungen. Einmal im Jahr unternahm sie einen Versuch, sich von Mischa zu trennen. Mischa machte ihr noch immer keinen Heiratsantrag, er hatte ihr ein für allemal erklärt, solange seine Mutter lebe, könne er nicht heiraten.

Betrübt über die wieder einmal erfolgte Trennung, lud Mischa ehemalige Klassenkameraden in eine Bierbar ein; sie lösten sich aus ihren familiären Banden, verbrachten ein paar Stunden ganz unter Männern, und Mischas seelisches Gleichgewicht war wiederhergestellt. Mischa hatte ebenso wie sein Vater ein großes Bedürfnis nach Männerfreundschaft, die durch mäßig dosierten Alkohol gefestigt wurde. Grischas Regiments- und Mischas Klassenkameraden schufen die zuverlässige Männerwelt, in der sich die Enttäuschungen, die Frauen ins Leben brachten, weitgehend auflösten, zumindest zeitweilig.

Nach einigen Monaten der Sehnsucht rief Marina Mischa stets wieder an, und sie erneuerten ihre Beziehung, die von Mal zu Mal freudloser wurde.

In jenen Jahren, da aus Mischas Eltern alte Leute wurden, sein eigenes Haar sich allmählich lichtete, besonders über der Stirn, und sich an seinem hageren Körper ein Bäuchlein wölbte, trat ein entscheidendes Ereignis ein: Nach der fünften oder sechsten Trennung teilte Marina Mischa mit, sie sei schwanger. Diese Nachricht warf ihn aus dem Gleichgewicht. Er wollte auf keinen

Fall ein Kind. Der Gedanke daran erschreckte ihn dermaßen, daß er Marina anbot, sie sofort zu heiraten, wenn sie das Kind wegmachen ließe. Sie war erstaunt. Verstand seine Gründe nicht. Mischa konnte ihr seine irrationale Furcht vor dem winzigen Embryo, der, wenn er erst geboren war, das Leben seiner Eltern aussaugen würde, nicht erklären. Er schwafelte unverständliche, unschöne Dinge über das abstoßende Mysterium der Empfängnis und über seinen existentiellen Widerwillen, Vater eines weiteren unglücklichen Geschöpfes zu werden, das zu Leiden und Demütigungen verurteilt sei. Anstatt zu weinen, lachte Marina bitter und verlangte, er solle unverzüglich verschwinden.

Als er gegangen war, weinte sie doch. Dann trat sie vor den Spiegel. Kein berauschender Anblick: eine dicke müde Frau mit Doppelkinn, die mit ihren fünfunddreißig Jahren glatt aussah wie vierzig. Sie strich sich über den Bauch. Sie war nicht mehr jung, nicht mehr schön, aber sie erwartete ein Kind – und das tröstete sie.

Mischa war außer sich. Er schlief nicht mehr, verlor den Appetit. Der allerwichtigste Teil von Mischas Welt, seine Startrampe und sein Fegefeuer – sein Schreibtisch, den seine Mutter hin und wieder zärtlich abwischte, ohne die Papiere darauf zu verrücken –, ließ ihn im Stich. Er konnte nicht arbeiten. Er mußte etwas unternehmen.

Er beriet sich nicht mit seinem Vater, sondern fuhr zu Andrej Iwanowitsch.

Zwischen Andrej Iwanowitsch und Mischa stand eine Flasche armenischer Kognak, den beide gern, aber in Maßen tranken. Mischa erzählte Andrej Iwanowitsch von seinem Unglück – genau so bezeichnete er die Situation.

Andrej Iwanowitsch schenkte noch einmal nach, und sie tranken. Dann stellte er sein Glas ab und hielt ihm einen seiner längsten Monologe im Laufe ihrer Bekanntschaft.

»Die Ehe ist ein verantwortungsvolles Unternehmen. Sie hat absolut nichts mit dem zu tun, was wir in unserer Jugend Liebe nennen. Ich habe mit meiner verstorbenen Frau gerade deshalb eine sehr gute Ehe geführt, weil sie nicht auf Liebe beruhte. Aber auch mit Kindern hat eine Ehe nichts zu tun. Obwohl meine Frau und ich einen Sohn hatten, wie du weißt. Er ist früh gestorben, und meine Frau und ich sind enge Freunde geblieben, Partner im großen Spiel, wir haben einander nie behindert, sondern uns im Gegenteil stets bemüht, einander zu unterstützen. Ich halte ein Kind nicht für eine notwendige Bedingung für die Ehe, schon gar nicht für eine Voraussetzung dafür.«

Mischa hörte ihm aufmerksam zu. Er konnte der Logik dieser ausführlichen Tirade nicht folgen, verspürte aber bereits eine gewisse Erleichterung.

Andrej Iwanowitsch fuhr fort: »Du sagst, deine Marina ist ein anständiger Mensch, sie liebt dich, wie eine Frau das eben tut, ist nicht dumm ... Frauen neigen zu instinktivem Verhalten. Soll sie das Kind bekommen. Verbieten kannst du es ihr sowieso nicht. Schließlich könnt ihr sogar heiraten. Ihr müßt ja nicht unbedingt zusammenleben.«

»Aber ich will kein Kind!« heulte Mischa. Andrej Iwanowitsch lächelte.

»Mischa! Ein Mann will selten Nachkommen. Und je höher er intellektuell begabt ist, desto weniger ...«

Plötzlich sah die Sache ganz anders aus, und Mischa schien erleichtert. Man konnte darüber reden, diese irrsinnige Geschichte rational betrachten.

»Mama hat gesagt, sie überlebt es nicht, wenn ich heirate. Sie bringt sich um, wird verrückt ...«

»Sie wird es überleben. Und wenn erst das Kind da ist,

wird sie sich vor Liebe umbringen«, sagte Andrej Iwanowitsch kalt.

Ohne sich dessen recht bewußt zu sein, traf Mischa eine Entscheidung. Er zog die Schultern zusammen und leerte sein Glas.

»Aber wie soll ich ihr das beibringen?«

Andrej Iwanowitsch schwieg eine Weile und klopfte mit seinen großen Fingernägeln gegen den Fuß seines Glases.

»Nun – ich könnte es Bela Iossifowna sagen.«

Die Hochzeitsfeier fand bei Andrej Iwanowitsch statt, im engsten Familienkreis. Eingeladen waren nur Mischas Eltern und die Trauzeugen, also zwei weitere Paare.

Sie kamen mit zwei Taxis. Der Tisch war für zehn Personen gedeckt – mit dem Andrej Iwanowitsch noch verbliebenen englischen Porzellan. Sektkelche, Weingläser und Kognakschwenker hatten in den Jahren seiner Witwerschaft ziemlich gelitten, außerdem wußte die nun in einen neuen Status erhobene Valentina nicht, welche Gläser für Sekt gedacht waren und welche für Kognak, und hatte sie darum willkürlich verteilt.

Über dem großen Tisch aus karelischer Birke hing ein antiker Kronleuchter, die seidenen Stuhlbezüge waren schon fadenscheinig, hier und da schauten die Federn heraus. Marina, bereits mit einem beträchtlichen Bauch, war auf die Feier nicht vorbereitet – Mischa hatte ihr von dem geplanten Familienempfang nichts gesagt.

Marina hielt vor ihrer Mutter stets alles geheim, was sich geheimhalten ließ, auch diese verspätete Heirat. Marinas Familie war anders, ganz anders. Ihre Eltern zankten sich dauernd, ihre Mutter schrie und schimpfte, ihr Vater warf mit allem, was ihm in die Hände fiel, ihre Brüder prügelten sich, und an Feiertagen betranken sich alle einträchtig, um dann von neuem zu beginnen.

Hier war alles anders: Man sprach leise, lächelte, nickte zustimmend. Aber Marina erinnerte sich noch genau, wie Bela Iossifowna sie beim erstenmal empfangen hatte, vor zehn Jahren. Am nettesten fand sie Valentina, die das Essen servierte. Sie begriff nur nicht, wer sie war und zu wem sie gehörte – vielleicht die Haushälterin?

Marina wünschte sich, das Ganze möge bald zu Ende sein.

Bela Iossifowna trug ihr letztes, bordeauxrotes Kostüm, das sie sich vor zehn Jahren im Atelier des Literaturfonds hatte anfertigen lassen. Sie war erregt, alles in ihr bebte vor widerstreitenden Gefühlen, sie wußte nicht, ob sie glücklich war oder wahnsinnig unglücklich. Sie war alles zugleich. Zum ersten Mal in ihrem Leben hatte sie ihre drei geliebten Männer um sich – ihren Sohn, ihren Mann und den Vater ihres Kindes. Ihr schwacher Kopf hielt diese Spannung kaum aus: die aufregende und traurige Übergabe ihres Jungen in fremde Hände; die Anwesenheit des Mannes, den sie zeit ihres Lebens anbetete und der ihr Mischa, das Wunder ihres Lebens, geschenkt hatte; die nicht mehr junge, hochschwangere Frau mit dem derben Gesicht, die ihr Sohn heiratete; und zugleich war da, wie im Traum, ihr Mann Grischa, ihr Beschützer, ihr Ernährer und ihre Stütze im Leben. Irgendwie schien ihr, als heirate sie selbst oder als ginge etwas noch Bedeutenderes vor.

Alle tranken auf das junge Paar und riefen: »Bitter!«[*] Mischa küßte Marina linkisch, dann sagte Andrej Iwanowitsch leise etwas zu der Frau im schlichten Kleid, die das Essen servierte, worauf diese lächelte und ihm auf eine für eine Haushälterin allzu intime Weise etwas

---

[*] Russ. Hochzeitsbrauch – mit diesem Ruf fordern die Gäste das Brautpaar auf, das Hochzeitsmahl mit Küssen zu versüßen. Anm. d. Ü.

ins Ohr flüsterte, was Bela Iossifowna sehr mißfiel, und Marina fragte Mischa wispernd: »Wer ist eigentlich die Dame im grauen Kleid?«

Sie hätte ihn auch gern gefragt, in welchem Verhältnis er eigentlich zum Hausherrn stand, verschob das aber lieber auf später.

Grischa stand auf, ein Glas Sekt in der Hand.

»Ich erhebe mein Glas auf die sowjetische Wissenschaft, auf den Mann, der dieses Schiff, das Himmelsschiff« − Grischa spann seinen Gedanken weiter, sehr schön und künstlerisch − »zu Höhen geführt hat, die niemand außer Rußland je erreicht hat! Auf den Mann, der den größten Teil seines Lebens im Verborgenen gearbeitet hat und nie auf Auszeichnungen oder Ruhm aus war! Auf das Dienen, das Allerhöchste auf der Welt! Auf alles, was uns an diesem glücklichen Abend verbindet!«

Alle tranken. Dann stand Andrej Iwanowitsch auf, ebenfalls mit einem Glas Sekt in der Hand. Er überragte sämtliche Gäste am Tisch, die sich ebenfalls erhoben hatten, um einen halben Kopf, Grischa sogar um anderthalb Köpfe.

»Auf die Soldaten, die an den Fronten des Großen Vaterländischen Krieges ihr Leben ließen, auf all jene, die Grigori Naumowitsch sein Leben lang besang! Auf Grigori Naumowitsch, der sämtliche Wege der Front mit Notizblock und Bleistift durchmessen hat, um unsere Heimat und ihre Menschen zu rühmen, auf einen großen Dichter und großzügigen Mann!«

Marina fragte ihren Mann nun doch, wer Andrej Iwanowitsch eigentlich sei.

»Ein alter Freund unserer Familie«, flüsterte Mischa.

Die Heirat veränderte Mischas Leben kaum. Er lebte nach wie vor bei seinen Eltern und ging nur zu Besuch zu seiner Frau und dem kleinen Mischenka. Bela kam nicht mehr dazu, ihren Enkel liebzugewinnen, denn bald nach der Hochzeit erlitt sie einen Schlaganfall. Noch ein ganzes Jahr lag sie im Bett, erkannte niemanden und war gleichgültig gegen alles auf der Welt. Marina wollte mit dem Kind zu Mischas Eltern ziehen, aber Mischa wehrte entsetzt ab.

»Nicht doch! Nicht doch! Das würde sie umbringen!«

Er pflegte seine Mutter selbst, eifrig und unbeholfen.

Andrej Iwanowitsch rief häufig an und unterhielt sich lange mit Grischa. Gute Gesprächspartner waren rar, besonders in jenen Jahren, da der Fluß des Lebens durcheinandergeraten war.

Kurz vor Belas Tod kam Andrej Iwanowitsch sie besuchen. Sie lag in ihrem von ungeschickten Männerhänden frisch bezogenen Bett, im Zimmer roch es nach Armenkrankenhaus und schlechtem Personal. Bela war starr und teilnahmslos. Als sie Andrej Iwanowitsch sah, zuckte sie zusammen und bewegte beide Arme, als wollte sie sie heben.

Grischa stand an der Tür, zärtlich gestützt von Mischa, denn sein einziges Auge hatte in letzter Zeit sehr nachgelassen. Grischa war der Jüngste der drei, doch sie alle waren bereits im neunten Jahrzehnt.

Auch Mischa war schon über vierzig.

Zwei Jahre später lebte keiner der Alten mehr. Da erst erzählte Mischa Marina die ganze Geschichte. Marina weinte und begriff nicht, wie sie vierzig Jahre lang hatten schweigen können.

»Was ist daran nicht zu verstehen? Sie waren großzügige Menschen.«

Sie lebten lange …

Sie lebten lange …

Sie waren schon seit so vielen Jahren alt, daß selbst ihre sechzigjährigen Töchter Anastassija und Alexandra sich kaum noch erinnerten, sie jemals jung erlebt zu haben. Im Laufe ihres langen Lebens hatten sie sämtliche Angehörige, Freunde und Nachbarn verloren – ganze Häuser, Straßen, ja Städte, was nicht weiter erstaunlich war, denn sie hatten zwei Revolutionen überlebt, drei Kriege, viel Leid und Entbehrungen. Doch sie waren nicht gestorben, sondern im Gegenteil mit den Jahren nur stärker geworden.

Nikolai Afanassjewitsch und Vera Alexandrowna waren, jeder auf seine Weise, auf dem besten Weg zu ewigem Leben: Er bekam die Festigkeit und Knorrigkeit von Holz und die Umrisse eines Raben, mit langer Nase und steifem Hals; sein vollblütiges männliches Fleisch verdorrte, Buchweizenflecken übersäten ihn allmählich, erst an den Händen, dann am ganzen Körper, und aus dem einst blonden Mann wurde ein dunkelgesichtiger, kartonfarbener großer Greis mit brauner, körniger Glatze. Seine Frau alterte wie edler Marmor: gelbliche Färbung – eine Illusion von Wärme und Leben auf kaltem Weiß – und gebieterische Monumentalität.

Früher hatten die Ärzte Vera stets zum Abnehmen geraten, zu Diäten – vor fünfzig Jahren hatte sie zu diesem Zweck sogar eine Weile bei Professor Pewsner im Institut für Ernährungswissenschaft gelegen –, doch nach ihrem Achtzigsten sprachen die Ärzte nicht mehr über ihr Gewicht. Sie ernährte sich stets so, wie sie es für notwendig hielt, soweit die Versorgungslage, die immer eng mit den politischen Umständen zusammenhing, dies erlaubte. Ihre Ernährung war streng geregelt: Frühstück, Mittag-, Abendessen – und zwar solide, keine deutschen belegten Brote. Vor allem mußten die Lebensmittel von guter Qualität und frisch zubereitet sein; nichts Aufgewärmtes.

In den Hungerzeiten entwickelte sie großen Erfindergeist bei der Zubereitung von Menüs aus nur zwei Grundnahrungsmitteln: Weizen und Kartoffeln. Nikolai genoß das Privileg einer gehobenen Versorgungskategorie, denn er war bereits seit den zwanziger Jahren Professor und unterrichtete an einer der ältesten Moskauer Hochschulen ein Fach, das jeder Ingenieur braucht, nämlich Materialwiderstand.

Beide Eheleute waren jeder für sich ein Muster an hohem Widerstand gegen das Material, aus dem sie beschaffen waren. Vera ihrerseits förderte den Widerstand der Organismen ihrer Familie durch gut organisierte Ernährung.

Längst vergangen waren die Jahre, da sie eigenhändig Wäsche wusch, putzte und kochte – dazu hatte sie die Töchter herangezogen. Sie waren Vera, allen medizinischen Prognosen zum Trotz, nach langen Jahren der Unfruchtbarkeit geschenkt worden, zu einer Zeit, da die Kinderlosigkeit sie nicht mehr bedrückte, sie diese sogar als Vorteil empfand. Sie kamen gleich zu zweit, völlig überraschend, und verschafften ihrer Mutter ein neues Betätigungsfeld. Bis dahin war sie nur Ehefrau gewesen; aus Scheu weniger vor der Arbeit als vielmehr vor dem bei jeder Anstellung erforderlichen Personalbogen – sie entstammte nämlich einem alten Fürstengeschlecht. Ihr bescheiden klingender Name war jedem Russen aus Geschichtslehrbüchern und von alten Straßennamen her geläufig. Nikolai hingegen stammte trotz seines aristokratischen Äußeren aus einer Bauernfamilie aus dem Gebiet Tambow, sein Vater war im Ersten Weltkrieg gefallen. Diese Personalbogenfakten schützten seine Familie vor Verfolgungen. Überdies war Nikolai ein vorsichtiger Mann und zudem schlau: Er stellte sich sein Leben lang schwerhörig. In seiner Hochschule galt er als ein wenig wunderlich, aber er war ein hervorragender Fachmann, und die technischen Daten für Prestigeobjekte während des umfassenden Aufbaus des Sozialismus landeten in der Regel zur Überprüfung auf seinem Schreibtisch. Auch als Theoretiker war er nicht schlecht, in der Praxis aber galt er als unangefochtene Autorität.

Zwischen den Eheleuten herrschte tiefe Harmonie. Alles, was Vera tat, trug die gleiche Handschrift wie die Arbeit ihres Mannes: Präzision, Gründlichkeit, Abscheu gegen jede Ungenauigkeit. Veras Piroggen waren wie Nikolais Berechnungen: makellos.

Vera vermittelte ihren Mädchen die Wissenschaft der höheren Töchter – Hauswirtschaft und Handarbeit – gründlich und in all den Einzelheiten, die längst niemand mehr brauchte. Wer mußte schon wissen, wie man einen Hohlsaum macht, einen Filzhut reinigt und aus feinem Weizenmehl einen vorzüglichen Brandteig bereitet? Diese Unterweisungen bildeten natürlich nur eine Ergänzung zu den Fächern, die in der normalen sowjetischen Schule unterrichtet wurden. Einen großen Teil ihrer Kenntnisse bezogen sie in den drei Jahren ihrer Evakuierung in Kuibyschew, wo die Mädchen die Mutter nicht etwa zu Besuchen und Verwandtengeburtstagen begleiteten, sondern zur Pumpe, mit Spielzeugeimern und -kanistern. Für diverse Hygienezwecke wurde viel Wasser gebraucht, und da die Leitung im Winter häufig einfror, war die städtische Wasserversorgung oft außer Betrieb.

Von frühester Kindheit an entstand in den Köpfen der

beiden halbaristokratischen Mädchen eine Art Bewußt-seinsspaltung. Die Kluft zwischen dem Leben der Allgemeinheit und ihrem häuslichen Alltag war ungemein groß. Ihre Altersgenossen konnten mit ihnen nichts anfangen, und sie ihrerseits waren unfähig, die kollektiven Gefühle – ob Freude, Zorn oder Enthusiasmus – zu teilen. Doch das wurde vollkommen kompensiert durch ihre besondere Zweieinigkeit, wie sie bei Zwillingen zuweilen vorkommt.

Die Mutter war streng und verlangte viel von ihnen, den Vater sahen sie selten – er machte ständig Überstunden, arbeitete auch an Sonn- und Feiertagen. Den Vater bewunderten sie, vor der Mutter empfanden sie gelinde Furcht. Und sie liebten beide Eltern rückhaltlos und sklavisch.

Mit fünfzehn hatten sich die begabten Mädchen das komplette Wissen der höheren Töchter angeeignet, einschließlich einiger Grundkenntnisse in Französisch, ebenfalls von der Mutter vermittelt. Sie waren gut in der Schule, aber Vera entschied, daß sie keine Hochschulbildung benötigten – sie selbst besaß auch keine. Als Vera das ihrem Mann mitteilte, widersprach er. Zum ersten Mal kam es zwischen den Eheleuten zu einer Meinungsverschiedenheit, die sich allerdings rasch auflöste: Nikolai verließ sich gewöhnlich in allem, was nicht seinen Beruf betraf, auf seine Frau. Und seine Frau war der Ansicht, wenn die Mädchen den Beruf einer Krankenschwester oder Bibliothekarin erlernen und einen anständigen Mann heiraten würden, kämen sie mit Anstand durchs Leben. Überdies fürchtete sie jede Art Auffälligkeit, sie hatte Nikolai seinerzeit sogar von der Annahme einer Beförderung abgeraten und damit womöglich ihm und der ganzen Familie das Leben gerettet.

»Bloß nicht übertreiben. Krankenschwester ist ein guter Beruf, wird zu allen Zeiten gebraucht, da haben sie immer ihr Auskommen. Und vergiß nicht, Nikolai, unsere Mädchen sind wunderbare Hausfrauen«, ergänzte Vera nicht ohne Stolz. »Außerdem werden wir älter, und dann haben wir gleich medizinische Hilfe im Haus.«

»Vielleicht sollten sie Medizin studieren?« unternahm Nikolai einen letzten Versuch.

»Nein, nein, der Arztberuf ist zu hart«, beendete Vera die Diskussion, und Nikolai, der von seinen Studenten stets klare Gedanken und logische Argumentation verlangte, schwieg. Seine Vera liebte er mehr als Logik und klare Gedanken.

Nach dem Schulabschluß begannen die Mädchen eine Ausbildung an der besten medizinischen Fachschule von Moskau, und nach drei Jahren waren sie Krankenschwestern − beide mit ausgezeichnetem Abschluß, der übrigens bevorzugte Bedingungen bei der Zulassung zum Medizinstudium garantierte. Doch die Schwestern gingen ans Botkin-Krankenhaus.

Hier offenbarte sich ein weiterer Vorteil ihres Berufs: Sie arbeiteten im Schichtdienst und konnten es so einrichten, daß eine von ihnen stets der Mutter zur Verfügung stand − für diverse Handreichungen, Gespräche, kleine Aufträge und die wichtigsten Pflichten wie Essenkochen, gründlichen Hausputz und den unerläßlichen täglichen Spaziergang.

Seit einiger Zeit ging Vera nicht mehr allein aus dem Haus. Hochgewachsen, im Winter im schweren Pelz, im Sommer im leichten halblangen Mantel, schritt sie majestätisch dahin, begleitet von einer ihrer Töchter, die beide klein von Wuchs und unscheinbar von Angesicht waren. Dabei trug sie stets eine ihrer drei ehrwürdigen Handtaschen bei sich − die schwarze aus Wildleder, die braune aus Leder oder die alte weiße −, die Tochter hingegen eine Einkaufstasche, ein Netz oder in späteren Jahren eine Plastiktüte, aus denen ein Fischschwanz oder

Rübenblätter ragten, die jeweilige Jagdbeute. Die Töchter kleideten sich bescheiden: steifer weißer Kragen und englischer Faltenrock, hielten sich aber stets aufrecht und gerade – keinen Buckel machen, keinen Buckel!, hatte die Mutter sie von klein auf ermahnt – und setzten die Füße mit unauffälliger Eleganz.

Bis die Töchter dreißig waren, hielt Vera sie für zu infantil, um an Kavaliere zu denken, und als sie die Dreißig überschritten hatten, kam sie zu dem Schluß, daß die Ehe generell nichts für sie sei. Nikolai widersprach seiner Frau nie, ja, mit den Jahren dachte er selbst genau wie sie. Vera ihrerseits hatte eine derartige Sensibilität für jede Regung ihres Mannes entwickelt, daß sie ihre Töchter schon Kamillentee kochen ließ, noch bevor er eine Schwere im Magen und Seitenstechen verspürte.

Mit achtzig bekam Vera Diabetes und mußte die letzten fünfzehn Jahre ihres Lebens auf Zucker verzichten, was die Zubereitung von Desserts erschwerte: Süßstoffe vertrugen keine Hitzebehandlung, also kurbelten Anastassija und Alexandra stundenlang die Eismaschine, um Süßspeisen ohne den schädlichen Zucker zu erzeugen.

Nikolai litt in diesen Jahren an einer ischämisch bedingten Herzerkrankung.

Die Eltern entschieden, da sich ihr Gesundheitszustand verschlechtert hatte, sollten die Töchter in Rente gehen. Ihnen fehlten zwar noch fünf Jahre bis zum Rentenalter, doch die Anzahl der erforderlichen Arbeitsjahre hatten sie sogar übererfüllt – es waren fast dreißig.

Alexandra ging in Rente, Anastassija aber weigerte sich. Vera litt sehr unter dieser Meuterei, doch die fünfzigjährige Tochter blieb stur, und das Wort der Mutter war zum erstenmal machtlos. Nur eines erreichte Vera: Ihre Tochter wechselte vom Schichtdienst auf der Station in die Röntgenabteilung der Poliklinik, wo der Arbeitstag geregelt und relativ kurz war.

Als Alexandra von der Entscheidung ihrer Schwester erfuhr, weinte sie lange: vor Neid. Sie selbst schaffte es nicht, sich dem Willen der Mutter zu widersetzen, und Anastassijas Protest, eine echte Revolution, löste in ihr einen Gefühlssturm aus. Die Schwestern, die ihr ganzes Leben in freiwilliger Unterordnung verbracht hatten, waren quasi zu einem einzigen Ganzen verschmolzen, und mit ihrem Ausbrechen zerstörte die Schwester diese reibungslos funktionierende Maschine.

Fortan sah der Tagesablauf der Schwestern so aus: Anastassija verließ jeden Morgen um sieben mit Broten in der Tasche das Haus, Alexandra dagegen schnürte das Mullsäckchen mit selbstgemachtem Quark auf, das sie am Vorabend über die Spüle gehängt hatte, nahm ein Ei aus dem Kühlschrank, damit es sich erwärmte, bevor es ins kochende Wasser gelegt wurde, und kochte vierzig Minuten lang Haferbrei, den sie mit einem großen Silberlöffel umrührte. Gefrühstückt wurde um acht Uhr dreißig, Mittag gab es um zwei, und Anastassija, die um drei von der Arbeit kam, aß allein in der Küche, während Vera in Alexandras Begleitung ihren gemächlichen Spaziergang unternahm. Anastassija löffelte voller Widerwillen ihre Suppe – Suppe haßte sie von klein auf –, nahm sich eine Bulette, schnitt sie in der Mitte durch und legte sich die Hälften aufs Brot. Die Mutter ahnte nichts von diesem Frevel. Und der Vater hielt zu dieser Stunde seinen Mittagsschlaf.

Die Abendstunden widmete Anastassija brav den Eltern. Sie bereitete das Abendbrot, die traditionelle Hauptmahlzeit der Familie – seit der Zeit, da der Vater noch arbeitete und sich die Familie täglich um sieben am Tisch versammelte. Es gab gewöhnlich zwei Gänge: Fisch und Auflauf, Roastbeef und ein Soufflé, manchmal Geflügel und Obst. Das Menü bestimmte Vera zwei Tage im voraus. Mitte der achtziger Jahre gab es wieder einmal Versorgungsprobleme, aber Nikolai erhielt eine staatliche Unterstützung in Form von Lebensmittelzuteilungen, die Alexandra jeden Freitag in einem bestimmten Geschäft abholte. Alle drei Tage kam eine Milchfrau aus einem Moskauer Vorort, ein exotischer Gruß aus der Vergangenheit. Bei ihr bestellten sie manchmal auch frisches Gartengemüse.

Die Eltern blieben gut in Form. Trotz Diabetes, strenger Einschränkungen und täglicher Spritzen ging Vera, die endlich ihre von den Ärzten stets bekrittelten überflüssigen Pfunde verloren hatte und über Schwäche klagte, weiterhin spazieren, las Bücher und sah fern. Sie feierten ihren Neunzigsten.

Der Vater litt stärker unter den Nöten des Alters, wurde immer schweigsamer, reagierte nur noch, wenn seine Frau ihn ansprach. Dennoch brauchte er nach wie vor die Gesellschaft seiner Frau – abends kam er ins große Zimmer, setzte sich in seinen angestammten Sessel und döste vor sich hin.

Mit fünfundneunzig bekam Vera eine diabetesbedingte Gangrän. Die Töchter behandelten das Bein mit diversen Salben, Kräutern und Extrakten, doch die Schwärzung weitete sich immer weiter aus und konnte nicht gestoppt werden. Schließlich erklärte der Chirurg aus dem Regierungskrankenhaus, sie habe nur dann eine Überlebenschance, wenn das Bein amputiert werde.

Sie brachten Vera ins Krankenhaus. Anastassija kündigte sofort und zog zur Mutter ins Krankenzimmer. Am Tag vor der Operation, nach Klistier, Waschen und Gutenachtkuß, sagte Vera unvermittelt zu ihrer Tochter: »Verzeiht mir, ich habe euch eure Herkunft immer verheimlicht.« Dann nannte sie ihr den berühmten Adelsnamen.

Anastassija blieb vollkommen unbeeindruckt.

»Ach, was du nicht sagst. Wer hätte das gedacht ...«

Dann überprüfte sie zum zehnten Mal, ob das Laken unterm Gesäß der Mutter auch keine tückischen Falten warf. Bisher war Vera nicht wundgelegen, aber die kleinste Unachtsamkeit war gefährlich.

Alexandra kümmerte sich nach wie vor um das Essen. Vera war zum erstenmal im Krankenhaus, abgesehen von der Entbindungsklinik, in der sie vor über sechzig Jahren ihre Töchter geboren hatte.

Nun fuhr Alexandra, nachdem sie dem Vater das Mittagessen serviert hatte, ins Krankenhaus, mit Essen für die Schwester und die Mutter. Es war in spezielle wollene Taschen verpackt, die sie gleich am ersten Tag des Krankenhausaufenthalts der Mutter aus alten Pullovern genäht hatte. Anastassija blieb ständig bei der Mutter.

Nikolai war unruhig. In Veras Abwesenheit baute er rapide ab; er lief von einer Ecke in die andere, vergaß, wohin er wollte und warum, wurde schließlich müde, setzte sich in seinen Sessel, döste für zehn Minuten ein, sprang erneut auf und lief wieder herum, als suche er etwas.

Am zehnten Tag nach der Operation starb Vera, vielleicht an einer Infektion, vielleicht infolge der Operation, vermutlich aber, weil ihre Lebenszeit eben abgelaufen war.

Schweigend fuhren die Schwestern nach Hause. In einer Tasche lagen lauter Dinge, die die Mutter überlebt hatten: eine Schnabeltasse, eine Bettjacke aus Flanell, Taschentücher mit den Initialen der Mutter, Nagelzange und -schere, Haarnadeln ... Auch die in Zeitungspapier eingewickelte Bettpfanne.

Der Vater saß im Sessel, den Kopf zur Seite geneigt. Der kahle Greisenkopf, der in dem braunen Schal fast ertrank, wirkte hilflos wie ein Vogelei. Als die Töchter hereinkamen, fuhr er auf.

»Ihr wart so lange weg ... Wie geht es Mama?«

»Alles beim alten, Papa.«

»Zeit fürs Abendbrot«, bemerkte er.

Sie aßen Zander auf polnische Art und Apfelmus. Sie konnten dem Vater nichts vom Tod der Mutter sagen. Sie schwiegen. Nach dem Essen erklärte der Vater, er wolle baden.

Seit vielen Jahren wuschen sie die Eltern meist unter der Dusche und hatten dafür alles wohldurchdacht eingerichtet: eine spezielle Trittleiter, um sie in die Wanne zu hieven, einen Plastikgartenstuhl mit einem vierfach zusammengelegten Handtuch darauf, auf den sie sie setzten, und eine Schüssel, um die steinharten Zehennägel und Schwielen der Greise vorzuweichen. Und nun wollte er auf einmal ein Bad.

»Papa, nach dem Essen sollte man lieber nicht baden«, versuchte Anastassija seine Idee abzuwenden.

»Alexandra, du wirst mich rasieren und mir den Schnurrbart schneiden«, sagte er, den Einwand ignorierend. Tatsächlich wußte man nie, wie es um sein Gehör stand: Manchmal schien er wirklich fast taub, dann wieder hörte er ausgezeichnet.

»Papa, wir haben dich doch erst vor zwei Tagen gewaschen, erinnerst du dich?« unternahm Alexandra noch einen Versuch.

Er überhörte es strikt.

»Ein Bad ist nicht gut für dich, vielleicht solltest du lieber duschen?« schrie Anastassija.

»In zehn Minuten. Bring mich zur Toilette, mein Kind«, erwiderte der Vater unbeeindruckt.

Die Schwestern wechselten einen Blick. Alexandra ging das Badewasser einlassen, Anastassija begleitete den Vater zur Toilette.

Sie wuschen und rasierten ihn, schnitten ihm Finger- und Zehennägel und stutzten den Schnurrbart.

Die langwierige, aufwendige Prozedur lenkte sie ab.

Vierhändig erledigten sie geschickt und ohne nachzu-
denken die vertrauten Handgriffe.

Sie zogen ihm einen frischen grau-blau gestreiften
Pyjama an, verabreichten ihm seine abendlichen Medi-
kamente und halfen ihm ins Doppelbett, auf die linke
Seite, wo er sein Leben lang gelegen hatte.

»Nun geht, geht.« Der Alte winkte sie hinaus und
fuhr zerstreut mit der Hand über den Nachttisch. Als er
seine Brille ertastet hatte, winkte er ihnen noch einmal.
»Nun geht schon!«

Die Schwestern saßen noch lange am Tisch und konnten sich nicht entscheiden, was richtig wäre. Die Mutter zu begraben, ohne es ihm zu sagen, war unmöglich,
doch die Notwendigkeit, dem Vater den Tod der Mutter mitzuteilen, schien so schmerzlich und qualvoll, daß
dagegen der Tod der Mutter selbst in den Hintergrund
trat. Leise, aber hitzig stritten sie darüber, wie sie es
dem Vater sagen sollten und ob überhaupt, und wenn ja,
wann. Und wenn nicht, wie lange sie es vor ihm verborgen halten konnten.

Der Tag der Beerdigung stand noch nicht fest, erst
einmal mußte alles organisiert werden, und sie hatten
keine Ahnung, wie. Zumal sie noch keinen Platz auf einem Friedhof besaßen, kein Familiengrab.

Sie saßen bis spätnachts zusammen, redeten, schwiegen und weinten. Dann legten sie sich schlafen – im
kleinen Zimmer, das noch immer Kinderzimmer hieß.
Sie schliefen auf schmalen Betten mit weißen, vielfach
gestopften Überwürfen.

Sie standen früh auf, um gleich in die Leichenhalle
des Krankenhauses zu fahren und alles abzusprechen.
Alexandra hatte am Abend vergessen, den Quark auf-
zuhängen, nun würde er nicht mehr die richtige Kon-
sistenz bekommen. Sie wusch sich und ging Haferbrei
kochen. Der Vater erwachte normalerweise um halb acht

und hustete. Doch es war bereits Viertel vor, und er rührte sich noch immer nicht.

Alexandra klopfte an und ging hinein. Er war noch nicht wach.

Er erwachte überhaupt nicht mehr, und die Schwestern mußten sich nun keine Sorgen mehr darum machen, wie sie ihm den Tod der Mutter mitteilen sollten.

Sie wurden am selben Tag beerdigt, auf einem neuen, entlegenen Friedhof, während der ersten Dezemberfröste. Das Grab war sehr flach, weil die Schwestern nicht wußten, daß sie den Totengräbern hätten Geld zustecken müssen, damit sie das Grab tiefer aushoben.

Sie waren allein bei der Beerdigung. Anastassija hatte kurz zuvor im Institut des Vaters angerufen, ohne Erfolg. Es war niemand mehr da, der Nikolai noch kannte. Man hatte ihn vergessen. Zu den Nachbarn hatten die Eltern seit langem keinen Kontakt mehr gehabt. Die Verwandtschaft war bekanntlich ausgestorben. Sie hatten lange gelebt, so lange, daß sie sogar die Erinnerung an sich überlebt hatten.

Es vergingen ein paar lastende, endlos lange Tage in der leeren Wohnung, wo niemand etwas von den Schwestern verlangte. Sie liefen umher und wagten weder im Elternzimmer, also dem der Mutter, noch in Vaters Arbeitszimmer etwas anzurühren. Es gab auch nichts, worüber sie hätten reden können. Alexandra kochte mechanisch das Essen, das sie beide ebenso mechanisch verzehrten, sie wischten mit einem schneeweißen Lappen Staub, zogen die Bettwäsche ab, wuschen, stärkten und bügelten sie mit schweren Bügeleisen. Und bezogen das Bett der Eltern frisch.

Schließlich sagte Anastassija bekümmert: »Weißt du, es ist schade, daß wir nicht gläubig sind. Dann würden wir jetzt in die Kirche gehen.«

»Geh doch, wenn du willst.« Alexandra zuckte die Achseln.

»Du meinst, das kann ich?«

»Wir können jetzt alles.« Alexandra lachte.

Anastassija sah ihre Schwester an.

»Ach, Alexandra, das hab ich ja ganz vergessen: Mama hat mir vor ihrem Tod ihre Herkunft verraten. Mütterlicherseits sind wir …« Sie nannte ihr den Mädchennamen der Mutter. »Verstehst du jetzt, warum wir kein einziges Foto, kein einziges Dokument von früher besitzen? Sie hatten schreckliche Angst vor der Vergangenheit. Aber in die Kirche – ich weiß nicht. Sie hat mal erwähnt, daß sie als Kind Ostern gern mochte und in die Kirche gegangen ist. Ich glaube, sie hat mit Gott gehadert.«

»Weshalb?«

»Ich weiß nicht. Ich denke, sie hatte ihre Gründe.«

Wieder verging einige Zeit. Es wurde wärmer. Es taute, es war naß und matschig, ihre Stimmung verdüsterte sich noch mehr. Sie setzten sich zu Tisch. Pilzsuppe. Zander auf polnische Art.

»Wie werden wir jetzt leben?« fragte Alexandra leise.

Anastassija griff nach ihrem Teller mit der Suppe, die sie noch nicht angerührt hatte, hielt ihn ausgestreckt vor sich, ging damit zur Toilette, schüttete die Suppe weg und stellte den Teller in die Spüle.

»Gut werden wir leben. Wir fangen einfach damit an. Als erstes lassen wir das Kochen sein.«

»Wie das?« fragte Alexandra erstaunt.

»Einfach so«, erwiderte Anastassija.

Und sie begannen zu leben. Klappten den Deckel des Gasherdes zu und kauften sich einen elektrischen Wasserkocher.

Nach vielen kargen Jahren waren die Läden nun voll,

und sie kauften Käse, Wurst, ausländische Pastete in Büchsen, Konserven und Salate mit fertiger Mayonnaise, die sie nicht erst stundenlang in einem Emailletopf schlagen mußten; aßen Kuchen und Eis, die nicht auf althergebrachte, langwierige Art zubereitet worden waren, sondern industriell, unhygienisch und ungesund, mit viel Cholesterin, Zucker und überhaupt allem, was schädlich ist.

Alexandra entwickelte eine Leidenschaft für Kaffee, Anastassija kaufte Wein, und sie tranken jeden Abend ein Glas und aßen dazu belegte Brote.

Ein halbes Jahr nach dem Tod der Eltern zeigte Anastassija ihrer Schwester einen Brief aus Frankreich. Sie hatte Verwandte der Mutter ausfindig gemacht, die nach der Revolution emigriert waren. Wie sich herausstellte, hatte ihre Mutter eine Zwillingsschwester, Anna, die sogar noch lebte, in einem russischen Seniorenheim bei Paris. Außerdem gab es eine Vielzahl von Cousins und Cousinen, Neffen, Nichten und sonstigen Verwandten. Nach all diesen genealogischen Nachforschungen beantragten die Schwestern Mitte des folgenden Jahres schließlich Reisepässe und fuhren auf Einladung ihres Cousins nach Paris, um ihre Verwandten zu sehen. Mutters Schwester Anna war inzwischen allerdings verstorben, zwei Monate vor dem Besuch der Schwestern.

Die Familie wuchs wieder zusammen. Anastassija und Alexandra betrachteten Fotos, auf denen eine ganze Schar festlich gekleideter Kinder und Halbwüchsiger den Beginn eines vielversprechenden Lebens feierte, und die Porträts ihrer Vorfahren. Ihre Großmutter, so erfuhren sie, war in ihrer Jugend Hofdame gewesen und ihr Leben lang mit der Zarin befreundet. Im Hochsommer neunzehnhundertsiebzehn war sie mit allen Kindern in die Schweiz gereist, außer der kleinen Vera –

sie hatte Windpocken und war zu ihrer kinderlosen Patentante gebracht worden, um die anderen Kinder vor einer Ansteckung zu bewahren. Die Großmutter und die Kinder wurden gerettet. Der Großvater wurde während der Revolution getötet.

Wie Vera Nikolai kennengelernt hatte, wußte niemand. Dafür erfuhren die Schwestern, wie ihre übrigen Angehörigen in der Schweiz, in Frankreich und in Italien überlebt hatten. Die Familie war inzwischen über die ganze Welt verstreut, und nun kamen alle zusammen, um sich an der Begegnung mit den echten russischen Verwandten zu freuen, den Trägern jener alten Kultur, von der sie alle abgeschnitten waren. Was für ein Russisch, was für ein rührendes altmodisches Französisch, was für Manieren, was für eine Erziehung! Bescheiden und voller Würde – echte russische Aristokratinnen!

Zwei Monate später, kurz vor ihrer Abreise, machte ein entfernter Verwandter, ein Witwer, pensionierter Buchhalter der Firma »Renault«, Alexandra einen Heiratsantrag. Sie nahm an.

Die beiden wohnen in einem schönen Vorort von Paris. Auch Anastassija lebt bei ihnen. Das altmodische, aber sichere Französisch, das ihre Mutter ihnen vermittelt hat, genügt den Schwestern für die Verständigung mit Dienstboten, Verkäuferinnen und denjenigen Verwandten, die kein Russisch mehr sprechen. Alexandras Mann Wassili weiß nicht einmal, was für wunderbare Köchinnen seine Frau und seine Schwägerin sind. Sie essen meist in Restaurants, doch die Schwestern bevorzugen Sandwichs.

Verwunderlich ist nur eines: Warum sich Wassili für Alexandra entschieden hat und nicht für Anastassija. Die Schwestern erfreuen sich bester Gesundheit und haben gute Chancen, ihr neues Leben noch etliche Jahrzehnte zu genießen.

... und starben am selben Tag

Nein, das ist kein hübsches biographisches Detail, keine zufällige Laune des Schicksals wie ein Autounfall, der auf der Stelle Mutter, Vater, zwei Kinder und obendrein die Großmutter tötet — hier hat sich ein geheimnisvolles, fundamentales Gesetz erfüllt, das wir selten wahrnehmen, weil unser Leben so vollgemüllt ist und sich alles gegen Treue und Liebe sträubt. Es ist richtig, recht und gerecht — so dachte Ljubow Alexandrowna Golubewa, Kardiologin mit dreißigjähriger Berufserfahrung, über diesen erstaunlichen Fall.

Auf ihrer Station lag seit über zwei Wochen eine kultivierte ältere Dame mit üppigem, noch nicht ganz weißem Haar, schicker Brille, die an einer Kette hing, und kariertem Bademantel — Alla Arkadjewna Perlowskaja. Ihr Mann, ein rundlicher Greis, kahlköpfig und rosig, ein unsicheres Lächeln im stets freudigen Gesicht, hatte erst stundenlang vor der Tür der Intensivstation gesessen und dann, als Alla Arkadjewna auf eine normale Station verlegt wurde, keine Minute der erlaubten Besuchszeit versäumt. Er erschien immer pünktlich zu Beginn der Besuchszeit mit einer Einkaufstasche voller kleiner Gläser, die er auf das Nachtschränkchen seiner Frau stellte. Dann setzte er sich neben das Bett seiner Frau und aß. Sie unterhielten sich ganz leise, fast lautlos, und lachten hin und wieder noch leiser, wobei sie sich in die Augen sahen. Auch die Bettnachbarinnen lachten: Sie fanden es komisch, daß er eine Tasche voller Lebensmittel mitbrachte und den größten Teil davon neben dem Krankenlager selbst verzehrte. Sie begriffen nicht, daß er hungrig war, weil er allein, ohne seine Frau, nichts essen konnte.

Dreimal suchte die Tochter der beiden die Ärztin auf, eine selbstbewußte Schönheit mit einem albernen Hut, den sie keck und herausfordernd trug. Sie leitete die Privatschule, die der Enkel der Ärztin besuchte. Sie erkundigte sich nach dem Stand der Behandlung. Ihre Mutter hatte einen Herzinfarkt erlitten und befand sich auf dem Weg der Genesung.

Alla Arkadjewna starb überraschend, in der Nacht vor der geplanten Entlassung, an einer Thrombose in der Schlagader, die nicht direkt mit ihrer eigentlichen Krankheit zu tun hatte. Die Station war nicht groß, es gab einen Stamm von zehn Mitarbeitern und eigene Regeln, die der inzwischen verstorbene Androssow so entschieden eingeführt hatte, daß Neulinge, ob Arzt oder Pflegerin, sie entweder akzeptierten, diesen besonderen Ort schätzen lernten und bis zur Rente blieben, oder weggingen, weil sie den hohen Anforderungen nicht gewachsen waren. Dem Tod eines Patienten, einem nicht eben seltenen Ereignis auf einer Herzstation, begegnete man zwar professionell, aber respektvoll, voller Mitgefühl für die Angehörigen – wie einst Androssow. So war es hier üblich.

Alla Arkadjewna starb, wie gesagt, ganz überraschend. Sie sagte nur noch ein Wort – »Romotschka« –, und war schon tot, als der diensthabende Arzt sie berührte. Die erste, die Ljubow Alexandrowna davon noch vor der Morgenbesprechung informierte, war die Pflegerin Warja. Sie arbeitete schon ihr halbes Leben auf der Station und kannte in dem alten Krankenhaus jeden Winkel, jeden Hund und jede Katze – die Station war ihr Zuhause. Ein großes Muttermal bedeckte das halbe Gesicht dieser ältlichen Betschwester, die im Gegensatz zu vielen anderen nicht erst jüngst zum Glauben gefunden hatte. Ljubow Alexandrowna wußte auch von der heimlichen Rolle, die Warja im Krankenhaus spielte: Sie stellte für jeden Verstorbenen der Klinik eine Kerze mit seinem Namen in der Kirche auf, für einige Auserwählte ließ sie sogar Totenmessen lesen.

Die soeben Verstorbene wurde ins Leichenschauhaus gebracht, zum Rendezvous mit dem letzten Mediziner, dem Pathologen. Warja bezog das Bett neu – die Oberschwester hatte den freien Platz bereits weitergemeldet, denn für ihre Station gab es eine lange Liste von Anmeldungen.

Indessen warteten die Besucher, daß es elf wurde und der Wachmann die Tür öffnete. Roman Borissowitsch stellte seine Tasche auf die Bank, holte zwei hellblaue, für den einmaligen Gebrauch gedachte Plastiküberschuhe heraus, die er die dritte Woche sorgsam benutzte, bückte sich, um sie über seine Sandalen zu ziehen, und fiel mit dem Gesicht auf den Boden.

Die Tochter hatte um neun am Telefon erfahren, daß die Mutter gestorben war, und gebeten, ihren Vater nicht anzurufen. Sie wollte zu ihm fahren, damit er die schreckliche Nachricht nicht von Fremden per Telefon erfuhr. Aber der Vater war nicht mehr zu Hause, er war früher losgegangen als sonst. Also fuhr die Tochter direkt ins Krankenhaus, bis ans andere Ende Moskaus, und das vormittags, bei den vielen Staus. Sie erreichte das Krankenhaus kurz nach elf – zu spät: Der Vater lag bereits im Leichenschauhaus, neben seiner lieben Frau, von deren Tod er nicht mehr erfahren hatte.

Die Tochter saß erschüttert bei Ljubow Alexandrowna und sagte immer wieder: »Beide am selben Tag, am selben Tag ...«

Ljubow Alexandrowna ließ Tee bringen. Die Tochter hatte in diesem Moment niemanden, der ihr näherstand als die Ärztin, und sie stammelte etwas von der goldenen Hochzeit, die sie und ihr Bruder den Eltern im vorigen Jahr ausgerichtet hatten, von der Liebe der beiden, die nie vergangen war, und wie schön beide in ihrer Jugend gewesen seien, dann wären sie mit den Jahren immer mehr geschrumpft, aber ihre Liebe, die sei stets noch gewachsen.

»Papa war immer ein bißchen komisch, aber ein Gentleman! Ein wahrer Gentleman! Er behandelte alle Frauen mit großem Respekt, und zwar, weil er meinte, sie seien alle ein wenig mit seiner Alla verwandt. Sie waren unberührt, als sie heirateten, und sie haben einander nie betrogen, so war das, Ljubow Alexandrowna. Nun sind sie am selben Tag gestorben. Und keiner hat vom Tod des anderen erfahren.«

Ljubow Alexandrowna ging zur Beerdigung. Das Ehepaar war nicht sehr alt gewesen, sie zweiundsiebzig, er vierundsiebzig. Sie hätten noch lange leben können. Sie wurden in einem gemeinsamen Grab beerdigt, an einem hellen Spätsommertag. Am frühen Morgen hatte es geregnet, nun dampfte die Erde, und ein leichter Dunstschleier milderte das Sonnenlicht.

Es waren viele Leute gekommen, beeindruckt von diesem seltenen doppelten Tod: Verwandte, Nachbarn aus dem Haus, in dem sie vierzig Jahre gelebt hatten, Buchhalterkollegen. Alle waren erschüttert und feierlich gestimmt. Dieses erstaunliche Begräbnis hatte einen Hauch von Festtag und Sieg.

Die beiden lagen nebeneinander, in gleichen Särgen; der Kopf von Roman Borissowitsch schien seiner Frau zugewandt. Die Tochter war mit ihrem Mann da, der Sohn mit seiner Frau, beide Paare mit Sohn und Tochter, und es gab eine Unmenge Astern in allen Farben – niemand hatte andere Blumen mitgebracht. Wie ein üppiges, überquellendes Polster lagen sie in beiden Särgen.

Auch die Pflegerin Warja war zur Beerdigung gekommen. Sie liebte den Tod über alles im Leben. Er hatte sie von Kindheit an fasziniert. Als kleines Mädchen hatte sie Katzen und Spatzen begraben. Sie wußte über den Tod vieles, das sie nicht hätte erzählen können, aber sie spürte: Nicht ohne Grund rief man sie so oft als Pflegerin zu Sterbenden. Sie stand neben Ljubow Alexandrowna, für die sie beinahe dieselbe Verehrung empfand wie einst für Androssow. Ljubow Alexandrowna trug ebenfalls einen Asternstrauß, weiß und tieflila.

Zwei schöne Tote, dachte Warja. Obgleich keine Papierkränze ihre Stirn zierten.

Da brach plötzlich die Sonne durch den Nebel, und direkt über ihnen entstand ein Regenbogen − kein ganzer Bogen von einem Ende des Himmels zum anderen, sondern nur ein halber, der sich hoch droben verlor. Und abriß.

Mein Gott, ein Weg in den Himmel für die beiden, dachte Warja erstaunt. Wirklich, zwei sehr schöne Tote!

Dann betrachtete Warja den Regenbogen genauer und staunte noch mehr: Er war doppelt; an einem Regenbogen aus kräftigen Streifen klebte noch ein zweiter, blasser, kaum erkennbar.

Sollte sie Ljubow Alexandrowna darauf aufmerksam machen? Vielleicht würde sie es nicht sehen und sie auslachen. Aber Ljubow Alexandrowna hatte bereits selbst den Kopf gehoben und schaute auf den Regenbogen. Und alle, die dort waren, sahen ihn.

Die große Dame mit dem kleinen Hündchen

Über Tatjana Sergejewna kursierten diverse Gerüchte, von verbürgten, sozusagen dokumentarisch belegten, bis zu den unglaublichsten. Am abenteuerlichsten erschien das über eine Affäre mit Alexander Blok – sie mußte schätzungsweise etwa zwölf gewesen sein, als er starb. Dazu kräuselte sie nur ihre wunderschönen, aufwärts gebogenen Mundwinkel und sagte: »Mein aufregendes Leben läßt den Klatschtanten bis heute keine Ruhe. Von Alexander Newski war nicht die Rede?«

Nie widerlegte sie, was man ihr unterstellte. Bis auf eines: Es mißfiel ihr sehr, wenn man sie mit einer häßlichen Behörde in Verbindung brachte, deren Erwähnung allgemein die Stimmung verdarb. Eine solche Verbindung bestritt sie kategorisch, voller Empörung, wobei sie wie alle Brünetten tief dunkelrot anlief.

Man sah ihr an, daß sie tatarisches Blut hatte: schrägstehende braune Augen, lange, geschmeidige Brauen, ein wenig zu starke Wangenknochen für das wunderschöne Gesicht. Aber ihre Figur war nicht die einer Tatarin, sondern die einer Kosakin. Sie stammte mütterlicherseits von Donkosaken ab, einer Rasse, die bekannt war für ihre Schönheit, ihre Kühnheit und die Beimischung von kaukasischem Blut – von den tscherkessischen Ehefrauen. Daher rührte Tatjana Sergejewnas Ähnlichkeit mit einem Pferd: massiver Oberkörper, langer Rücken, wundervoller gebogener Hals, schlanke Beine mit wohlgeformten Waden. Dazu paßte auch der bis auf die Brauen herabhängende Pony.

Sie war bereits pensioniert — sie hatte das Betriebsbüro eines berühmten hauptstädtischen Theaters geleitet —, lebte aber noch ganz in der Theaterwelt, die niemanden je aus ihren Fängen läßt. Ihr Mann, ein renommierter Schauspieler, war noch am Theater, und darum besaß sie dort nach wie vor einen gewissen Einfluß, sowohl durch ihren berühmten Mann als auch durch den Intendanten und den Oberspielleiter. Sie ließ niemanden im Theater gleichgültig — die einen haßten, die anderen vergötterten sie. Noch als Rentnerin wurde sie von allen respektiert, ja, ein wenig gefürchtet.

Tatjana Sergejewna war eine gescheiterte Schauspielerin. Man hatte die junge Absolventin eines recht schwachen Schauspielstudios wegen ihrer erlesenen Schönheit engagiert und ihr gleich eine gute Nebenrolle gegeben, mit der sie ohne großes Aufsehen durchfiel. Ein stilles Fiasko. Dann begann ihre Affäre mit dem damaligen Intendanten, und sie bekam im zweiten Jahr ihres Engagements eine Rolle, von der andere ihr Leben lang träumen: die Larissa in Ostrowskis »Mädchen ohne Mitgift«. Diesmal fiel sie mit Pauken und Trompeten durch, ihr Scheitern war offenkundig, und sie litt sehr darunter. Aber nicht lange. Sie bewies überraschende Größe: Sie ging zum Intendanten, mit dem sie übrigens noch mehrere Jahre liiert war, zündete sich eine Papirossa an, die sie mitten in ihren roten Mund steckte, und schwieg ausdrucksvoll — so daß der Intendant unwillkürlich dachte: Warum ist diese Frau, die im Leben so viel schauspielerisches Talent hat, auf der Bühne so unbegabt? — und sagte: »Mein Lieber! Eine Frau mit Ambitionen darf keine schlechte Schauspielerin sein. Trotzdem kann ich dem Theater nützen. Ich verlasse das

Ensemble, aber überlegen Sie sich, in welcher Rolle ich an diesem Haus bleiben kann.«

Er küßte ihr die Hand und erwiderte sofort: »Als Leiterin des Künstlerischen Betriebsbüros, Tussja.«

Er wollte sich ohnehin gerade von dessen Leiter trennen, einem gewesenen Schauspieler und alten Schwachkopf mit einer bemerkenswerten Unfähigkeit zu jeder leitenden Funktion.

»Genau.« Tussja, also Tatjana Sergejewna, nickte.

Oh, wie sie die Sache in die Hand nahm! Die Schauspieler stöhnten unter ihrer Pünktlichkeit, ihrer Strenge und ihrer hochmütigen Distanziertheit. Sie war mit niemandem befreundet, behandelte alle mit Respekt, aber kühl und hatte eine erstaunliche Besonderheit: Vor Schauspielerinnen, die kurz vor einer Premiere standen, rutschte sie nicht auf dem Bauch, wie es üblich war, bemühte sich aber, ihnen optimale Bedingungen zu schaffen und ihre Launen zu befriedigen. Vermutlich am meisten ärgerte die Mittelmäßigen ihre gelassene Sicherheit, wenn es darum ging, wer was verdiente. Bei ihr gab es ein Recht auf Privilegien, das sie selbst bestimmte und verwirklichte. Mit der Zeit fügte sich das Ensemble ihrer persönlichen Rangordnung, denn die unbegabte Schauspielerin hatte große Hochachtung vor fremdem Talent. Sie heiratete einen jungen Schauspieler, den der Intendant – der nämliche – bis zu seinem Tod förderte. Doch das alles war vor langer Zeit gewesen, noch vor dem Krieg.

Bald nach Tatjana Sergejewnas Pensionierung kam ein junges Mädchen zu ihr ins Haus. Per Zufall, durch den Hund Tschutscha. Tatjanas Mann, inzwischen bereits Volksschauspieler, liebte seine Frau abgöttisch. Er verwöhnte sie nach Kräften, und als sie pensioniert wurde, schenkte er ihr zur Unterhaltung einen Hund. Tschutscha war eine fröhliches, langgestrecktes schwarzes Hundemädchen, eng verwandt mit dem berühmten Zirkushund Kljaksa des berühmten Clowns Karandasch.

Sobald ein Hund im Haus war, wurde ein Tierarzt gebraucht. Tatjana Sergejewna, die über außerordentliche organisatorische Fähigkeiten verfügte, hatte Beziehungen in alle Himmelsrichtungen. Es fand sich einer, und in seinem Gefolge auch dessen Tochter, von Tatjana Sergejewna nur Vetotschka* genannt, weil sie ungemein dünn war und zudem die Tochter eines Veterinärs.

Tatjana Sergejewna förderte Vetotschka, benutzte sie aber auch für ihre Zwecke, ließ sie Briefe zur Post bringen oder Theaterkarten zu Bekannten. Kurz, Vetotschka erledigte diverse Kurierdienste. Tatjana Sergejewna war nicht nur schön, sondern in der Hauptstadt auch tonangebend in Sachen Kleidung, was sie mit großem Eifer betrieb. Der Kreis derer, die es zu übertrumpfen galt, war eher klein, aber keine wichtige Premiere fand ohne Tatjana Sergejewna statt, und jede verlangte einen besonderen »Auftritt«, etwas Effektvolles, Extravagantes. Tatjana Sergejewna verfügte über einen ganzen Stab von Lieferanten und Lieferantinnen: Verkäufer in Kommissionsgeschäften, Aufkäufer und Schwarzhändler. Von ihnen wurde sie regelmäßig versorgt und mitunter auch gebeten, das eine oder andere an den Mann zu bringen. Zu dem eigens dafür eingerichteten »Kämmerchen« gewährte sie allen Zutritt, die in ihrer Gunst standen. Oft mußte Vetotschka jemandem Schuhe oder Geld bringen oder rasch etwas für Tatjana Sergejewna abholen. Selbstverständlich waren alle diese Dienste unbezahlt, aber Tatjana Sergejewna zeigte sich dafür erkenntlich: Sie schenkte Vetotschka Theaterkarten und Souvenirs, trank mit ihr Tee und erzählte ihr interessante Geschichten aus der Theaterwelt. Übrigens gab Vetotschka die vete-

* russ.: Zweiglein. Anm. d. Ü.

rinärmedizinische Fachschule bald auf und wechselte an die philologische Fakultät der Universität.

Die alte Haushälterin Tatjana, von der Tatjana Sergejewna sagte, Dienstboten übernähmen von ihrer Herrschaft sämtliche Fehler, nie aber deren Vorzüge, war für Botengänge ungeeignet, weil sie einen derartig schlechten Orientierungssinn hatte, daß sie sich sogar auf dem Weg zum Palaschewski-Markt, den sie seit Urzeiten zweimal in der Woche aufsuchte, zuweilen verirrte. Tatjana Sergejewna selbst ging nie zu Fuß – sie hatte panische Angst, sich zu verlaufen. Außerdem war die Haushälterin unordentlich, wozu Tatjana Sergejewna lachend sagte: »Tanja kommt ganz nach mir, sie kann keine Ordnung halten, ich räume ihr die Putzlappen hinterher.« Sie selbst warf ihre teuren Kleider neben dem Bett auf den Fußboden.

Tatjana Sergejewna, die ihr ganzes Leben am Theater verbracht hatte, schätzte Treue über alles und haßte Intrigen, obwohl sie selbst als gewaltige Intrigantin galt. Die Haushälterin Tatjana war mehr als treu – sie gehörte mit Leib und Seele ihrer Dienstherrin.

Die junge Vetotschka spielte eine recht eigenartige Rolle – halb Zögling, halb Dienstbotin. Der Tierarzt war über die seltsame Freundschaft seiner Tochter mit der mondänen Dame nicht sonderlich erfreut. Er selbst kam in Tschutschas ersten Lebensjahren relativ selten zu Tatjana Sergejewna ins Haus. Das Tier war gesund – er verpaßte ihm die gebotenen Impfungen und besuchte es nur der Ordnung halber hin und wieder.

Vetotschka dagegen lief zu Tatjana Sergejewna wie zur Arbeit – ein Anruf, und sie rannte los. Was hatten sie nur gemein, die bescheidene Achtzehnjährige aus einer Durchschnittsfamilie und die alte Salonlöwin?

Indessen wirkte das Mädchen äußerlich immer weniger bescheiden. Tatjana Sergejewna überließ ihr einige phantastische Dinge: echte Jeans zu einem geringen Preis – sie waren so klein, daß sich kein seriöser Käufer gefunden hatte –, eine Kunstlederjacke mit kariertem Kragen, die ein geschickter Schwarzhändler einer unbedarften japanischen Touristin »abgenommen« hatte. Die Eltern wunderten sich ein wenig, gaben Vetotschka aber das Geld für die Sachen. Sie waren nicht arm und hatten nur dieses eine Kind.

Wenn Tatjana Sergejewna sich unwohl fühlte, ging Vetotschka mit Tschutscha spazieren. Der Haushälterin wurde der Hund nicht anvertraut.

»Sie würden sich doch beide verlaufen!« Tatjana Sergejewna drückte den zottigen Hundekopf lachend an ihre Brust. Tschutscha fraß aus dem Teller der Herrin, schlief mit ihr in einem Bett und behandelte Pawel Sergejewitsch mit stiller, aber steter Gereiztheit. Nichts schätzte Tatjana Sergejewna so sehr wie die Treue und Hingabe, die Tschutscha ihr unentwegt bewies.

Einer der zahlreichen Lieferanten, die Tatjana Sergejewna regelmäßig besuchten, war »Bücher-Jurik«, ein angejahrter Stotterer mit eigentümlichem Gebaren. Als Vetotschka einmal ihre Verwunderung über sein kokettes Benehmen äußerte, klärte Tatjana Sergejewna sie auf.

»Vetotschka, er ist ein ganz normaler Homosexueller und kein bißchen sonderbar. Er versteht was von Büchern, geht ins Konservatorium und verkehrt in all diesen Kreisen. Ich habe ihn im Theater kennengelernt, er war der Freund eines Kollegen. Er hat mir antike Ausgaben sämtlicher russischer Klassiker besorgt, mir den Brockhaus & Efron angeschleppt und das komplette silberne Zeitalter. Pawel Alexejewitsch bestellt bei ihm Bücher zur Geschichte. Ein unschätzbarer Mann.«

So vergingen vier, vielleicht auch sechs Jahre. Vetotschka hatte ihr Philologie-Studium beendet, und

Tatjana Sergejewna brachte sie als Dramaturgin in einem neuen Theater unter. Vetotschka leistete weiterhin die gewohnten Kurierdienste, und außerdem sprachen sie lange über das Theater, über ferne und jüngere Theatergeschichte. Sie unterhielt sich nun auch mit Pawel Alexejewitsch – so sehr hatte Tatjana Sergejewna ihren Status erhöht! Er erwies sich als recht eigenwillig, als heimlicher Slawophiler und Monarchist. Vetotschka hatte inzwischen einen eigenen heimlichen Bekanntenkreis, allerdings etwas anders ausgerichtet: Dissidenten. Sie war über ihre kindliche Bewunderung für die alte Schauspielerin hinausgewachsen und sah sie nun kritischer, trotzdem blieb ihr Verhältnis eng und herzlich. Als Tatjana Sergejewna krank wurde, sagte sie jedesmal, wenn sie sich eine Papirossa anzündete: »Eine ›Belomor‹ braucht mein Herz nötiger als Nitroglyzerin. Und noch nötiger braucht es Freundschaft.«

Neunzehnhundertfünfundsechzig heiratete Vetotschka, und Tschutscha bekam Diabetes. Zur Hochzeit erschien Tatjana Sergejewna nicht, schenkte aber einen Brillantring, antik, mit einem klaren weißen Stein in der Mitte und vielen kleinen Brillantsplittern darum herum. Tschutscha mußte dreimal am Tag gespritzt werden.

Nach der Hochzeit zog Vetotschka zu ihrem Mann in die Petrowka, zehn Minuten entfernt vom Dolgoruki-Denkmal, das Tatjana Sergejewna aus den Fenstern ihrer Wohnung sah. Vetotschka bekam einen Schlüssel für diese Wohnung, ging jeden Morgen, wenn die beiden noch schliefen, hin und gab Tschutscha die erste Spritze. Das kluge Tier sprang, wenn es das Schloß klacken hörte, aus dem Bett seiner Herrin, trottete zu Vetotschka und hielt ihr die Flanke entgegen. Für die Spritzen am Mittag und am Abend kam eine Krankenschwester.

Beiden, Tatjana Sergejewna und Tschutscha, ging

es immer schlechter. Auch die Haushälterin Tatjana schleppte sich nur mehr mühsam herum und wurde noch tolpatschiger als früher. Tatjana Sergejewna ging überhaupt nicht mehr aus dem Haus, nicht einmal zu Premieren oder Konzerten. Ihre Beine waren angeschwollen, das Laufen fiel ihr schwer. Sie färbte sich nicht mehr die Haare, schminkte sich nur noch flüchtig und benutzte recht unsicher ihren roten Lippenstift. Ihre in ganz Moskau berühmten Hausjacken aus Batist, Leinen, handgewebter mittelasiatischer Seide und sogar aus Gobelinstoff waren auf der Brust schon ganz abgewetzt, aber das war ihr nun egal. Am meisten bekümmerte sie wohl Tschutschas Krankheit, oder vielmehr die törichte Vorstellung, sie selbst würde deren Tod nicht überleben. Auch Vetotschka fürchtete den Tod des Tieres. Ihr Vater besuchte es oft, runzelte die Stirn, nahm Blut- und Urinproben und prophezeite nichts Gutes.

Als Vetotschka eines Tages mit der Morgenspritze erschien, fand sie Tschutscha tot auf dem Läufer hinter der Tür – das Tier hatte mit unerhörtem Taktgefühl das Bett seiner Herrin verlassen, um die geliebte Tatjana Sergejewna mit seinem Tod nicht zu belästigen. Vetotschka holte ein Handtuch aus dem Bad, wickelte Tschutscha darin ein und nahm sie mit.

Tatjana Sergejewna verkraftete den Tod ihres Lieblings wesentlich besser als erwartet. Sie war Vetotschka dankbar, daß sie ihr den traurigen Anblick des toten Tieres und den Abschied erspart hatte. Sie fragte, was sie mit Tschutscha gemacht habe, und Vetotschka erzählte, sie hätten sie auf ihrer Datscha begraben, unter einer Birke im hintersten Winkel des Grundstücks, und einen kleinen runden Stein auf das Grab gelegt.

»Einen weißen?« fragte Tatjana Sergejewna.

Vetotschka nickte – der Stein war tatsächlich ganz hell, fast weiß.

Pawel Alexejewitsch rüstete sich für ein Gastspiel in Odessa. Tatjana Sergejewna hatte in dieser wundervollen Stadt ihre Kindheit verbracht und wollte ihren Mann begleiten. Er freute sich – er sorgte sich sehr um die alternde Tussja.

In den letzten Jahren machte sich der Altersunterschied zwischen den Eheleuten immer stärker bemerkbar, obgleich er nur fünf Jahre betrug. Die äußerliche Jugendlichkeit, die bei schönen Männern wie Pawel Alexejewitsch nahezu bis ans Lebensende anhält, ärgerte Tatjana Sergejewna insgeheim, und weil er das spürte, übertrieb er ihr gegenüber sein Alter: Er ächzte theatralisch, wenn er sich die Schuhe zuband, klagte oft über Erschöpfung, saß mit einem Band Kljutschewski* in der Hand bei seiner Frau zu Hause und schlug Einladungen aus. Im Grunde hatte stets sie in ihrer Ehe Regie geführt, allein war er unfähig, sich zu unterhalten. Aber wozu brauchte ein Schauspieler auch Unterhaltung – er unterhielt ja täglich andere!

Tatjana Sergejewna hatte Moskau seit rund zehn Jahren nicht verlassen. In den letzten vier Jahren war sie nicht einmal mehr aus dem Haus gegangen. Sie hatte es ein paarmal versucht, war aber immer gescheitert. Sobald sie hinausging, bekam sie schreckliches Herzklopfen. Nun aber war sie entschlossen. Aus vielen Gründen: Das Haus war leer ohne Tschutscha, und außerdem wollte sie so gern noch einmal nach Odessa.

Sie begann zu packen, wie in früheren Zeiten für Gastspielreisen mit dem Theater, und bat Vetotschka, ihr zu helfen. Sie holten den gestreiften Stoffkoffer hervor, der früher einmal modern gewesen war.

* Wassili Ossipowitsch Kljutschewski (1841-1911) – russischer Historiker; sein Hauptwerk ist eine sozialgeschichtlich orientierte »Geschichte Rußlands« (5 Bände, 1904-1910). Anm. d. Ü.

Am Tag vor der Abreise brachte eine der letzten alten Lieferantinnen Tatjana Sergejewna einen langen Seidenrock in der Farbe von mattem Gras, und sie hielt alle ihre Blusen daran und ärgerte sich, daß keine dazu paßte. Dann fiel ihr etwas ein. Sie gingen ins Schlafzimmer, und Vetotschka mußte aus dem untersten Schrankfach ein Stück Rohseide holen, das seit undenklichen Zeiten dort lag. Das müßte passen. Und tatsächlich, es paßte – es war silberweiß mit grüner Borte.

»Haben Sie zu Hause eine Nähmaschine?« fragte Tatjana Sergejewna, während sie die gelungene Kombination der beiden Stoffe bewunderte.

»Ja«, antwortete Vetotschka, ohne zu ahnen, was nun folgen würde.

»Also, die Bluse muß noch heute genäht werden, damit ich sie morgen auf der Reise tragen kann.«

Vetotschka ließ sich auf einen Hocker aus karelischer Birke fallen.

»Aber ich kann nicht nähen! Ich hab im ganzen Leben noch keine Nähmaschine angefaßt!« rief sie verzweifelt.

»Vetotschka, es gibt keinen anderen Ausweg. Du hast geschickte Hände und einen klugen Kopf. Eine Bluse nähen – was ist schon dabei!«

Sie heuchelte, sie wußte genau, daß gerade eine Bluse eine hochprofessionelle Angelegenheit war. Aber in den Theaterateliers, die ihr stets zu Diensten standen, war niemand mehr, und am nächsten Morgen sollte sie reisen.

Anfangs weigerte sich Vetotschka strikt, dann begann sie nachzugeben, wandte nur noch ein, sie würde es im Leben nicht schaffen, die Bluse zuzuschneiden, Ärmel einzunähen, Knopflöcher zu säumen.

»Kein Problem. Ich trenne eine alte Bluse auf, die gut sitzt. Eine ganz schlichte Bluse, ein einfacher Schnitt. Die legst du auf den Stoff, steckst sie mit Stecknadeln fest und schneidest den Stoff danach zu. Knopflöcher müssen nicht sein, nimm einfach Druckknöpfe.« Sie öffnete ein Perlmuttkästchen und entnahm ihm einen Papierstreifen mit Druckknöpfen. »Die Ärmel kannst du meinetwegen auch weglassen, was soll's. Mach sie ärmellos.«

»Aber ich kann das nicht, Tatjana Sergejewna, ich kann nicht nähen«, versuchte die zarte Vetotschka noch einmal, sich dem mächtigen Ansturm zu widersetzen.

Tatjana Sergejewna riß entschlossen eine rote Seidenbluse vom Bügel und befahl: »Trenn sie auf!«

»Aber ich kann auch nicht auftrennen!« fiepte Vetotschka.

Tatjana Sergejewna nahm eine Schere und trennte die Nähte der Bluse auf.

»Ach was! Das kann jeder, wenn's sein muß!«

Sie warf Vetotschka das improvisierte Schnittmuster zu.

»Du mußt je einen Zentimeter zugeben, für die Nähte! Wenn du keine Ärmel kannst, laß sie weg.«

Als Vetotschka gehen wollte, von Tatjana Sergejewna mit aufmunternden Bemerkungen versehen, verwirrt und gedemütigt durch diesen herrischen Auftrag, und schon nach der Türklinke griff, erstarrte Tatjana Sergejewna plötzlich nachdenklich, so daß Vetotschka glaubte, gleich würde sie lachen und erklären, das Ganze sei nur ein Scherz gewesen, sie brauche keine weiße Bluse mit grüner Borte … Aber nein, im Gegenteil!

»Einen Augenblick noch.« Tatjana Sergejewna ging zurück ins Schlafzimmer, kam mit einem Stück einfachen schwarzen Wollstoffs auf den ausgestreckten weißen Armen wieder und sagte leise und entschuldigend: »Ich brauche noch eine Bluse, eine schwarze. Aber die muß lange Ärmel haben.«

Darauf erwiderte Vetotschka nichts mehr, sie ging zu

Fuß nach Hause und malte sich aus, was ihr Mann sagen würde, ein äußerst sanfter Mensch, der nur in einem einzigen Punkt gereizt reagierte, und dieser Punkt war Tatjana Sergejewna.

Die ganze Nacht schnippelte, heftete und nähte Vetotschka. Sie hatte nur sehr ungefähre Vorstellungen von diesem Handwerk, aber zum Glück war die Nähmaschine ihrer Schwiegermutter ein kluges Ding – eine alte Singer, gehorsam, sensibel und unkompliziert. Die Stiche wurden mit einem kleinen Rad an der Seite gesteuert, und die Nadel bewegte sich geschmeidig, ohne den Stoff zu zerknittern. Natürlich mußte Vetotschka das eine oder andere wieder auftrennen und noch einmal nähen, aber früh um halb vier saß die Borte an der Bluse an der passenden Stelle, alle Druckknöpfe waren richtig angenäht, und sie betrachtete ihre Arbeit voller Freude. Vor lauter Aufregung war sie überhaupt nicht müde. Sie griff nach dem schwarzen Wollstoff und dachte: Wie blöd von mir, ich hätte mit dem Einfachen anfangen sollen, mit der Schwarzen ...

Die zweite Bluse ging ihr leichter von der Hand, und am Morgen waren beide Blusen fertig, die weiße und die schwarze. Die schwarze sogar mit Ärmeln. Die endeten allerdings nicht in Manschetten, sondern offen wie bei einer Bauernbluse.

Das geht schon, gestattete sich Vetotschka großzügig.

Sie konnte sogar noch eine Stunde schlafen, bevor sie die Blusen wegbrachte.

Tatjana Sergejewna empfing sie feierlich. Sie nahm das Paket mit den Blusen entgegen, ohne es zu öffnen, und sagte: »Du bist eine treue Seele, Vetotschka. Gott wird's dir vergelten.«

Sie reiste mit Pawel Alexejewitsch nach Odessa. Dort wurden sie feierlich mit Blumen empfangen und ins Hotel gebracht. Anschließend gingen sie hinaus zu einem Spaziergang auf dem Primorski-Boulevard, den Tatjana Sergejewna seit ihrer Kindheit liebte. Sie trug den grünen Rock und die Bluse mit der Borte. Zehn Meter vom Hotel entfernt fiel sie mit dem Gesicht aufs Pflaster und war sofort tot.

Odessa war beherrscht von Hektik, Hitze und den Gastspielvorstellungen, die natürlich nicht abgesetzt wurden. Pawel Alexejewitsch weinte von morgens bis abends, dann schminkte er sich und ging auf die Bühne. Tatjana Sergejewna wurde in einem Zinksarg nach Moskau überführt. Die Beerdigung fand in Moskau statt, die Totenmesse in der Kirche des heiligen Elias.

Die ganze Moskauer Künstlerwelt erschien. Die Damen, in Schwarz, einige mit Hut, musterten einander, wer was trug. Dann begann das Abschiednehmen. Vetotschka trat zum Sarg und schaute in das trübe kleine Fenster. Das schöne Gesicht war nicht zu erkennen, nichts war zu erkennen, nur ein Stück schwarzer Wollstoff – die von ihr genähte Bluse.

Menage à trois

Alissa war sehr früh verwitwet, mit siebenundzwanzig, und seitdem lag ihre abblätternde Schönheit brach. Nach dem Tod ihres Mannes war sie durch verschiedene Umstände bei seiner ersten Frau Frieda und deren Sohn Borja geblieben.

Ihr gemeinsamer Ehemann – erst von Frieda, dann von Alissa –, der jiddisch schreibende Schriftsteller Benjamin Ch., war ein Enthusiast. Die Begeisterung gehörte zu ihm wie Nase, Mund und Ohren. Viele hielten ihn deshalb für einen Schwachkopf, aber das war er nicht – er liebte das Leben einfach so leidenschaftlich, innig und heftig, daß gemäßigtere Menschen daran Anstoß nahmen. Außer seiner Liebe zum Leben besaß er noch eine weitere besondere Gabe: Er liebte die Literatur. Die russische, die französische, die polnische, die finnische – jede, die ihm in die Hände geriet. Er behielt alles Gelesene im Kopf. Und schrieb etwas Jiddisches. Wenn er ein Stück von Ibsen gelesen hatte, schrieb er ein ähnliches in Jiddisch. Hatte er einen dagestanischen Dichter gelesen, schrieb er wiederum etwas Ähnliches in Jiddisch. Vor dem Krieg war das Schreiben auf Jiddisch noch möglich, wenngleich unmodern.

Seine erste Frau Frieda liebte die Literatur ebenfalls, aber weniger ekstatisch: Sie war wählerisch, hatte ihre Lieblingsautoren, und vom Jiddischen wollte sie nichts wissen, obwohl sie es aufgrund ihrer Herkunft natürlich beherrschte. Sie hatten sich durch die Literatur kennengelernt – im Lyrikstudio einer Jugendzeitung in Charkow. Aus dieser Liebe zur Literatur ging neunzehnhundertvierundzwanzig ihr Sohn Borja hervor. Im Jahr dreiunddreißig ereilte den Vater des Kindes ein neues Gefühl, und er verfaßte darüber unzählige Gedichte auf Jiddisch, das der wundervollen Alissa gänzlich fremd war; sie beherrschte als einzige Fremdsprache – heimlich – nur ein nordisches Idiom, denn sie stammte aus Ingermanland, das inzwischen zum Gebiet Leningrad gehörte.

An Benjamin faszinierte sie also nicht das Talent des Dichters, sondern etwas anderes, Wesentlicheres, weshalb sie den Geschiedenen, der seine erste Frau und den Sohn verließ, rasch heiratete. Außer ihrem Mann liebte Alissa Tiere, besonders flauschige Katzen und kleine Vögel, namentlich Kanarienvögel, und das Sticken. Sie stickte wunderschöne komplizierte Bilder – Applikationen. So etwas macht heute niemand mehr, denn Applikationen waren bereits vor dem letzten Krieg altmodisch.

Die abgelegte Ehefrau Frieda zog mit ihrem Sohn nach Moskau, wo ihr Bruder Semjon lebte, ein hoher Beamter in irgendeinem Ministerium – für Kohle oder Forstwirtschaft –, und fand dank ihres Bruders Arbeit. Sie war eine fortschrittliche Frau, hielt Eifersucht für einen Atavismus und erstickte diese mit eiserner Hand schon im Keim. Sie führte mit Borja ein bescheidenes, aber kulturvolles Leben. Sie lasen viel, gingen ins Theater, zu Konzerten und Diskussionsabenden.

Frieda und ihr Exmann schrieben sich regelmäßig, er schrieb ihr auf Jiddisch, sie antwortete auf Russisch. Sie wohnten nun zwar in verschiedenen Städten, kamen sich durch den ständigen Briefwechsel aber immer näher. Geistige Nähe steht über körperlicher, sagte sich Frieda. Obwohl sie das Materielle stets über das Geistige stellte und immer genau wußte, wo die Basis war und wo der

Überbau, zog sie in ihrem persönlichen Fall entgegen jeder Logik das ihr zugefallene Geistige dem verlorenen Körperlichen vor. Ihr Mann schien ganz ihrer Meinung zu sein – sonst hätte er ihr nicht so lange, ausführliche Briefe geschrieben.

Borja schrieb Grüße unter jeden Brief. Ebenso wie seine Eltern wurde auch er ein Bücherwurm und liebte alles Geschriebene.

Neunzehnhundertfünfunddreißig schrieb Benjamin seiner Frieda einen bitteren Brief, in dem er sein Unverständnis für die aktuellen politischen Vorgänge bekundete. Sein Enthusiasmus war ins Wanken geraten, denn man hatte ihn an einer Stelle rausgeworfen und an einer anderen nicht eingestellt. Obendrein hatte er sich irgendwo ein wenig ungeschickt geäußert und war falsch verstanden worden; danach behelligte er lange Zeit jeden, der ihm zuhörte, mit ausführlichen Erörterungen dieses Mißverständnisses. Er schüttelte seine wundervollen, zurückgekämmten und malerisch zur Seite fallenden Locken, rang flehend die vollendet geformten Hände, doch die Leute wichen ihm aus, niemand wollte ihm zuhören und ihn richtig verstehen. Frieda konnte es natürlich, Alissa keinesfalls – sie war zu jung und zu hübsch, um auch nur irgend etwas zu verstehen, und zudem war sie keine Jüdin. Und eine Nichtjüdin kann die Regungen einer jüdischen Seele nicht begreifen. Alissa war nordischer Abstammung, Weißnäherin von Beruf, was sehr gut zu ihr paßte; schon ihre Mutter war Weißnäherin gewesen und hatte ein eigenes Unternehmen betrieben zu einer Zeit, als Unterwäsche mit Spitzen und Rüschen noch nicht mit dem groben Tuch der Epoche kollidierte. Alissa hatte demnach zutiefst bürgerliche Wurzeln; doch das tat ihrer Schönheit keinen Abbruch. Eher im Gegenteil.

Alissa verstand also weder die Sprache, in der ihr

Mann schrieb, noch die komplizierten Verhältnisse, in die er verstrickt war, aber sie liebte ihn sehr. Er war schön, warmherzig und fröhlich und verlangte absolut nichts von ihr. Und er fand, da er von Tag zu Tag mehr von seiner mächtigen Lebensfreude einbüßte, nur bei ihr, in der glatten Oberfläche und dem süßen Inneren ihrer jungen Schönheit eine letzte, aber unwiderlegbare Bestätigung für seinen Optimismus, der allmählich versiegte.

Als die Atmosphäre in Charkow unerträglich wurde, fuhr Benjamin nach Moskau, um sich mit Frieda über sein weiteres Leben zu beraten, womöglich sogar mit ihrem hochgestellten Bruder Semjon.

Die liebende Alissa ließ ihn nicht allein weg, also fuhren sie beide. Ende Mai fünfunddreißig klingelte Benjamin also an der von Fußtritten geschundenen Wohnungstür in der Warsonofjewski-Gasse. Viermal. Sein Sohn Borja öffnete. Sie fielen sich in die Arme.

»Wer ist da?« rief Frieda aus dem Zimmer; sie verbrachte die Abendstunden stets mit einem Buch in der Hand, am liebsten auf dem rissigen Ledersofa.

»Papa ist da!« schrie Borja begeistert und ignorierte die Schöne, die hinter der Schulter seines Vaters hervorlugte.

»Friedele, wir sind's«, rief der Exmann.

Frieda unterdrückte augenblicklich den kleinbürgerlichen Atavismus, der ihr Herz beim Anblick des blonden Kopfes mit dem albernen schwarzen Hütchen durchzuckte, und sprang vom Sofa auf, Bücher fielen zu Boden – sie las gern mehrere gleichzeitig.

»Oh, ich habe gerade eine Büchse Schmorfleisch da«, sagte die Exfrau beherrscht. Sie war ein Mensch der leider nie angebrochenen kommunistischen Zukunft.

Die ersten beiden Tage schliefen Frieda und ihr Sohn in Löffelchenstellung in Borjas Bett und überließen das

Sofa den Gästen, dann wurde der Schrank in die Mitte gerückt, das große Zimmer in zwei Hälften geteilt, ein Klappbett gekauft, und fortan lebten sie alle zusammen wie eine Familie.

Benjamin suchte mit erlöschendem Enthusiasmus Bekannte auf, Schriftsteller und Schauspieler, und hoffte zu verstehen, was geschehen war, warum das so wundervoll gedachte Leben in die falsche Richtung lief.

Und wieder mieden ihn die Leute, genau wie in Charkow, sie hatten es plötzlich eilig, und er gewann den Eindruck, daß sie alle etwas Wichtiges wußten, das sie ihm nicht verrieten. Und vor allem – diese Menschen, die nicht mit ihm sprechen wollten, verschwanden auf einmal. Mehr schlecht als recht überlebte er ein Jahr.

Seine Stücke, Erzählungen und Gedichte wurden in den Redaktionen schon lange nicht mehr angenommen, und er fühlte sich immer schlechter, ergraute, alterte und sah mit seinen agilen Fünfzig aus wie siebzig. Sein Herz schmerzte, ihm versagten abwechselnd die Arme und die Beine, und im Winter siebenunddreißig fielen ihm unversehens die vollkommen gesunden Zähne aus.

Friedas Bruder Semjon lehnte eine Begegnung mit Benjamin ab; er hatte ihn schon früher für einen windigen Kerl gehalten, und nun, da er so ungeniert in das Leben der Familie eingedrungen war, die er einst verlassen hatte, wollte Semjon seinen Schwager erst recht nicht sehen. Semjon hatte Prinzipien – im Gegensatz zu manch anderen.

Im März wurde Benjamin bettlägerig. Seine Frauen pflegten ihn. Der Arzt hörte sein Herz ab und forderte sie auf, unverzüglich einen Krankenwagen zu rufen, der Patient müsse stationär behandelt werden. Trotzdem gab er ihm noch eine Spritze. Die Frauen entschieden, noch bis zum nächsten Morgen zu warten, doch mitten in der Nacht erlitt Benjamin einen Herzanfall. Der Krankenwagen brachte ihn in die Klinik.

Frieda und Alissa hatten sich noch nicht wieder hingelegt, als ein weiteres Auto eintraf, darin zwei Männer in Uniform und zwei in Zivil. Die Frauen erklärten, Benjamin sei gerade ins Krankenhaus gebracht worden. Die vier unternahmen eine halbherzige Haussuchung, beschlagnahmten sämtliche Manuskripte, womit sie der jüdischen Literatur einen unbestimmten Schaden zufügten, und gingen wieder.

Zur Verhaftung kam es nicht mehr. Benjamin war in unerreichbare Gefilde entflohen: Er starb in derselben Stunde, in der sie sein Haus betraten, noch bevor er das Krankenhaus erreicht hatte. Der fröhliche Junge Borja, der, wie alle meinten, die väterliche Gabe grundloser Freude geerbt hatte, verstummte in jener Nacht so nachhaltig, daß man von ihm nichts mehr hörte als »ja« oder »nein«.

Der Schrank wurde nicht wieder an seinen alten Platz gerückt, Alissa lebte fortan allein dahinter, und beide Frauen waren nun Witwe. Die Witwenschaft setzte sie in gewisser Weise gleich, doch einem uralten Gesetz zufolge, das zwar längst in Vergessenheit geraten, aber dennoch gültig war, übernahm die Ältere die Verantwortung für die Jüngere. Frieda ging arbeiten, Alissa putzte, kochte und stickte.

Frieda verkraftete den Verlust besser, schließlich hatte ihr Mann sie ganz allmählich verlassen.

Abends legte sich Frieda mit einem zerfledderten Band Anatole France auf das Klappbett – das Sofa hatte Alissa behalten –, und Alissa setzte sich mit einer Stickerei daneben. Frieda las Alissa die schönsten Stellen aus dem »Aufruhr der Engel« vor, und Alissa erstarrte mit der Nadel in der Hand und wischte sich eine matte nordische Träne ab – auch Benjamin hatte ihr so gern vorgelesen! Wenn Frieda dergleichen bemerkte, stützte sie sich auf den Ellbogen und streichelte der jungen Frau das helle, gelbblonde Haar. Alissa drückte Friedas schwere Hand an sich und schniefte wie ein schlafendes Kind.

Friedas Mitleid für Alissa war zwiefach: Sie bedauerte sie auch in Benjamins Namen, und Alissa brauchte dieses Mitleid. Borja dagegen wich den Berührungen der Mutter aus und ließ sich nicht einmal übers Haar streichen; er wurde scheu und fremd.

Eines Nachts erwachte Frieda von einem leisen kindlichen Schniefen und begriff, daß Alissa hinterm Schrank weinte. Sie ging zu ihr, setzte sich aufs Sofa, und Alissa griff nach ihrer Hand und legte sie auf ihre Stirn.

»Was ist, bist du krank?« Frieda konnte nicht flüstern, sie dämpfte ihre Stentorstimme nur ein wenig. »Soll ich dir Tee warm machen?«

»Mir ist kalt«, flüsterte Alissa. Frieda tappte mit ihren großen nackten Füßen zu ihrem Klappbett, nahm die Decke herunter, breitete sie über Alissas Decke und legte sich neben sie. Sie küßten sich lange. Frieda streichelte die mageren Schultern der armen Alissa, dann knabberte sie ein wenig an deren kindlichem Ohr mit dem blauen Ohrring. So hatte Benjamin gern an Frauenohren geknabbert.

Bald nach Benjamins Tod fand Alissa durch einen unglaublichen Glücksfall eine Stelle im Schneideratelier des Bolschoitheaters. Dort arbeiteten mehrere alte Meisterinnen, doch eine war gestorben, eine zweite in Rente gegangen, und Alissa war ein As im Nähen von Ballettröckchen. Die Primaballerina erkannte in ihr sofort die große Meisterin. Alissa verdiente ordentlich Geld.

Nach und nach kamen zwei Katzen ins Haus, ein paar Topfblumen und Vorhänge, die Frieda stets als bürgerlich abgelehnt hatte. Alissa strahlte eine stille Wärme und katzenhafte Behaglichkeit aus. Wenn Borja aus der

Schule kam, eilte Alissa aus dem Theater herbei – es war ganz in der Nähe, zehn Minuten Fußweg –, breitete das von ihr eigenhändig bestickte Tischtuch aus, stellte einen der lediglich zwei vorhandenen Porzellanteller – Frieda war prinzipiell unhäuslich – vor ihn hin, versorgte ihren Stiefsohn, so gut sie konnte, und bewunderte dabei seinen Hinterkopf: Genau wie sein Vater!

Die beiden Familienfotos – Benjamin und Frieda neunzehnhundertachtundzwanzig und Benjamin und Alissa neunzehnhundertvierunddreißig – bestätigten die Ähnlichkeit des Sohnes mit dem Vater auch aus anderer Perspektive.

Fast ein Jahr lebten die beiden Frauen zusammen, trösteten und unterstützten sich gegenseitig und erzogen Borja, obwohl der das keineswegs brauchte, sich sogar dagegen sträubte.

Semjon hatte seinerzeit den Kontakt zu seiner Schwester abgebrochen, weil er sie schlaff und willenlos fand. Nun hegte er wieder wärmere Gefühle für die Schwester und besuchte sie in der Warsonofjewski-Gasse. Eigentlich hatte er die freche Schmarotzerin Alissa hinauswerfen wollen, besann sich bei ihrem Anblick jedoch. Sie erschien ihm unglaublich zart und rührend. Er unternahm sogar ein paar plumpe Flirtversuche, aber Alissa sah ihn so erschrocken und respektvoll an, daß er beschloß, besser vorbereitet noch einmal wiederzukommen, zum Beispiel mit einer Schachtel Pralinen. Frieda erriet die geheime Absicht des Bruders und wurde wütend. Als er weg war, warf sie der vollkommen unschuldigen Alissa Koketterie vor, und diese weinte. Noch bitterlicher weinte sie in der Nacht, und Frieda tröstete sie wunderbar. Sie wußten beide bereits, auf welches verbotene Gebiet sie vorgedrungen waren, doch irgendwie war auch ihr verstorbener Mann bei ihnen, und das beruhigte sie: Er hatte sie schließlich beide geliebt.

Da Frieda die Schwächen ihres Bruders kannte, war sie überzeugt, daß er demnächst wieder aufkreuzen würde, und war gerüstet, ihm eine gepfefferte Abfuhr zu erteilen. Doch statt dessen erschien seine Frau Anna mit der Nachricht, Semjon sei verhaftet. Zwei Tage später wurde auch Anna abgeholt. Friedas Nichten, die zehnjährige Nina und die sechsjährige Lida, sowie Annas Schwester, die schwachsinnige Katja, waren ebenfalls fortgebracht worden. Semjon war angeblich in eine schreckliche Verschwörung verwickelt und saß im Gefängnis. Die Wohnung wurde versiegelt.

Frieda bemühte sich zu helfen. Sie wollte ihre Nichten ausfindig machen und zu sich nehmen. Sie war sicher, daß man sie in ein Heim gesteckt hatte. Fast zwei Wochen lang lief Frieda herum, bis man ihrer offenbar überdrüssig war — die Mädchen bekam sie nicht, statt dessen verschwand sie selbst. Noch ehe Borja die Bedeutung der gescheiterten Verhaftung und des Todes seines Vaters begriffen hatte, mußte er etwas noch Unfaßbareres erleben: Die Inhaftierung seiner Mutter.

Von einem Tag auf den anderen war schlagartig alles anders, vom früheren Leben blieb nur die weinende Alissa. Borja weinte einen ganzen Abend lang mit ihr, dann schlief er tief und fest, und als er am Morgen erwachte, beschloß er, sein Leben radikal zu ändern. Er verließ die Schule, ging als Schlosserlehrling ins Isolatorenwerk und nach zwei Monaten an die Abendschule. Er war fünfzehn Jahre alt und sehr groß, allerdings dünn und schmächtig; doch obwohl er ungelenk wirkte, hatte er geschickte Hände und einen klugen Kopf. Er wußte: Seine Aufgabe bestand nun im Überleben.

Die Liebe zur Literatur verschob er auf bessere Zeiten, vorerst wollte er Schlosser werden und Geld verdienen, um seine Mutter zu unterstützen. Alissa spürte sofort, wer nun das Oberhaupt war, und überließ dem

Jungen erleichtert die Führung. Nur eines konnte sie durchsetzen: Um Nachforschungen über die Verhafteten wollte sie sich kümmern. Damit dem Jungen nichts geschah.

Doch sie erfuhren den Stand der Dinge aus der Zeitung: Der Prozeß, in dem auch Semjon vor Gericht stand, war beendet, die drei Hauptverschwörer zum Tode verurteilt, die übrigen zu fünfundzwanzig Jahren Haft. Zwei Wochen darauf teilte man Alissa mit, Frieda und Anna befänden sich in Kasachstan, in einem Lager für Familienangehörige von Vaterlandsverrätern bei Bugulma.

Alissa hortete Lebensmittel für ein Paket ins Lager, und nach einem weiteren Monat kam der erste Brief von Frieda.

Alissa weinte nun nachts nicht mehr; es hätte sie ohnehin niemand getröstet. Die halbe Nacht saß sie an privaten Näharbeiten für Theaterleute, dann schlief sie, aber nur kurz, denn Borja verließ bereits um sechs das Haus, und sie machte ihm jeden Morgen Frühstück.

Alissa, die von Geburt an nur mit schwachen Fäden am Leben hing – sie hatte ihre gesamte Kindheit hindurch an einer unbestimmten Krankheit gelitten, an der sie langsam dahinsiechte, bis sie schließlich überraschend genas –, büßte in diesen Jahren endgültig die Liebe zum Leben ein. Allabendlich wünschte sie sich sehnlichst, eines Tages einzuschlafen und nicht mehr aufzuwachen. Sie würde sterben, ja, sterben – sie wußte sogar schon, wie. Auf weibliche, elegante Weise: Ein Sprung von einer Brücke – sie dachte an ihre geliebte Matwejewski-Brücke über den Krjukow-Kanal in Leningrad –, ein kleiner Sprung, ein kurzer Flug, und dann wäre es vorbei. Das Wasser würde sie weit, weit forttragen, dorthin, wo sie nichts mehr spürte. Sie war böse auf ihren Mann, weil er sie allein hier zurückgelassen hatte, und auf Frieda, die sie dazu verdammt hatte, ihr unglückliches, unnützes Leben weiterzuleben.

Nur Borja hielt sie noch in der Warsonofjewski-Gasse. Sie mußte dem schwermütigen Jungen morgens und abends Essen machen, seine Hemden waschen und bügeln, ihm aus der Kleidung des Vaters neue Sachen nähen und ihn daran erinnern, in die Banja zu gehen. Sie konnte ihn auf keinen Fall im Stich lassen. Sie hegte ihren abendlichen Gedanken an die Matwejewski-Brücke und entschied: Sie würde auf Friedas Rückkehr warten, ihr den Sohn übergeben und dann fortgehen, fortfliegen, fortschwimmen.

Anderthalb Jahre lang, von der Verhaftung der Mutter bis zum Kriegsausbruch, befand sich Borja in einem permanenten Zustand innerer Zerrissenheit: Das ganze Land führte ein munteres, heroisches Leben, und das väterliche Erbe des Enthusiasmus und der Lebensfreude zog ihn zu diesem Strudel der Euphorie, des fröhlichen Schaffens und stetigen Jubels; die familiären Umstände aber – der Tod des Vaters, der so sehr nach Flucht aussah, die Verhaftung des Onkels und der Mutter, die Ungereimtheit und Ungeheuerlichkeit all dieser Dinge – schlossen ihn vom allgemeinen Triumph aus, machten ihn ohne jede Schuld schuldig.

Der plötzlich ausbrechende Krieg erlöste ihn von dieser unerträglichen Last, und am vierundzwanzigsten Juni fuhr er, nachdem er im Wehrkommando zwei Tage um seine Einberufung gekämpft hatte – er war zu jung, noch keine achtzehn –, ohne jede Ausbildung und nur notdürftig ausgerüstet, wie alle Jungen in dem Waggon mit den vergitterten Fenstern, der noch eine Woche zuvor Gefangene transportiert hatte, an die Front. Doch dort kam er nie an. Der Zug geriet bei Orscha in einen Bombenangriff, und ein Volltreffer ersparte Borja so manches: Heldentod, Blut und Schmutz des Krieges,

Einkesselung, Gefangenschaft, Konzentrationslager, einen Schuß in den Hinterkopf.

Im heillosen Chaos der ersten Kriegswochen erreichte die Nachricht von seinem Tod Alissa erst zwei Monate später. Frieda erhielt sie Anfang November.

Ebenso wie Borjas Anwesenheit Alissa am Leben gehalten hatte, war es nun seine Abwesenheit, die sie hielt. Nun mußte sie auf Frieda warten. Also trotzte Alissa ihrem Lebensüberdruß und lebte weiter, um Frieda ihr Heim zu bewahren, ihr Zimmer und ihre Bücher, das Sofa und die Fotos an der Wand. Doch jeden Abend vorm Einschlafen huschte nebelhaft und lockend die Matwejewski-Brücke durch ihr Bewußtsein, ohne sich zu einem klaren Gedanken zu formieren.

Das Bolschoitheater wurde nach Kuibyschew evakuiert. Alissa blieb in Moskau. Wieder hatte sie Glück bei der Arbeitssuche – sie fand eine Stelle in einem Hospital, das in einer medizinischen Hochschule eingerichtet worden war. Als Wäschefrau verwaltete sie nun zerschlissene Laken, vom Sterilisieren vergilbte Kittel, Bett- und Kissenbezüge, Unterhosen und -hemden. Satt wurde sie von Krankenhausgrütze und Suppe, ihr Brot salzte und trocknete sie und schickte es Frieda in Sperrholzpaketen, die maximal fünf Kilo wiegen durften.

Dank dieser Pakete hielt Frieda bis zum Jahr vierundvierzig durch – damit endeten die fünf Jahre Haft, die sie wegen ihres Bruders bekommen hatte. Nach Moskau durfte sie nicht zurückkehren. Sie mußte sich in der Nähe von Bugulma niederlassen. Erst Ende sechsundvierzig konnte Alissa Frieda besuchen. In der grauhaarigen, zahnlosen, dunkelhäutigen Gestalt in Wattehosen und Wattejacke erkannte sie die Freundin nicht gleich. Alissa dagegen hatte sich überhaupt nicht verändert: dieselbe kindliche Magerkeit, die angeborene Blässe und das gelbblonde Haar. Frieda drückte sie an sich. Endlich weinte Alissa. Frieda tröstete sie.

Frieda war sechsundvierzig, Alissa zehn Jahre jünger. Beide hatten alles verloren, sie hatten nur noch einander.

Alissa wollte nach Kasachstan übersiedeln, um näher bei der Freundin zu sein. Frieda verbot es ihr. Erst neunzehnhunderteinundfünfzig konnte Frieda wieder nach Rußland ziehen, in die schöne Stadt Jaroslawl. Dort arbeitete sie in einem Reifenwerk, und Alissa besuchte sie jede Woche.

Drei Jahre später kehrte Frieda in ihr Zimmer in der Warsonofjewski-Gasse zurück. Am dritten Tag nach ihrer Rückkehr ging Alissa mit ihr ins Bolschoitheater, wo Alissa nun wieder arbeitete, zu »Schwanensee«. Die junge Ballerina Maja Plissezkaja tanzte in einem Ballettröckchen, das Alissa mit ihren knochigen kleinen Händen genäht hatte.

Inzwischen wußten sie, daß Semjon erschossen worden und Anna an einem Magengeschwür gestorben war. Wieder zu Hause, machte die unermüdliche Frieda da weiter, wo sie fünfzehn Jahre zuvor aufgehört hatte: Sie schleppte sich in die Lubjanka – es war zum Glück nicht weit, für gesunde Beine fünf Minuten Fußweg –, um Nachforschungen über ihre Nichten anzustellen. Bald fand sich die Jüngere der beiden, Lida, in Nowosibirsk. Sie schickten ihr Geld für eine Fahrkarte, und sie kam. Sie entpuppte sich als fremd, grob und dumm. Auch Lida mißfiel die Tante, die im Lager gesessen hatte. Also trennten sie sich wieder, als hätten sie einander nie getroffen.

Frieda und Alissa ließen Benjamins Foto vergrößern und hängten es übers Bett. Ein schönes Foto von Borja besaßen sie nicht. Das letzte stammte aus seiner Schulzeit, darauf war er fünfzehn und sah seinem Vater sehr ähnlich. Aber es war ein Amateurfoto von so schlechter Qualität, daß niemand es ihnen vergrößern wollte.

Frieda hatte kranke Beine, bekam deshalb sogar eine Invalidenrente. Sie humpelte beidseitig, und Alissa ging, sooft sie konnte, mit ihr zusammen hinaus und führte sie am Arm. Die schweren Taschen aber trug stets Frieda. Das Essen kochte natürlich Alissa. Frieda las ihr oft vor. Alissa war nach wie vor ein zartes Geschöpf und brauchte Trost. Und Frieda brauchte jemanden, den sie trösten konnte.

Aus dem letzten Anzug ihres gemeinsamen Ehemannes, dunkelblau gestreift, nähte Alissa für Frieda ein Jackett und einen Rock mit zwei Einsätzen aus ähnlichem Stoff – um den Umfang zu erweitern. In diesem Kostüm wurde Frieda neunzehnhundertsiebenundsechzig begraben. Am Tag nach der Beerdigung fuhr Alissa nach Leningrad. Und verschwand.

Die Tochter der Schriftstellerin

Ein Zuhause, wie es kaum jemand hatte: Regale mit Glasschiebetüren, goldene Buchrücken, Bildbände und Werkausgaben, viele davon in altehrwürdiger Schrift, darunter, wie sich später herausstellte, Mereschkowski und Karamsin; Stiche und Gemälde an den Wänden, abgewetzte Teppiche, Mahagonimöbel, schweres Tafelsilber auf dem runden Tisch mit den vielen Beinen, die auseinanderlaufen und den Tisch in ein riesiges Oval verwandeln konnten; ein Kronleuchter mit einer von Kristalltränen umringten blauen Glasbirne, der Geruch nach Bohnerwachs, frischgebackenem Kuchen und Krimkräutern, die in Tontöpfen auf deckenhohen Regalen standen; zwei Mädchen, ebenso einzigartig wie das ganze Heim, die Kinderfrau Dussja, klein und stämmig, mit einer Warze im Gesicht und in einer auf dem Bauch ganz abgewetzten Schürze; und die Mutter der Mädchen – Schriftstellerin, Stalinpreisträgerin, mit Mausäuglein, gallig, klug und leidenschaftlich. Nennen wir sie Eleonora. Ihr wichtigster Roman, ein Buch über eine von den Faschisten getötete junge Partisanin, war Schulstoff, darüber wurden Aufsätze geschrieben.

Das Grundmodul für Eleonoras Gestalt war ein kleiner Haken. Er offenbarte sich in den über den Ohren leicht aufwärts gewellten dünnen Haarsträhnen, im rosa Näschen, in ihren meist leicht gekrümmten Fingern, im Umriß ihrer Ohrmuschel. Der Haken war in ihrem gesamten Körper präsent. Und womöglich nicht nur da. Sie besaß nicht einen Hauch von Liebreiz und gängiger

Weiblichkeit, dafür aber eine gewisse Würze und Anziehungskraft, an deren Geheimnis viele Männer herumrätselten, wenn sie den Haken geschluckt hatten. Übrigens stets post festum, wenn die stürmische Affäre vorbei war. Die Affären endeten immer zu Eleonoras Nachteil. Abgesehen von den drei unehelichen Kindern, von denen schwer zu sagen war, was sie darstellten: einen Sieg der Leidenschaft über die kleinbürgerlichen Vorstellungen des ärmlichen sowjetischen Lebens, ein Zeichen weiblicher Niederlage, eine Heldentat oder aber schlaue Berechnung, die allerdings nie aufging. Eleonoras erstes Kind starb als Säugling, noch vor dem Krieg. Es war ein Junge. Die Mädchen, Sascha und Mascha, beide entstanden aus einer romantischen Vorgeschichte, einem skandalösen Präludium, stammten von verschiedenen Vätern. Die Ältere, im ersten Kriegsjahr geboren, hatte keine Erinnerung an ihren Vater. Die Jüngere entsann sich an einen hochgewachsenen grauhaarigen Mann, der ihr einmal einen großen Ball mitgebracht und mit ihr gespielt hatte, dann war der Ball unters Bett gerollt, der Mann darunter gekrochen, und seine beiden langen Beine reichten über das ganze Zimmer, von einer Wand zur anderen, wie ihr schien.

Als er weg war, sagte die Kinderfrau herzlos zu der Dreijährigen: Präg ihn dir gut ein, Mascha, das war dein Vater. Das tat Mascha. Wie sich im Laufe der Jahre herausstellte, hatte die Kinderfrau mit ihrer derben Brutalität recht gehabt. Es blieb der einzige Besuch des grauhaarigen Mannes. Ohne die vorwitzige Bemerkung der Kinderfrau hätte sich das Mädchen das harte Gesicht seines berühmten Vaters womöglich nicht eingeprägt. Er gehörte zur Spezies der Henkersknechte, die sich unter der Sowjetmacht ungemein vermehrt hatte, war Kommunist und Alkoholiker und besaß vermutlich einen Rest von Gewissen; einige Zeit nach Stalins Tod beging er Selbstmord. Ein interessantes kleines Rätsel, das nun niemand mehr lösen wird: War er Trinker gewesen, weil er Reste von Gewissen besaß, oder hatten die Trunksucht und die damit verbundenen Leiden dafür gesorgt, daß das ephemere Phänomen Gewissen nicht vollständig zerstört wurde? Es heißt, er sei auf der Straße jemandem begegnet, den er einst hinter Gitter gebracht hatte, der habe ihn erkannt und halblaut beschimpft, und eine aus der Verbannung zurückgekehrte Witwe habe ihm beinahe ins Gesicht gespuckt. Er trank die letzte Flasche Wodka seines Lebens und erschoß sich im Arbeitszimmer seiner staatseigenen Datscha, die man ihm für seine treuen Dienste zugeteilt hatte.

Eleonora zog ein schwarzes Kostüm an, das im besten, selbstredend nicht jedermann zugänglichen Moskauer Maßatelier angefertigt worden war, und stellte sich mit ihrer kleinen Tochter an den Sarg, vor dem seine legitimen Kinder und seine legitime Ehefrau standen. Eine ziemliche Frechheit von der ehemaligen Geliebten, selbst wenn sie Stalinpreisträgerin war. Aber sie hatte nun einmal einen Hang zu großen Gesten. Auch Mascha trug Schwarz, und von allen Kindern des Selbstmörders war sie ihm als einzige wie aus dem Gesicht geschnitten: Sie hatte seine orientalisch schrägen Augen mit dem eisigen Glanz, das spitze Kinn und die spitzen Ohren, die sie damals noch nicht unterm Haar versteckte.

Zwischen der ersten Begegnung mit dem Ball und der letzten mit dem Sarg hatte es noch eine weitere, flüchtige gegeben. Eines Tages liefen drei Mädchen, Sascha, Mascha und ihre unscheinbare Freundin Shenja Worobjowa, einen Pfad hinter der Datschasiedlung der Schriftsteller entlang, als ihnen ein hochgewachsener Mann entgegenkam. Sein Kopf reflektierte das Sonnenlicht, und die Schwestern stritten träge, ob er grauhaarig sei oder kahlköpfig. Als sie mit ihm auf einer Höhe waren, verstummten sie.

»Grauhaarig!« stellte die Freundin fest. Die Schwestern schwiegen, sahen sich nicht an und schienen den Anlaß ihres Streits vergessen zu haben. Schließlich sagte Mascha leise, den Mund zu einem schiefen Lächeln oder einer traurigen Grimasse verzogen: »Ich glaube, das war mein Vater.«

»Das glaube ich auch«, bestätigte die Schwester.

Maschas Klassenkameradin Shenja, kein Schriftstellerkind, war entsetzt: Was? Der eigene Vater geht an seiner Tochter vorbei und erkennt sie nicht?

Die Mädchen waren seit der ersten Klasse befreundet, und Shenja war sich stets bewußt, daß Mascha etwas Besonderes war, und daß dieses Besondere sie von allen unterschied und über sie erhob. Besonders waren natürlich ihr Zuhause, die berühmte Mutter und der Chauffeur Nikolai Nikolajewitsch, der die Familie auf die Schriftstellerdatscha brachte. Aber das war bei weitem nicht alles. Noch etwas anderes, Ungreifbares veranlaßte das schlichte Mädchen, Mascha zu vergöttern, nämlich ein schrecklicher, geheimnisvoller Umstand, den sie noch nicht erfassen konnte: Mascha hatte bereits eine »Biographie«. Viele in ihrer Klasse waren ohne Vater, aber die meisten Väter waren an der Front gefallen oder verschollen. Maschas Fall dagegen war ein anderer, besonderer. Und dieser besondere Fall stellte die familiäre Triade − Papa, Mama und ich −, auf der die Welt beruhte, in Frage.

Aber wie aufregend − schrecklich und schön −, wenn der Vater ein geheimnisvoller Unbekannter war, den nichtsdestotrotz das ganze Land von Fotos her kannte, ein Mann, dessen Kopf in der Sonne leuchtete und der groß und spitz war, von den Ohren bis zu den Knien; das war doch etwas anderes als ein dicklicher, gerade mal mittelgroßer Papa, der alberne Witze erzählte – »ein Mann kommt von der Arbeit nach Hause ...« – und selber am längsten darüber lachte.

Schweigend kehrten sie zur Datscha zurück. Setzten sich an den Tisch auf der Veranda. Zum Spielen hatten sie keine Lust. Shenja schüttete numerierte Lottosteine aus einem Säckchen und sortierte sie.

»Leg das zurück, mußt du immer alles anfassen?« zischte Mascha.

Das Mädchen erstarrte verwundert, die Steine 11 und 37 in der Hand.

»Dauernd grapschst du alles an! Leg das zurück und faß hier nichts mehr an! Warum haben wir dich bloß eingeladen!« Mascha wurde rot vor Ärger und verzog den Mund.

Die Freundin ließ die Steine fallen. Sie duckte sich und schlug die Hände vors Gesicht.

»Wieso bist du so wütend, Mascha? Was grapscht sie denn an?« fragte Sascha erstaunt. Shenja war ihr vollkommen gleichgültig, sie verteidigte nicht die Freundin der Schwester, sondern die Gerechtigkeit.

Mascha ballte die Fäuste und schüttelte sie zornig.

»Sie soll abhauen! Sie soll dahin gehen, wo sie hergekommen ist! Warum rennt sie mir dauernd nach? Dauernd rennt sie mir nach!« Mascha warf das Lottospiel vom Tisch, die Steine rollten fröhlich polternd durch die Veranda, die Pappkärtchen klatschten zu Boden und entfalteten sich zu einem hübschen Fächer. Kreischend sprang Mascha auf und trampelte auf den Karten herum. Shenja betrachtete die geschändete Pracht und wollte gehen, konnte aber nicht aufstehen; sie war wie gelähmt.

Die Tür wurde aufgerissen, und auf der Schwelle stand die kleine, von gewaltigem Zorn erfüllte Eleonora.

»Was geht hier vor? Was ist das für ein Gebrüll? Was schreit ihr so? Ich bitte mir nur eines aus! Ruhe! Was

treibt ihr hier? Ich arbeite! Könnt ihr das nicht begreifen? Ich arbeite! Ein Irrenhaus!«

Sie standen einander gegenüber, Tochter und Mutter,
schrien und schüttelten die Fäuste, taub füreinander und
sich verfärbend: Die weißhäutige Tochter lief erdbeerrot
an, die brünette Mutter kirschrot. Sascha stand kalkweiß
und starr zwischen ihnen wie eine Wand. Das Geschrei
steigerte sich recht musikalisch zur Terz, wurde höher
und höher, und als es nicht mehr höher ging, griff Sascha
zu einem großen weißen Krug mit einem welken Feld-
blumenstrauß und schleuderte ihn zwischen die beiden.
Er prallte dumpf auf und zersprang, es roch nach fauli-
gem Wasser, und alle verstummten.

Shenja schlich sich still rückwärts hinaus.

Dann fuhren die Mädchen ins Ferienlager. Zum er-
stenmal getrennt. Mascha und Sascha nach Artek am
Schwarzen Meer*, Shenja in ein Pionierlager des Betrie-
bes, in dem ihr Vater als einfacher Ingenieur arbeitete.
Auch ihre Mutter war eine einfache Frau: Ärztin in einer
Poliklinik.

Auf den ersten Blick waren alle Pionierlager gleich:
Appelle, Wecken und Fahnenhissen, weiße Bluse, schwarzer Rock, rotes Halstuch, Lagerfeuer und muntere Lieder wie »Werft, Pioniere, Brand in die Nächte, wir sind
die Erben der Arbeiterrechte«.

Doch den Kindern der Arbeiter und einfachen Inge-
nieure wurden einfachere und billigere kommunistische
Güter zuteil als den auserwählten, besonderen Pionieren
in Artek. Sie hatten nicht das Schwarze Meer, sondern

---

* 1926 gegründetes zentrales Pionierlager der sowjetischen Pio-
nierorganisation, in dem meist Kinder von Funktionären und anderen Privilegierten aus der UdSSR und anderen sozialistischen Län-
dern sowie von Funktionären westlicher kommunistischer Parteien
die Sommerferien verbrachten. Seit 1993 internationales Kinder-
ferienlager. Anm. d. Ü.

den kleinen Fluß Serebrjanka, die frühere Poganka,* zu Mittag gab es zwei Stück Brot und zum Frühstück zwei Würfel Zucker, in Artek dagegen soviel man wollte. Geschlafen wurde in Gruppen, je zwanzig Kinder in einem Zelt. Aber in diesem Sommer herrschte im Moskauer Umland herrliches Wetter, die frischen, natürlich wachsenden Kiefern auf dem Gelände des Pionierlagers waren kein bißchen schlechter als die Topfpalmen auf den Alleen von Artek, und Shenja fühlte sich die ersten zwei Tage im Lager pudelwohl. Das einzige, was ihr Mädchenleben verdüsterte, war die hölzerne Toilette, ein langes Brett mit acht Löchern, ohne Trennwände dazwischen. Dort war man nie allein, doch sie brauchte für die Verrichtung ihrer Notdurft aus unerfindlichen Gründen vornehme Einsamkeit. Am dritten Tag verließ sie während der Mittagsruhe heimlich das Lagergelände und lief ins nahe gelegene Wäldchen, um dort dem unerbittlichen Ruf ihrer Natur zu folgen. Aber man entdeckte ihre Flucht unverzüglich, löste im Lager Alarm aus und zerrte sie mit Schimpf und Schande unter dem Gebüsch hervor. Sie unternahm keine derartigen Versuche mehr, verabschiedete sich allerdings von dem Traum, ihren bescheidenen Darm zu entleeren, der sich nach wie vor weigerte, vor versammelter Mannschaft zu funktionieren, auch wenn diese ausschließlich weiblich war.

Sie bekam heftige Bauchschmerzen und stellte das Essen ein. Zwei Tage vor der Abreise verlor sie das Bewußtsein und wurde ins nächstgelegene Krankenhaus gebracht, wo man eine Bauchhöhlenoperation vornahm, von der sie relativ rasch genas, so daß sie nur die ersten zehn Schultage versäumte.

Mascha strahlte noch in ihrer Artek-Bräune, als die

---

* Serebrjanka von russ. »serebrjany« — »silbern«; Poganka von russ. »poganyj« — »unrein«. Anm. d. Ü.

blasse Shenja zum Unterricht erschien. Mascha hatte die Rückkehr der Freundin ungeduldig erwartet, übersprudelnd von den Erlebnissen ihres Pioniersommers. Voller Interesse lauschte Shenja den begeisterten Berichten über die Freuden und Genüsse von Artek, über das spanische Mädchen Teresa, die Tochter politischer Emigranten, über ein anderes Mädchen, dessen Großvater in einem amerikanischen Gefängnis saß, weil er für den Frieden kämpfte, und über die Briefe, die ihre ganze Gruppe nach Bulgarien geschrieben hatte, an ein ebensolches Pionierlager am anderen Ufer des Schwarzen Meeres. Mascha wollte mit Shenja sogar ins Geographiekabinett gehen, um ihr zu zeigen, wo genau die Stadt Varna lag, aus der die befreundeten bulgarischen Mädchen ihre Grußbotschaft erwidert hatten. Shenja staunte nicht weiter über Maschas interessante Erlebnisse; es schien ihr ganz natürlich und irgendwie sogar gerecht, daß Mascha das alles zufiel. Nur eine einzige Frage hätte sie ihr gern gestellt: ob ihre Toiletten offen oder in einzelne Kabinen unterteilt waren. Aber sie genierte sich.

Außerdem erzählte Mascha, wobei sie die Augen verdrehte und plötzlich ein wenig lispelte, vom Pionierleiter Arkadi, der an der Diplomatenschule studierte, wo man nicht jeden nahm, sondern nur Diplomatenkinder; dieser Arkadi habe seine gesamte Kindheit in Frankreich verbracht. Shenja registrierte, daß es, obgleich Mascha doch so weit oben stand, Menschen gab, die noch über ihr standen, und daß sie deshalb zu diesem Arkadi aufschaute, voller Respekt für seine Diplomatenkindheit in Paris. Wieder forderte Mascha Shenja auf, in der Pause das Geographiekabinett aufzusuchen, für das die beiden eigentlich noch zu klein waren, weil sie erst in die vierte Klasse gingen. Tatsächlich stiegen sie hinauf in den zweiten Stock, stellten sich vor die große Karte, und Mascha zeigte ihrer Freundin die Stadt Varna am Schwarzen Meer und die Stadt Paris inmitten von langweiligem Festland. Dann flüsterte sie: »Wenn ich groß bin, fahre ich auch mal nach Paris.«

Diese Behauptung war eine dreiste Aufschneiderei. Shenja wollte schon sagen, Mascha solle nicht zu dick auftragen, ließ es aber bleiben – Mascha war alles zuzutrauen.

Überhaupt fühlte sich Shenja Mascha stets unterlegen, obwohl Mascha keine besonders gute Schülerin war, sie selbst dagegen beinahe Klassenbeste. Schuld daran war unter anderem der Umstand, daß Mascha mit ihren zehn Jahren bereits sehr politisch und klassenbewußt war, ganz im Gegensatz zu Shenja selbst; sie konnte nie vergessen, wie bitterlich Mascha im letzten Jahr geweint hatte über die Nachricht vom Tod des Genossen Stalin, wie reichlich ihre Tränen geflossen waren zwischen den rosa Händen, die sie vors Gesicht geschlagen hatte, wie die breiten Träger ihrer schwarzen Schürze wie Flügel gebebt hatten, während Shenja nur unter ihrer eigenen Einsamkeit litt, unter ihrer Härte und Gefühlskälte. Damals begegnete sie nur einem einzigen Menschen, der nicht gemeinsam mit dem ganzen Land trauerte – ihrem alten Nachbarn Konopljannikow, der sich betrank und im Flur brüllte: »Er ist krepiert! Krepiert ist er, der Blutsauger! Er hat wohl gedacht, der Tod geht an ihm vorbei!«

Nach Stalins Tod trank der Nachbar mehrere Tage hintereinander, bis er schließlich am Wodka starb und lange nicht beerdigt werden konnte, weshalb es in der Wohnung nach totem Körper roch. Damals begegnete Shenja zum erstenmal diesem Geruch, der sie innerlich erstarren ließ.

Die beiden Mädchen waren in der Schule dicke Freundinnen, machten manchmal auch zusammen Hausaufgaben oder gingen auf die Eisbahn – Mascha in einem dicken Pullover und rotem Nylonanorak, Shenja in einem fusseligen Wollanzug. Obwohl Shenja mit ihren kräftigen Beinen besser Schlittschuh lief als Mascha mit ihren Streichholzbeinen, waren die Jungen hinter Mascha her, stellten ihr ein Bein, damit sie hinfiel, und halfen ihr dann auf, wobei sie ihr wie versehentlich an den dicken Pullover griffen. Shenja war deswegen nicht beleidigt. Auf dem Rückweg von der Eisbahn brachte Shenja meist Mascha bis zu deren Haustür und ging dann allein nach Hause. Eleonora hatte sie gebeten, Mascha zu begleiten, denn sie war immer sehr besorgt um sie. Im Sommer wurde Shenja auf die Schriftstellerdatscha eingeladen, wo sie mehrere Tage verbrachte, Erdbeeren aß, frisch vom Beet, das die Kinderfrau Dussja hegte und pflegte, und zerfledderte Bücher las, die ganz anders waren als jene, die man in der Schulbibliothek ausleihen konnte. Es waren unheimlich viele. Shenja lag in der Hängematte und las den kaum bekannten Leskow. Eleonora besaß eine phantastische Bibliothek, sogar auf der Datscha gab es jede Menge Bücher.

Mit Beginn der siebten Klasse begann Mascha, sich auf den Eintritt in den Komsomol* vorzubereiten. Sie brannte darauf, Shenja dagegen wollte sich darum drücken, doch Mascha warf ihr Kleinbürgerlichkeit und Spießertum vor, und Shenja vermochte ihr – und auch sich selbst – nicht plausibel zu machen, daß sie überhaupt nichts gegen den Kommunismus einzuwenden habe, daß es vielmehr ihr gemarterter und operierter Darm sei, der sich dagegen sträubte.

Am Ende der siebten Klasse eröffnete Mascha ihrer Freundin unter Berufung auf ihr nagelneues »Komso-

---

* Kurzwort für »kommunistitscheski sojus molodjoshi« – »kommunistischer Jugendverband«. Anm. d. Ü.

molzenehrenwort« ein großes Geheimnis: Ihre Schwester Sascha, noch keine sechzehn, habe eine richtige Affäre mit einem Jungen aus der zehnten Klasse einer Kunstschule. Sie seien quasi verheiratet, denn wenn Mama unterwegs sei, wohne er bei ihnen zu Hause und übernachte im Kinderzimmer, Mascha müsse solange ins Wohnzimmer ziehen. Und noch eins: Sascha gehe nicht mehr in die Schule, rauche ungeniert und trage, wenn Mama nicht da sei, deren Opossum-Pelzmantel. Wer oder was ein Opossum war, wußte Shenja nicht.

Das Verhältnis zwischen den Schwestern war in dieser Zeit sehr schlecht, sie stritten und zankten sich lautstark. Wenn Mascha dann heulte, tat es der Schwester leid, und Mascha durfte mit bei Saschas Gästen sitzen. Es waren lauter erwachsene junge Männer, Maler aus der obersten Klasse der Kunstschule, die kurz vor einem Studium an der Hochschule für Polygraphie, dem Stroganow-Institut oder dem berühmten Petersburger Muchina-Institut standen.

Die jungen Männer waren einer wie der andere bildschön und wirkten mit ihren legeren Pullovern und Schals sehr extravagant. Doch der Schickste von allen war Saschas Stassik. Er besaß ein Cordjackett. Die Mädchen trugen damals weit schwingende Röcke, die in der Taille eng geschnürt waren. Unterröcke kamen wieder in Mode. Mascha hatte einen dicken Schaumstoffpetticoat, ein Mitbringsel ihrer Mutter aus Ungarn. Ihre Taille maß nur unglaubliche siebenundvierzig Zentimeter. Mascha sah aus wie eine Hängelampe, bei der die Glühlampe (ihr kleiner Kopf) an der dünnen Schnur (ihrem schlanken Hals) nicht unterm Schirm saß, sondern darüber. Sie tranken Wein und tanzten.

Besonders tolle Parties feierten sie, wenn Eleonora in ihren Schriftstellerangelegenheiten im Ausland war – in jenen Jahren durften nur Auserwählte ins Ausland reisen. Zu einem solchen Abend wurde auch Shenja eingeladen. Auch sie zog einen weiten Rock an, umschnürte ihre Taille mit einem Lackgürtel und setzte sich in eine Ecke. Das Gespräch drehte sich um Chruschtschow. Er wurde beschimpft und verspottet, und Mascha hielt heftig dagegen, sie sagte, ein einzelner Funktionär könne zwar irren, aber es existiere doch eine Generallinie der Partei, und die Partei irre sich nie. Shenja schwieg und staunte über Maschas Selbstbewußtsein – sie sagte, was sie dachte. Obwohl sie in diesem Kreis illustrer junger Leute keine Unterstützung fand, ja, sogar ein wenig lächerlich wirkte.

In einer anderen Ecke des einstigen Kinderzimmers sprach man über Magritte, und auch dort saß ein bildschöner junger Mann, der Saschas Stassik in nichts nachstand, mit dem Spitznamen Baiser. Er debattierte hitzig, widersprach jedem und beschimpfte alle, sie seien total ungebildet und überhaupt nicht auf dem laufenden.

Die lockenköpfige, erwachsene Sascha leuchtete förmlich, so strahlend weiß war ihre Haut; Hals und Schultern hätten wie Marmor gewirkt, würde sie nur einen Moment in ihrer ständigen Bewegung innegehalten haben. Aber sie tanzte, sprang herum, hing an ihrem in Cord gehüllten schönen Jüngling und küßte ihn ungeniert vor aller Augen; dann verschwanden sie, und Shenja, die fünf Minuten später ins Bad wollte, um sich zu schneuzen – vor den Gästen genierte sie sich –, stieß dort auf die beiden und fiel fast in Ohnmacht: Sie taten derart Unglaubliches, daß die Ärmste auf die Toilette rannte, weil sie sich fast übergeben hätte. Was sie dann tatsächlich tat.

Wenn meine Mama wüßte, was ich gerade gesehen habe, dachte Shenja entsetzt, konnte den Gedanken jedoch vor Angst kaum zu Ende denken. Was dann los wäre!

Sie riß den Ratinémantel ihrer Mutter, den sie sich bei besonderen Anlässen ausleihen durfte, von der Garderobe, rannte voller Entsetzen über das Erlebte nach Hause und weinte lange ins Kissen, bevor sie einschlief.

Mascha schwärmte für Majakowski, las ihn kiloweise und kannte Lilja Brik* persönlich. Natürlich durch Eleonora. Shenja ihrerseits schwärmte für Pasternak, von dem sie in Maschas Bücherschrank ein zerfleddertes Vorkriegsbändchen gefunden hatte. Als sie Mascha begeistert von ihrer Entdeckung erzählte, zuckte die nur die Achseln und sagte, Boris Leonidowitsch kenne sie ebenfalls persönlich, er sei ihr Datscha-Nachbar.

»Was denn, er lebt noch?« fragte Shenja erstaunt, denn sie war überzeugt, alle großen Schriftsteller seien längst tot.

»Er wohnt neben dem Laden«, erwiderte Mascha gleichgültig und setzte hinzu: »Mama und er verstehen sich nicht mehr so gut. Früher haben sie miteinander verkehrt, aber seit Mamas Stalinpreis nicht mehr. Er ist altmodisch und bürgerlich. Aber Majakowski, den mochte er sehr ...«

Gegen Majakowski empfand Shenja heftigen Widerwillen; auf irrationale Weise assoziierte sie alles Kommunistische und Revolutionäre mit dem Bretterklo mit acht Löchern, was sie Mascha aus Scham jedoch nicht erzählte. Mascha hielt sie ohnehin schon für unerträglich kleinbürgerlich.

Ihre Kinderfreundschaft dauerte aus Trägheit an; Shenja hatte jetzt auch eine außerschulische Freundin, sehr klug und älter als sie. Für Mascha empfand sie zwar noch die gewohnte Anhänglichkeit, aber nicht mehr die frühere Bewunderung. Und als Eleonora Mascha fragte,

---

* Lilja Brik (1891-1978) – Regisseurin und Bildhauerin; Majakowskis Geliebte. Anm. d. Ü

warum sich Shenja so lange nicht blicken ließe, antwortete diese: »Die betrügt mich jetzt mit einer fremden grauen Maus. Was soll's – ihre Sache!«

Tatsächlich stand Mascha der Sinn nicht nach Shenja.

Maschas Leben, das Shenja stets so interessant erschienen war, kam im Grunde erst allmählich in Fahrt. Ihre Schwester Sascha schwebte zu dieser Zeit bereits in höchsten Höhen: Sie hatte mit sechzehn ihren bildschönen Stassik geheiratet, eine Tochter geboren, sie zum Erstaunen der Mutter Dussja genannt, wie ihre alte Kinderfrau, sich ein halbes Jahr mit Feuereifer um sie gekümmert und dann Stassik zu dessen Verblüffung verlassen und Dussja der Obhut seiner überglücklichen Eltern anvertraut. Sascha war eine neue Liebe widerfahren, mit solcher Macht, daß sie nicht dagegen ankam. Doch auch diese neue Liebe löste sich angesichts der nächsten, noch größeren nach einiger Zeit in Luft auf.

Eleonora verfolgte die Wendungen im Leben ihrer ältesten Tochter mißbilligend, bemühte sich aber um Zurückhaltung, da sie wußte, woher die Tochter das vulkanische Temperament hatte, und schlug nicht jedesmal Krach, wenn ihr danach war. Die hysterischen Duelle zwischen ihr und Sascha hätten eigentlich weit häufiger stattfinden können.

Sascha lebte jahrelang getrennt von ihrer Mutter – mal mietete sie ein Zimmer in einer Gemeinschaftswohnung, mal war sie ein paar Jahre in Tbilissi verheiratet, dann verkroch sie sich in einem Dorf bei Wologda bei einem verbannten Dissidenten, nahm Schauspielunterricht, widmete sich der Töpferei und der Astrologie, lernte aus einer plötzlichen Anwandlung heraus Französisch, fertigte wunderbare Übersetzungen eines der »verfluchten Dichter« an, die sie, nicht ohne Hilfe der Mutter, sogar in einem Nowosibirsker Verlag veröffentlichte, und schrieb selbst viele Gedichte. Aus der rundlichen marmorweißen Schönheit war eine räudige, wenngleich noch immer schöne Katze geworden, und sie trank die ganze Zeit – erst mäßig, dann viel, schließlich sehr viel.

Die kluge Eleonora beharrte ihr Leben lang, wenn sie von Sascha sprach, auf der unsinnigen Behauptung: Ihr Untergang war, daß sie die Schule geschmissen und Stassik geheiratet hat.

Auch Mascha verließ die Schule nach der neunten Klasse, aber nicht wegen irgendeines Idioten, sondern aus rein praktischen Erwägungen. Sie wollte sich an der philologischen Fakultät der Universität bewerben, und die Konkurrenz dort war sehr groß. Eleonora mit ihren kommunistischen Prinzipien hätte niemals um einen Studienplatz für die Tochter gebeten – sie gehörte zur letzten Generation der »ehrlichen Kommunisten« und verachtete Protektion, wie auch jede Art von Diebstahl oder Gewinnsucht und hielt nur das für ehrlich erworben, was der Staat für treue Dienste freiwillig schenkte. Mascha wechselte an die Abendschule und suchte sich eine Arbeit, denn »Produktionserfahrung« erhöhte die Chancen bei der Studienbewerbung.

Shenja ging einen anderen Weg: Sie setzte sich auf ihren harten Hintern und büffelte wie verrückt, um eine Gold- oder wenigstens eine Silbermedaille für den Schulabschluß zu erringen, die ebenfalls Vorteile bei der Studienbewerbung brachte. Sie besuchte Vorbereitungskurse an der medizinischen Fakultät – die Konkurrenz war dort ebenso groß wie bei den Philologen.

Die Mädchen sahen sich nur noch selten. Eine Begegnung aber sollte Shenja fürs ganze Leben in Erinnerung bleiben. Sie hatten lange gebraucht, um sich zu verabreden, nie klappte es, schließlich sollte Shenja an einem Sonntagmorgen zu Mascha kommen. Sie erschien mit einer Packung Eis.

»Mascha schläft«, verkündete Eleonora mürrisch, als sie die Tür öffnete. Die scharfäugige Shenja entdeckte auf der antiken Kommode im Flur einen lila Schirm mit Elfenbeinknauf und eine abgewetzte Damenhandtasche aus vorsintflutlichen Zeiten.

Mascha schlief nicht, sie kam im Frotteebademantel mit verschlafenem bleichem Gesicht aus dem Bad getrottet.

»Komm in mein Zimmer!« sagte sie brummig zu ihrer Freundin. Eleonora knurrte etwas, und Mascha blaffte zurück.

»Anna Andrejewna ist zu Besuch. Normalerweise übernachtet sie hier in der Nähe, in der Ordynka-Straße, aber da wird gerade renoviert«, brummte Mascha. »Na los, erzähl, was machst du so ...«

Während Shenja ihr die mageren Schulneuigkeiten erzählte, malträtierte Mascha mit sadistischer Miene einen unauffälligen kleinen Pickel auf ihrer Stirn, der dadurch gewaltig anschwoll und sich tiefrot färbte.

»Frühstück, Mascha! Bring auch Shenja mit!« rief Eleonora aus den weiten Tiefen der riesigen Wohnung.

Shenja liebte Maschas Zuhause. Sie hatte hier so viele Stunden und Tage verbracht, daß sie alles auswendig kannte – die Teelöffel mit den verschnörkelten dunklen Griffen, das schlichte Steingutgeschirr aus dem Baltikum, die festlichen Sammeltassen, Stück für Stück zusammengetragen, kein banales Service; den geflochtenen silbernen Brotkorb mit der silbernen Serviette darin, die Zuckerdose in Form einer kleinen Truhe, die Butterdose mit dem Schäfchendeckel, die Käsebrettchen aus Porzellan, die an der Küchenwand hingen. Sie erinnerte sich besser als Mascha, was Eleonora in den letzten zehn Jahren woher mitgebracht hatte. Der Teppich, der aussah wie ein Läufer, stammte aus den Karpaten, der kupferne Krug mit Deckel aus Samarkand, und auf der Toilette hing eine große gewebte Stofftasche aus der turkmenischen Stadt Mara – ursprünglich für andere Zwecke gedacht, enthielt sie nun Toilettenpapier.

Shenja folgte Mascha in die Küche. Eleonora stand mit dem Rücken zu ihr am Herd und kochte Kaffee in einem kupfernen Gefäß. Am Tisch saß die erwähnte Anna Andrejewna – es war die Achmatowa. Groß, in einem weiten lila Kleid, das graue Haar hochgesteckt. Ungepflegt, das Gesicht von scharfen Runzeln durchzogen, abgeplatzte Lackreste an den Fingernägeln – majestätisch wie die Berge des Kaukasus, schön, nicht wie ein Mensch, sondern wie das Meer oder der Himmel, und stoisch wie eine Bronzestatue.

Eleonora goß ihr Kaffee in eine goldene Tasse, und endlich wußte Shenja, wozu und für wen derart sinnlose, teure Dinge gemacht wurden.

»Guten Morgen«, sagte die Achmatowa zu den grußlos hereingekommenen Mädchen.

Neunzehnhundertsechsundsechzig beendete Mascha ihr Studium und heiratete einen berühmten englischen Dichter. In der Sowjetunion hatte eine Begegnung mit progressiven westlichen Schriftstellern stattgefunden, zu der er eingeladen war. Eleonora war mit ihrer Tochter hingegangen.

Der Engländer verliebte sich besinnungslos in die ein wenig linkische, vierzig Kilo wiegende Mascha und heiratete sie unverzüglich, nachdem er im Schnellverfahren den Wahnwitz sämtlicher Formalitäten absolviert hatte. Die Hochzeit, genauer, das für acht Personen bestellte Hochzeitsessen fand im Nobelrestaurant des Hotels »National« statt. Der junge Ehemann überragte seine Frau um anderthalb Köpfe. Mascha trug ein Kleid, das er eigens für diese Gelegenheit mitgebracht hatte – rosa kariert mit Biese, so kindlich, daß nur noch das Lätzchen fehlte. Das junge Paar lachte ununterbrochen, tauschte Blicke, zwinkerte sich zu und demonstrierte allseits, daß es sich keinen Deut um die anderen scherte. Das war ohnehin nicht weiter schwierig, denn Eleonora, die ganz gut Deutsch und ein wenig Französisch sprach, verstand kein Wort Englisch. Außerdem anwesend waren die Kinderfrau in hellblauer Bauernbluse und dunkelblauer Wolljacke — trotz der Hitze — und Shenja.

Zwei der acht Geladenen erschienen nicht: Maschas Schwester Sascha, allerdings nicht aus Neid, sondern weil sie sich am Vorabend betrunken hatte und nicht rechtzeitig aus dem Bett kam. Der zweite Abwesende war ein enger Freund von Mascha, ebenfalls ein Schriftsteller, den sie eigentlich hatte heiraten wollen, bevor der Engländer aufgetaucht war. Mascha wollte unbedingt, daß er bei ihrer Eheschließung Trauzeuge war, an der Hochzeit teilnahm und so demonstrierte, wie erhaben und unschuldig ihre Beziehung gewesen war. Aber er blieb dem Standesamt fern, und als Trauzeuge sprang der Chauffeur Nikolai ein. Er setzte seine Unterschrift unter die Ehe-Urkunde, wollte sich jedoch partout nicht mit an den Tisch setzen. Shenja war die Trauzeugin der Braut. Mascha hatte sie ausgewählt, weil sie treu und zuverlässig war und kein Englisch konnte. In der gesamten Zeit, die zur Vorbereitung der Eheschließung erforderlich gewesen war, hatte Mascha ihren prächtigen Michael sorgfältig gegen überflüssige Kontakte abgeschirmt. Noch am Hochzeitsabend flog er nach London. Mascha blieb und wartete auf das Visum.

Mascha war ganz auf London eingestimmt, da rief Michael an und erklärte, er müsse Material sammeln für ein Buch über die englisch-deutschen Beziehungen im Zweiten Weltkrieg, deshalb zögen sie zunächst nach Berlin. Mascha heulte lange — sie hatte Anglistik studiert, war Spezialistin für englische Literatur und schwärmte für Dickens, und nun sollte sie auf einmal in das scheußliche Deutschland, noch dazu nach Westdeutschland, zu diesen Deutschen, die den Krieg entfesselt hatten, mit ihrem Faschismus und ihren Konzentrationslagern.

Drei Monate später wurde Mascha auf dem Belorussischen Bahnhof nach Westberlin verabschiedet. Es waren nicht viele Leute gekommen: Eleonora, euphorisch und zugleich bekümmert – sie liebte ihre Jüngste innig und trennte sich nur schwer von ihr –; Sascha mit einer Flasche Sekt, bereits leicht angetrunken und fest an ihren neuen Geliebten geklammert, einen im ganzen Land berühmten Fußballer; der Chauffeur Nikolai, der Maschas zwei Koffer trug, und die treue Shenja mit einem Blumenstrauß. Sie tranken den Sekt, Mascha stieg ein, lächelte glücklich und winkte mit Shenjas Strauß.

»Seid nicht traurig! Leben kann man überall!«

Alle lachten über die witzige Bemerkung. Selbst Shenja lächelte. Sie war inzwischen schon fast Ärztin und ein bißchen klüger geworden; sie betrachtete nun alles mit neuen Augen. Auch ihr Urteil über Mascha und ihre Mutter hatte sich gewandelt. In jenen Jahren kursierte ein populärer Witz: Von den drei Eigenschaften Intelligenz, Redlichkeit und Parteitreue seien nur jeweils zwei miteinander vereinbar. Intelligenz konnte sie weder Eleonora noch Mascha absprechen – dazu standen zu viele Bücher in ihren Regalen – Redlichkeit auch nicht ...

Scheinheilige Heuchler, dachte Shenja.

Der Zug fuhr ab, in eine für einfache Sowjetmenschen unerreichbare Stadt – nach Westberlin.

Sie traten hinaus auf den Bahnhofsvorplatz. Eleonora küßte Sascha, nickte dem Fußballer zu, drückte Shenja überraschend die Hand und sagte zu ihr: »Ruf ab und zu mal an, Shenja.«

Der treue Nikolai öffnete den hinteren Wagenschlag des alten Wolga. Eleonoras großer Ruhm war längst dahin, ihre Bücher waren nicht mehr Schullektüre, obgleich sie noch in allen Buchläden des unermeßlichen Landes lagen.

Eleonora hob den Saum ihres flauschigen, längst nicht mehr neuen Pelzmantels und stieg ein.

Das ist bestimmt der Opossumpelz, dachte Shenja.

Das nächste Mal trafen sich die Freundinnen neunzehnhundertachtundsechzig, kurz nach dem Prager Frühling. Shenja war inzwischen Kinderärztin, arbeitete als Assistenzärztin am Lehrstuhl für Hämatologie und hatte einen Mediziner geheiratet. Mascha besuchte sie in der Wohnung der Schwiegereltern, wohin Shenja aus ihrer Gemeinschaftswohnung gezogen war.

Mascha war kaum wiederzuerkennen: Sie trug einen kurzen Jungenhaarschnitt mit lustigem Pony und war gekleidet wie ein Halbwüchsiger, in stumpfnasigen Schuhen und Kinderjeans, die selbst für ihre knochige Figur zu eng waren.

»Mein Gott, Mascha, bist du aber dünn!« rief die inzwischen üppiger gewordene Shenja.

»A la Gavroche, mein Mann mag das. Ich bin auf Diät.« Mascha lachte, und ihr Lächeln wirkte ein wenig schief.

Sie hatte einen Haufen Geschenke mitgebracht. Die Sachen waren Shenja alle ein wenig zu knapp, sie paßte nur mit Mühe hinein. Mascha erklärte, das solle sie in Form halten und verhindern, daß sie dicker würde. Zur Demonstration griff sie sich zwischen Gürtel und Körper, doch da war keine Lücke.

»Das ist eine Kindergröße, die kleinste Frauengröße dort ist zwar eine Nummer kleiner als unsere, aber ich trage schon seit einem halben Jahr nur noch Sachen für zwölfjährige Jungen.«

Mascha ahnte bereits, was hinter Michaels minima-
listischem Geschmack steckte, mochte es sich aber noch
immer nicht endgültig eingestehen.

»Na los, erzähl, was gibt's Neues?« fragte Mascha und
machte dazu ein Gesicht wie eine Erwachsene, die mit
einem Kind spricht.

»Unsere Truppen sind in Prag einmarschiert.« Shenja zuckte die Achseln. »Was willst du sonst für Neuig-
keiten hören? Wer geheiratet hat und wer geschieden
ist?«

Mascha sah Shenja ernst an. Das hatte sie nicht erwartet.

»Aber Shenja, seit wann interessierst du dich denn für
Politik?«

»Nein, Mascha, ich interessiere mich nicht dafür, auch
jetzt nicht. Ich interessiere mich für Kinderhämatologie.
Aber diese Politik ist eine Katastrophe. Wir fürchteten
schon einen neuen großen Krieg.«

»O nein, das nicht«, erklärte Mascha als jemand, der
unmittelbar von dort kam, wo entschieden wurde, wer
einen Krieg anfing und wann. »Aber es ist ein schwerer
Schlag für die kommunistische Bewegung. In der ganzen
Welt herrscht Empörung, das ist ein großer Prestigever-
lust. Man hätte das Ganze irgendwie klüger arrangieren
müssen, aber nein, sie haben aus den ungarischen Ereig-
nissen nichts gelernt.«

»Wovon redest du, Mascha? Was heißt da arrangieren?« fragte Shenja erstaunt.

Ach, sie versteht nichts. Sie hat nie etwas verstanden,
dachte Mascha und erläuterte: »Michael und ich waren
die ganze Zeit in München, dort leben viele aus Prag
geflohene Schriftsteller, Wissenschaftler und Künstler.
Viele von ihnen waren Linke, Sozialisten und Anti-
faschisten – die werden den Weltprozeß nun nie mehr
unterstützen.«

»Welchen Prozeß?« fragte Shenja schüchtern.

»Den kommunistischen«, entgegnete Mascha voller Überzeugung. »Sie sind für die kommunistische Bewegung verloren. Du hast ja keine Ahnung, aber ich verrate dir was: In Italien zum Beispiel ist die Hälfte der Kommunisten aus der Partei ausgetreten, in Frankreich ebenso. Michael ist natürlich nicht Parteimitglied, er ist Künstler, ein Vermittler der Idee, du kannst dir gar nicht vorstellen, wie berühmt er im Westen ist, die jungen Leute sind ganz verrückt nach ihm. Alle diese Rockmusiker, die laufen ihm regelrecht hinterher, sind begierig auf jedes Wort von ihm. Wir waren während der Studentenrevolte in Paris, Michael war einer der führenden Köpfe, ideologisch natürlich. Das ist im Grunde eine antibourgeoise Bewegung ...«

Grischa kam herein und brachte eine Flasche Kognak. Das Geschenk eines Patienten.

»Wißt ihr eigentlich, daß das überhaupt kein Kognak ist?« fragte Mascha provozierend.

Grischa öffnete die Flasche, schnupperte und erklärte: »Das ist Kognak. Keine Frage. Guter armenischer Kognak.«

Mascha lachte.

»Cognac ist eine Stadt in Frankreich. Dort wird ein Getränk hergestellt, das so heißt. Alles andere ist kein Kognak.«

Grischa war die Gutmütigkeit in Person.

»Shenja, geh und mach uns was zu essen, wir trinken solange dieses unbestimmte Getränk, das angeblich gar kein Kognak ist.«

Schrecklich, dachte Mascha. Er scheint ja ein guter Mensch zu sein, aber es kommt ihm überhaupt nicht in den Sinn, wie sehr er seine Frau erniedrigt, wenn er sie in die Küche schickt, damit sie ihn bekocht. So etwas erlaubt sich Michael nie.

Die Ärmste sollte noch erfahren, daß Michael, ein moderner Mann, sich Dinge erlaubte, die ihr noch viel weniger gefallen würden, als ihrem Mann Bratkartoffeln zu machen.

Die Freundinnen trennten sich mit dem Gefühl endgültigen Abschieds. Hin und wieder erreichten Shenja vage Gerüchte über Mascha: Sie habe ein Buch über die Arbeiterbewegung nach achtundsechzig geschrieben, sei geschieden von ihrem Mann, der sie verlassen habe, und zwar wegen eines jungen Mannes – was Shenja nur mit Mühe begriff –, und lebe nun in Afrika oder Südamerika oder abwechselnd bald da, bald dort. Einige Male besuchte Mascha Eleonora in Moskau, meldete sich aber nie bei Shenja. Shenja war deswegen nicht beleidigt, es erschien ihr normal: Sie bewegten sich auf verschiedenen Umlaufbahnen.

Doch nach sieben Jahren kam plötzlich ein Anruf von Mascha.

»Shenja! Sascha ist gestorben. An Leberzirrhose. Morgen ist die Beerdigung. Die Totenmesse ist um elf in der Nikolaus-Kirche, dann fahren wir nach Peredelkino, zum Friedhof.«

Mascha weinte. Auch Shenja mußte weinen. Sascha war so schön gewesen und etwas Besonderes – so frei, so talentiert ...

Zum erstenmal in ihrem Leben besuchte Shenja eine Totenmesse. Nicht, daß zuvor noch niemand in ihrem Umkreis gestorben wäre, aber die meisten lebten und starben ohne Kirche.

Es waren eine Menge Leute da, wie bei einer Theaterpremiere – kultivierte, elegant gekleidete Menschen, Frauen in Pelzen. Neben dem Sarg standen die kleine Eleonora mit entzündetem rotem Gesicht in ihrem alten Opossum und die wachsbleiche Mascha mit einer schwarzen Strickmütze, zwischen ihnen ein hochgewachsenes junges Mädchen, das aussah wie Sascha, nur noch schöner.

Als Mascha Shenja entdeckte, stürzte sie auf sie zu und umarmte sie.

»Shenja, meine liebe Shenja, ich hab so auf dich gewartet! Du kannst dir nicht vorstellen, wie sehr ich dich brauche. Ich hatte selber keine Ahnung.«

Sie benetzten sich gegenseitig mit Tränen, dann schaute Shenja in den Sarg. Diese gelbe Greisin mit der kleinen Hakennase war keinesfalls Sascha. Die wahre Sascha hieß nun Dussja, hatte aber ein strengeres Gesicht und war größer.

Der Priester kam heraus; er war sehr klein, kahlköpfig und sah aus wie der Wundertätige Nikolaus.

Arm in Arm standen sie da, im Kummer vereint — Eleonora, die das Ende lange vorausgeahnt hatte, namentlich ein solches, beschämendes Ende, wie sie fand; und Mascha, die das Ereignis unvorbereitet getroffen hatte, trotz der nüchternen telefonischen Äußerungen der Mutter: »sie stirbt«, »es geht zu Ende«, »sie verläßt uns«. Die bildschöne junge Dussja erinnerte Shenja an Sascha im selben Alter, mit fünfzehn, sechzehn, und an Stassik und die Szene im Bad. Auf einmal spürte Shenja intensiv, wie sehr, wie schwesterlich sie an der törichten, rührenden Mascha hing, die noch immer aussah wie ein schöner Junge, obgleich sie allmählich welkte.

In Peredelkino wurde der Sarg von vielen Männern zum Grab getragen, die einander ablösten. Es herrschte grimmiger Frost, und sie alle waren ohne Mütze, eingehüllt in Dampfwolken ihres eigenen Atems.

»Die haben sie alle geliebt«, flüsterte Shenja Mascha zu.

»Das ist höchstens die Hälfte derer, die sie geliebt haben«, erwiderte Mascha streng.

Mascha verbrachte eine Woche in Moskau. Wieder

saß Shenja in Eleonoras Wohnung. Nach so vielen Jahren kehrte sie dorthin zurück wie in ein Zuhause. Eleonora stellte eine Sammeltasse vor sie hin und war überhaupt sehr nett zu ihr. Sie fragte, ob sie Kowarski kenne.

»Ich arbeite bei Kowarski junior«, antwortete Shenja.

»Er soll ja genauso gut sein wie sein Vater«, sagte Eleonora unsicher.

Shenja bestätigte das.

»Bei der Enkelin eines engen Freundes besteht Verdacht auf Leukämie. Könnte ich ...«

»Ich habe meine Doktorarbeit über Leukämie geschrieben. Das ist mein Spezialgebiet, Leukämie bei Kindern. Natürlich, jederzeit ... Wenn Sie möchten, auch bei Kowarski senior.«

Mascha reiste ab, und nun schrieben sich die Freundinnen ab und zu, nahmen den dünnen Faden ihrer Verbindung wieder auf. Mascha lebte in London, in einer klassischen Drei-Etagen-Wohnung, die ihr Exmann ihr in einer bescheidenen, aber guten Gegend gekauft hatte. Er selbst war in dem großen Haus in Kensington geblieben, das schon seinem Urgroßvater, einem Juristen, gehört hatte. Nach der Scheidung ging es mit Maschas Leben bergab: Weniger Glanz, kaum noch Kontakt mit Berühmtheiten, keine Reisen in die Hauptstädte der Welt mehr, keine Präsentationen und Empfänge – all das hatte Michael behalten, ebenso wie das alte Haus mit Garten. Immerhin hatte Mascha ihre Arbeit – sie war inzwischen eine Koryphäe auf dem Gebiet der Arbeiterbewegung, eine Kennerin des Trotzkismus, gehörte zur linksintellektuellen Szene und genoß den Ruf einer seriösen Kommunismus-Expertin. Sie hatte einen gewissen Erfolg bei Männern ihres Kreises, aber ihr Äußeres – die jungenhafte Schlankheit, die bezaubernde Eckigkeit ihrer Bewegungen, das wundervolle ovale Gesicht und die schrägen hellen Augen – paßte eher zu den

Künstlerkreisen, denen sie nicht mehr angehörte. Sie hatte mehrere unbedeutende Affären, die ihr mehr Enttäuschung als Freude bescherten. Die beste und längste davon war die italienische: Sechs Jahre lang fuhr sie in eine kleine Stadt bei Neapel, wo ihr ein Hotelzimmer zur Verfügung stand, ein Sonnenschirm am Strand und ein kleines Restaurant samt dessen Besitzer, dem vierzigjährigen Luigi, der in den Wintermonaten, wenn das Geschäft ruhte, mit Frau und Töchtern in einer farblosen Kleinstadt zwanzig Kilometer vom Meer entfernt lebte, im Sommer aber Zugereiste mit neapolitanischer Pizza verwöhnte und mit allem, worüber er sonst noch gebot. Diese zweiwöchigen Italienaufenthalte bekamen Mascha gut, denn in England fehlte es ihr in jeder Hinsicht an Wärme. Dann verschwand Luigi, und als Mascha den neuen Inhaber des Restaurants fragte, wo er abgeblieben sei, hob der nur die Arme.

»Ich habe ihm das Geschäft abgekauft, er hat das Geld genommen und ist verschwunden. Schauen Sie, was für eine Terrasse ich angebaut habe. Möchten Sie hier Ihren Stammplatz haben?«

Aber ihr angestammter Platz war London, und dort überfielen sie Depressionen, besonders im Frühling und im Herbst. Deshalb kam Mascha nun häufiger nach Moskau.

Neunzehnhundertfünfundachtzig brach Eleonora ihr das Herz – sie heiratete. Das war töricht, dumm, ja, beschämend. Sie war knapp siebzig, eine Greisin, obgleich noch schlank und agil.

Mascha war beleidigt, weil ihre Mutter sie nicht vorgewarnt hatte. Bei einem ihrer Besuche holte Eleonora sie in Scheremetjewo ab und erzählte ihr auf dem Heimweg von ihrer Heirat. Der zweite Schlag erwartete Mascha zu Hause: Eleonoras Mann hatte Maschas Zimmer zu seinem Arbeitszimmer umfunktioniert, und

Eleonora machte ihr das Bett im Wohnzimmer. Am nächsten Morgen packte Mascha ihre Sachen und ging zu Shenja, die inzwischen mit ihrem Mann ein Kind bekommen und eine Genossenschaftswohnung bezogen hatte.

Zehn Tage saß Mascha übellaunig bei Shenja, ging vielleicht dreimal aus dem Haus und rief kaum jemanden an. Sie war zutiefst verletzt. Nur die Geschichte mit Michael hatte eine derart verheerende Wirkung auf sie gehabt.

Eleonora meldete sich zweimal bei Shenja, aber Mascha traf sich vor ihrer Abreise nur noch einmal mit der Mutter, auf neutralem Boden – das durch die unwürdige Heirat besudelte Zuhause betrat sie nicht mehr.

Der neutrale Ort war das Café im Hotel »National«. Sie saßen an einem kleinen Tisch, die kleine Eleonora kerzengerade und Mascha, die ihre frühere Straffheit eingebüßt hatte, mit krummem Rücken. Vor ihnen standen zwei Tassen Kaffee, Berliner Gebäck und eine Flasche Mineralwasser. Eleonora erzählte Mascha von ihrem neuen Mann: Sie habe ihn seit vielen Jahren geliebt und ihn geheiratet, nachdem seine Frau gestorben war. Zum erstenmal lebe sie nun mit einem Mann zusammen, den sie liebe, und sei rundum glücklich. Sie seien beide in einem Alter, da von langem Glück nicht mehr die Rede sein könne, aber sie wisse jeden Tag zu schätzen, der ihr noch bleibe, und wolle keinen einzigen davon missen. Sie bat Mascha um Verzeihung, weil sie so taktlos gewesen sei, Juri Iwanowitsch ihr Zimmer zu geben, sie könne ihn bitten, mit seiner Arbeit zeitweilig ins Wohnzimmer umzuziehen. Denn du wirst verstehen, Mascha, das kleine Zimmer, das ehemalige Zimmer der Kinderfrau, ist nichts für einen ehemaligen General – sie lächelte –, und unser Schlafzimmer dient einem anderen Zweck.

Aus ihrer Stimme klang weiblicher Triumph, als habe sie den abgetakelten General der Tochter ausgespannt. Mascha registrierte diese Nuance, besonders den Wink mit dem Schlafzimmer.

Mein Gott, was soll das, sieht sie mich etwa als Konkurrenz, dachte Mascha.

Sie hätte am liebsten wie früher, in ihrer Kindheit, als sie noch zu dritt zusammenlebten, geschrien, gekreischt, ihre Tasse zu Boden geworfen; wären sie zu Hause gewesen, hätte sie das womöglich getan, und anschließend hätten sie beide geschluchzt, einander übers Haar gestreichelt und geweint, einträchtig und zutiefst versöhnt.

»Ich verstehe alles, Mama«, sagte Mascha und stand auf. »Ich werde nie mehr nach Moskau kommen.«

Eleonora holte ihr Portemonnaie aus der Tasche und winkte elegant nach dem Kellner. Woher hatte sie nur dieses Gebaren? Sie war eine echte Dame von Welt, diese unbeugsame Kommunistin.

Kaffee und Gebäck standen unberührt auf dem Tisch. Der Kellner bemerkte die Aufforderung nicht, und Eleonora hielt die Hand erhoben und bewegte leicht die Finger. Die Hände von Mutter und Tochter waren vollkommen gleich – extrem schlanke Finger mit großen, gewölbten Nägeln, die sich vorn leicht nach innen bogen.

Aber Mascha kam wieder. Drei Jahre später, nach dem Tod des Generals. Eleonora hatte sie angerufen, ihr mitgeteilt, daß sie den General begraben habe, und Mascha gebeten, sie zu besuchen. Mascha antwortete, sie werde es sich überlegen, veranlaßte am nächsten Tag die Verlegung ihrer Vorlesungen, die sie an der Londoner Universität hielt, und buchte einen Flug. Sie rief Shenja an. Shenja holte sie ab und fuhr sie nach Hause. Shenja war klug genug, keine Fragen zu stellen, sie freute sich über das Wiedersehen. Und fragte Mascha, ob sie mit raufkommen solle.

»Ja, bitte, tu das. Ich hab ihr nicht einmal angekündigt, daß ich komme. Sie erwartet mich gar nicht.«

Eleonora freute sich, aber seltsam verhalten. Sie trug einen ziemlich fleckigen Kittel, so hatte sie noch nie jemand gesehen. Die Wohnung war voller Fotos vom General. Eleonora selbst wirkte matt, sie lächelte sanft, und ihre ersten Worte waren: »Denk nur, Kindchen, du bist genau am vierzigsten Tag gekommen.«

Nie hatte sie Mascha Kindchen genannt. Aber diesmal empfand Mascha nichts als bitteres Mitleid. Und es war ihr egal, wo sie schlief – im ehemaligen Kinderzimmer, im ehemaligen Zimmer der Kinderfrau oder im Wohnzimmer.

Danach kam Mascha noch zweimal wieder. Beim letztenmal gestand sie Shenja, daß sie zwei Monate in einer Londoner Klinik gelegen habe, nach einem mißglückten Selbstmordversuch.

Shenja – sie war schließlich Ärztin – heulte und lamentierte nicht, zuckte nicht einmal mit der Wimper.

»Na, Gott sei Dank ist alles überstanden! Das machen viele durch. Und den Wunsch, denke ich, verspürt jeder von Zeit zu Zeit.«

»Wahrscheinlich. Aber ich habe keine anderen Wünsche mehr als diesen«, sagte Mascha mit bitterem Lachen.

»Mascha! Das ist eine ganz gewöhnliche Depression, dagegen nimmt man …«

»Ja, ja, Prozac. Das hab ich schon pfundweise geschluckt. In London kann man einfach nicht leben – eine verfluchte Stadt. Ich habe viele Bekannte, auch Freunde, aber wenn man mal mit jemandem reden will, dann vertrösten sie dich höflich auf nächste Woche Dienstag. Das ist der kälteste Ort der Welt. Eine kalte Wüste! Die

Engländer kommunizieren überhaupt nicht, sie tauschen nur Phrasen aus, die einander gleichen wie Fünfcentstücke. Und die Arbeiterbewegung ... Ich hab das alles satt, so satt! Ich hatte Ideale, über die heute jeder lacht. Mein ganzes Leben war für die Katz! Verstehst du, das Leben ist vorbei, aber ich lebe noch. Das kommt vor! Die Zwetajewa! Majakowski! Und mein Vater!«

Gleich kriegt sie einen hysterischen Anfall, dachte Shenja. Aber sie irrte: Mascha brach ab und fragte dann leise: »Du meinst, das ist Sünde?«

Shenja überlegte. Sie war zu professionell und gewissenhaft, um an Sünde zu denken. Auf ihrer Station starben oft Kinder an Leukämie, und sie sah deren Mütter, die bis zum letzten Augenblick auf ein Wunder hofften. Shenja dachte nicht an Sünde, sie dachte an Eleonora. Und sagte: »Nein. Das meine ich nicht. Ich meine, du persönlich hast kein Recht das zu tun, solange Eleonora lebt. Wenn sie nicht mehr ist, kannst du tun, was du für richtig hältst. Ich finde, unter bestimmten Umständen hat ein Mensch das Recht darauf. Genau wie auf Sterbehilfe. Aber nicht du und nicht jetzt ...«

»Aber versteh doch, sie existiert so gut wie nicht mehr. Du erinnerst dich doch an Mama? Sie war so ein phantastischer Mensch, klug, geistreich, talentiert! Ich weiß, ich weiß! Ihre Zeit ist vorbei, und niemand hält sie noch für eine große Schriftstellerin. Trotzdem, ich kannte viele herausragende Menschen – ich will gar nicht alle aufzählen, die in unserem Londoner Haus ein und aus gingen! Und ich sage dir, sie war ein großer Mensch! Glanzvoll! Bedeutend! Aber die geistesschwache Alte da in dem schmutzigen Kittel, die mich zehnmal dasselbe fragt, das ist einfach nicht sie!«

»Doch, das ist sie«, sagte Shenja hart. »Und solange sie am Leben ist, hast du nicht das Recht, dein Leben zu beenden. Es gibt eine natürliche Reihenfolge. Das ist ein Gesetz, auch wenn es manchmal verletzt wird, und wie schlimm das ist, sehe ich jeden Tag. Du mußt warten.«

»Ich werde es mir überlegen«, erwiderte Mascha müde.

Eine Woche später reiste sie ab, und nach einer weiteren Woche kam die Nachricht von ihrem Tod. Selbstmord.

Sie wurde in Moskau begraben, auf ihren eigenen Wunsch. Sie hatte ein Testament aufgesetzt, alles war genauestens geregelt, bis auf die kleinsten Formalitäten. Aus irgendeinem Grunde hatte sie verfügt, daß die Totenmesse in derselben Kirche stattfinden sollte wie damals für Sascha. Sie war keineswegs religiös, aber die Kinderfrau Dussja hatte beide Mädchen eigenmächtig taufen lassen.

Ihre englische Freundin brachte den Sarg. Er hatte die Form einer Zigarre und war so klein wie ein Kindersarg. Die alten Frauen in der Kirche mit ihrem lebhaften Interesse für den Tod betrachteten und befühlten ihn ausgiebig, einige lobten ihn, andere erklärten ihn für unorthodox.

Es kamen viele Leute, aber nicht ganz so viele wie zur Totenmesse für ihre Schwester Sascha. Eleonora stand neben dem Sarg wie eine kleine Puppe, hatte seltsamerweise Rouge aufgelegt und sich die Augenbrauen nachgezogen, was sie eigentlich seit langem nicht mehr tat. Ihre Enkelin Dussja hatte ihr den Arm um die Schultern gelegt, und man sah ihr an, wie schwer das alles für sie war. Sie war hochschwanger. Shenja stand neben ihr, Herztropfen, Salmiakgeist und Beruhigungsmittel griffbereit. Aber nichts davon wurde benötigt.

Bei der Totenfeier unterhielt sich Shenja zum erstenmal mit Dussja. Sie war ihrer Mutter unglaublich ähnlich, machte dieselben komischen Bewegungen mit den Fingern und schüttelte ihren Lockenkopf genau wie diese. Sie hatte ihre Mutter kaum gekannt, denn die Eltern ihres Vaters, die für sie wie Eltern waren, hatten den Kontakt des Mädchens zu seiner Mutter auf ein Minimum beschränkt – aus Furcht vor deren schlechtem Einfluß. Und nun, da das alles so lange zurücklag, war Dussja darüber sehr traurig.

Weiter stellte sich heraus, daß Dussja schon seit mehreren Jahren mit ihrem Mann in der Schriftstellerdatscha lebte, die einst ihre Familie bewohnt hatte. Eleonora hatte sie ihnen bald nach ihrer Heirat überlassen, denn der General besaß ebenfalls eine Datscha, wesentlich luxuriöser als ihre eigene.

Nun wollte Dussja die Großmutter zu sich auf die Datscha holen, denn dort würde es ihr bessergehen als in der Stadt, ohne die vielen schmerzlichen Erinnerungen. Und auch das künftige Kind war auf der Datscha besser aufgehoben als in der Stadt.

Während Dussja das alles leise Shenja erzählte, stand Eleonora auf und sagte in herrischem Ton zu Dussja: »Mascha, ich bin sehr erschöpft, bring mich bitte ins Schlafzimmer.«

Mag sie ruhig glauben, das sei Mascha, dachte Shenja. Dussja wird sie pflegen und ihr die Augen schließen.

Aber so gut endete es nicht. Der höhere Ratschluß verfügte es anders. Eleonora lebte kaum ein Jahr in der alten Datscha. Sie schien kräftiger, besuchte häufig ihre alte Freundin ein paar Häuser weiter, sie unterhielten sich, tauschten Erinnerungen aus, sprachen über Menschen, die schon lange nicht mehr lebten. Eines Abends wollte sie der Freundin ein Buch bringen. Dussja bat sie, jetzt am Abend nicht mehr hinauszugehen, aber die sonst so sanfte Eleonora reagierte plötzlich bockig, zog ihren Mantel an und griff nach ihrem Stock. Dussja wollte sie begleiten, da wachte der Kleine auf und schrie, und sie rannte zu ihm.

Als Eleonora nach zwei Stunden noch immer nicht zurück war, rief Dussja die Freundin an. Die erklärte erstaunt, Eleonora sei nicht bei ihr gewesen. Dussja fand ihre Großmutter im Entwässerungsgraben neben dem Haus der Freundin. Eleonora war tot.

Am nächsten Tag rief Dussja Shenja an und teilte ihr den Tod der Großmutter mit. Shenja schwieg lange, dann stellte sie eine törichte Frage: »Was für ein Buch hatte sie denn bei sich?«

»Mereschkowski«, antwortete Dussja erstaunt.

Eleonora wurde in Peredelkino beerdigt, anschließend gingen alle in die alte Datscha und tranken jeder ein Glas Wodka. Sie waren nur wenige. Sie nahmen Abschied von Eleonora und von dem Ort, wo sie sich einst so prächtig amüsiert hatten. Die Datscha gehörte dem Literaturfonds, und Dussja würde sie bald einem Schriftsteller abtreten müssen, der auf der Warteliste stand.

Ein Jahr später rief Dussja Shenja an und sagte, sie habe Kinderfotos von Mascha und Sascha durchgesehen, und auf einigen sei auch Shenja drauf. Die wolle sie ihr zur Erinnerung schenken.

Shenja fuhr in die alte Wohnung. Dussja öffnete. Hinter ihrem Rücken lugte ein semmelblonder Junge hervor, der nicht die geringste Ähnlichkeit mit den unglücklichen Frauen dieser Familie hatte. Dussja war erneut schwanger. Aus dem kleinen Zimmer kam ihr Mann Sascha, groß, bärtig, mit einem offenen Lächeln. Er winkte Shenja grüßend zu, schnappte sich den Kleinen und verschwand.

Die Fotos waren Amateuraufnahmen und ziemlich verblichen. Dussja breitete sie auf dem Wohnzimmertisch aus. Wahrscheinlich hatte Nikolai sie gemacht, der Chauffeur. Shenja wurde von einem heftigen Gefühl überwältigt, das sie nicht recht definieren konnte. Es lag nicht an den Fotos.

Es lag an diesem Zuhause — hier war alles vollkommen unverändert: die verglasten Bücherschränke, die goldenen Buchrücken, die Bildbände, die Werkausgaben, viele davon in altehrwürdiger Schrift, darunter Mereschkowski und Karamsin; die Stiche und Gemälde an den Wänden, die abgewetzten Teppiche, die Mahagonimöbel, das schwere Tafelsilber auf dem Tisch mit den vielen Beinen, die auseinanderlaufen und den Tisch in ein riesiges Oval verwandeln konnten; der Kronleuchter mit der von Kristalltränen umringten blauen Glasbirne.

Auch die alte Kinderfrau Dussja fiel ihr ein, untersetzt, mit einer Warze im Gesicht und in einer auf dem Bauch ganz abgewetzten Schürze. Aber diese Menschen lebten nicht mehr, hier lebten nun andere. Es war wie in einem seltsamen Traum, in dem man ein altvertrautes Bild sieht, aber mit unmerklichen Veränderungen, und diese Veränderungen sind beunruhigend, flößen Mißtrauen ein und den Verdacht, dies alles sei womöglich ein Traum.

Shenja sah sich im Zimmer um — nein, es war kein Traum. Dies war die Wirklichkeit, bekräftigt durch einen Hauch der Gerüche von früher. Ein Museum der Erinnerung. Eleonora hatte einen exzellenten Geschmack besessen. Die Dinge waren um ein halbes Jahrhundert gealtert und noch edler geworden, noch wertvoller. Unsterblicher Krempel. Lebt wohl, ihr alle, lebt wohl!

Inhalt

Kurzschluß

Blutsbande

Sie lebten lange …